16 753

13 811

Militärausgaben 2007[1]   in Milliarden Dollar

Vereinigte Staaten	**547**
EU[2]	**257**
Großbritannien	**60**
Frankreich	**54**
Deutschland	**37**
Kanada	**15**

Russland

W0046654

China

Japan

Asean-Staaten:
Brunei (1)
Burma (2)
Indonesien
Kambodscha (3)
Laos (4)
Malaysia (5)
Philippinen (6)
Singapur (7)
Thailand (8)
Vietnam (9)

2
4
8
3   9
6

Indien

5
5   1
7

Indonesien

Militärausgaben 2007[1]   in Milliarden Dollar

China	**58**
Japan	**44**
Russland	**35**
Indien	**24**
Asean[3]	**18**
Brasilien	**15**
Indonesien	**4**

Nikolas Busse

Entmachtung des Westens

Nikolas Busse

Entmachtung des Westens

Die neue Ordnung der Welt

Propyläen

Propyläen ist ein Verlag
der Ullstein Buchverlage GmbH

ISBN 978-3-549-07333-9

© Ullstein Buchverlage GmbH, Berlin 2009
Alle Rechte vorbehalten
Lektorat: Knud von Harbou
Gesetzt aus der Sabon und DIN
bei Franzis print & media GmbH, München
Druck und Bindung: CPI – Clausen & Bosse, Leck
Printed in Germany

Für Sophia

INHALT

Vorwort

Die Welt, wie wir sie kennen, löst sich auf. Russland marschiert wieder in Nachbarländer ein. Im islamischen Teil der Erde wird ein Krieg nach dem anderen geführt. Indien legt sich Atomwaffen zu. China ist in den vergangenen Jahrzehnten stärker gewachsen als jede westliche Volkswirtschaft. Amerikanische und europäische Banken brechen zusammen, wie man es nur noch aus Entwicklungsländern kannte. Rohstoffpreise explodieren, dann sacken sie wieder ab. Unsere Eltern haben solche Umbrüche zwei, drei Mal erlebt. Heute kommen sie im Jahresrhythmus.

Das ist nicht leicht zu verdauen, vor allem nicht, wenn man lange in Frieden und Wohlstand gelebt hat. Gerade die Deutschen tun sich schwer damit, das Geschehen einzuordnen. Sie nehmen vor allem die wirtschaftlichen Aspekte wahr. In schlechten Zeiten zweifeln sie am Kapitalismus, in guten fürchten sie, dass ihre Arbeitsplätze nach Asien verschwinden. Auf neue Kriege reagieren sie mit Ratlosigkeit und moralischer Entrüstung.

In Wirklichkeit handelt es sich um Vorboten einer Entwicklung, die weit über die Frage hinausgeht, ob das Inlandsprodukt in einem Jahr steigt oder sinkt. Das wahre Drama unserer Zeit spielt sich auf der politischen Bühne ab. Die zunehmende Instabilität ist ein Symptom des Übergangs. Wir leben am Beginn einer Epoche, in der die Vorherrschaft des Westens zu Ende geht. Im 21. Jahrhundert verschwindet eine Weltordnung, die von westlicher Dominanz und westlichen Ideen geprägt war. Das ist eine globale Wachablösung, die mit dem Untergang antiker Großreiche vergleichbar ist. Fast alles, was im Verkehr zwischen den Staaten und Gesellschaften heute Gültigkeit hat, dürfte in den nächsten Jahrzehnten in Frage gestellt werden. In Asien, aber auch in Lateinamerika, sind Grundlagen für das Entstehen neuer Großmächte geschaffen worden. Sie werden genauso selbstverständlich wie der Westen verlangen, das Zusammenleben der Menschheit nach ihren Vorstellungen zu regeln.

Unsere Kinder und Enkel werden die Ersten sein, die in dieser neuen Welt überleben müssen. Deswegen ist es höchste Zeit, dass wir uns einen Begriff von dem machen, was sich da anbahnt. Im Kern steuern wir auf eine globale Großkonkurrenz zu, die alle Kontinente und alle Themen erfassen dürfte. Länder wie China, Indien, Russland, aber auch Japan, Brasilien oder die Staaten Südostasiens haben damit begonnen aufzurüsten, sie bemühen sich um Zugang zu wichtigen Märkten und Rohstoffen, und sie erheben Einwand gegen die westliche Agenda vom Klimaschutz bis zu den Menschenrechten. Da braut sich eine Herausforderung für Europa und Amerika zusammen wie zuletzt der Kalte Krieg. Wahrscheinlich ist sie sogar größer, denn die neue Weltpolitik ist unübersichtlicher und gewalttätiger. Den Kalten Krieg gewann die Nato, ohne einen Schuss abzufeuern. Seither ist sie schon zweimal in den Kampf gezogen, um die Interessen des Westens zu wahren: im Kosovo und in Afghanistan.

Keine Metapher der vergangenen Jahre war so irreführend wie die vom »globalen Dorf«. Denn mit einem idyllischen Landleben hat das heraufziehende Zeitalter nichts gemein. Dass die Menschheit übers Internet kommunizieren kann, dass sie immer mehr Handel treibt und von Wirtschaftskrisen gleichermaßen getroffen wird, beseitigt nicht grundlegende Interessengegensätze, wie sie in der Geschichte immer vorkamen. Tatsächlich werden wir in einer globalen Löwengrube leben, in der unser Schicksal wieder stark von klassischen Faktoren wie Nationalismus, militärischer Macht und geopolitischer Rivalität bestimmt werden dürfte. Die Regeln, die in so einer Welt gelten, sind nicht beim Bundesverfassungsgericht einklagbar, und sie werden viele unserer heutigen Gewiss- und Gewohnheiten hinwegfegen. Aufzuhalten ist diese Entwicklung nicht, auch wenn sie durch Boomphasen oder Rezessionen mal beschleunigt und mal verzögert wird. Der Aufstieg neuer Machtzentren ist ein langfristiger Prozess, der mit der Entkolonisierung begonnen hat und jetzt von der Globalisierung genährt wird. Nach und nach bekommen wir seine volle Wucht zu spüren.

In diesem Buch geht es nicht darum, wie die Welt zu verbessern ist. Das in Deutschland so populäre Ersinnen von Weltordnungsmodellen ist sinnlos, weil unser Land nicht die Macht besitzt, sie durchzusetzen. Die Sorgenfalten in den Gesichtern deutscher Politiker sind anderen Ländern, die nach oben streben, ziemlich egal. Auch von Moral wird kaum die Rede sein. Es ist ein großes deutsches Missverständnis, dass die Weltpolitik in sittlichen Kategorien zu verstehen sei. Zum einen sind die Auffassungen darüber, was recht und billig ist, zwischen den Völkern sehr verschieden. Zum anderen kann der Mensch nicht vom guten Gewissen leben. Die Außenpolitik ist keine karitative Veranstaltung, auch wenn deutsche Politiker diesen Anschein gerne erwecken. In erster Linie kommt ihr die Aufgabe zu, Sicherheit, Wohlstand und Unabhängigkeit unserer Gesellschaft zu wahren.

Deswegen werden in diesem Buch strategische und militärische Fragen ausführlich behandelt. Das ist in unserem Land völlig unüblich geworden, zumindest in der breiteren Öffentlichkeit. Mit der Machtpolitik verhält es sich aber wie mit der Kernkraft. Dass die Deutschen davon nichts mehr wissen wollen, hindert andere Völker nicht daran, weiter Gebrauch von ihr zu machen. Eine der großen Veränderungen, die uns ins Haus stehen, ist die nukleare und konventionelle Aufrüstung der Dritten Welt. Wenn wir nicht verstehen, was da geschieht, dann können wir nicht angemessen reagieren. Schön ist das nicht, aber wir dürfen das Weltgeschehen nicht durch eine rosarote Brille betrachten.

Auf den folgenden Seiten wird immer wieder » der Westen « im Mittelpunkt der Betrachtung stehen. Das macht eine kurze Klärung des Begriffes notwendig. Unter dem Westen werden hier jene Staaten verstanden, die in den vergangenen Jahrhunderten die Weltpolitik am meisten geprägt haben: zuerst die Europäer, dann Europa als Juniorpartner zusammen mit den Vereinigten Staaten. Das waren nicht immer die gleichen Länder, weil gerade in Europa die Führungsnationen wechselten. Aber es gab schon lange vor dem Kalten Krieg eine westliche Zivilisation, deren Kern sich aus dem christlichen, später aufgeklärten Abendland rekrutierte. Heute sind die wichtigsten dieser Staaten in der EU und in der Nato zusammengeschlossen: Amerika, Großbritannien, Frankreich und Deutschland; frühere Groß- beziehungsweise Kolonialmächte wie Spanien, Portugal, die Niederlande, Belgien oder Italien gehören auch dazu. Für unsere Zwecke ist nicht so wichtig, ob das eine oder andere Land zum Westen gezählt wird oder nicht, sondern dass es eine Gruppe von Staaten europäischen Ursprungs gibt, die sehr lange global die größte Macht ausgeübt haben.

Vorausgeschickt sei noch, dass dies keine wissenschaftliche Abhandlung ist. Der Fachmann mag das eine oder andere ergänzenswert finden. Dieses Buch will aber den Wald sehen und nicht die Bäume. Es ist ein klassischer

Essay: der Versuch, die großen Entwicklungslinien der Weltpolitik zu verstehen. Deshalb wurde auf Fußnoten und eine ausführliche Dokumentation verzichtet. Ein paar Arbeiten, die für die Erstellung hilfreich waren, finden sich im Literaturverzeichnis. Nachzusehen sind dem Autor einige Schwerpunkte der Argumentation. Bedingt durch seinen beruflichen Werdegang weiß er mehr über Asien und Europa als über andere Weltgegenden. Auch das bringt die neue Weltordnung mit sich: Wir müssen unseren Horizont ständig erweitern, um zu verstehen, was mit uns geschieht.

Die alte Ordnung

Die Welt, in der wir bisher gelebt haben, ist eine Welt des weißen Mannes. Mächtige Herrscher und große Reiche hat es schon in der Antike gegeben. Aber erst den Europäern gelang es, der gesamten Menschheit ihre Lebensweise aufzuzwingen. Das war ein langer Prozess, eine gewaltsame erste Globalisierung, die um 1500 begann und fast fünfhundert Jahre dauerte. Am Ende hatten die oft nur kleinen Völker Europas die Erde unter sich aufgeteilt und Länder unterworfen, die um ein Vielfaches größer waren als sie selbst. Wer im Jahr 1918 in Algerien, im Kongo oder in Indien geboren wurde, war noch ganz selbstverständlich Untertan einer europäischen Großmacht. Zu dieser Zeit umfasste das Kolonialsystem der Europäer gut ein Drittel der Weltbevölkerung und die Hälfte der festen Erdoberfläche.

In den meisten Ländern Europas ist diese Epoche fast vergessen. Ihr hässliches Erbe bringt zwar gelegentlich die Innenpolitik großer EU-Staaten durcheinander, etwa in Form von brennenden französischen Vorstädten oder Terroranschlägen in Großbritannien. Es gibt aber in Europa kein breites öffentliches Bewusstsein für die einfache historische Tatsache, dass unsere Welt nur das wurde, was sie heute ist, weil der Westen alle anderen Völker brutal dominiert hat. Gerade in Deutschland wird die Weltgeschichte nur noch als Abfolge von Modernisierungsschüben verstanden, die alle Nationen, und sei es unter größten Umwegen, irgendwann in den aufgeklärten Rechtsstaat finden lässt. So werden die Zustände in der Dritten Welt primär als Ausdruck eines Rückstandes, vielleicht noch als Ergebnis von westlicher Ausbeutung gesehen, nie aber als Folge einer langen und tiefgreifenden Bevormundung. Das verstellt den Blick dafür, dass die vom Westen seit der Renaissance nach und nach geschaffene Weltordnung nicht das natürliche Ziel der Geschichte ist, sondern ihr Sonderfall. Das fing mit den Entdeckungsfahrten des 15. Jahrhunderts an.

Die Expansion Europas

An großen Worten fehlte es den Europäern nicht, als sie sich aufmachten, ferne Länder zu erobern. Der spanische Chronist Lopez de Gómara schrieb, die Entdeckung Amerikas sei das größte Ereignis seit der Erschaffung der Welt, »ausgenommen die Fleischwerdung und den Opfertod unseres Erlösers«.

Die Vorstellung, dass hinter dem Kolonialismus eine Art Masterplan zur Ergreifung der Weltherrschaft stand, wäre allerdings irreführend. Die europäische Expansion ging ursprünglich von Portugal und Spanien aus, zwei Königreichen am äußersten Rand eines politisch zersplitterten Kontinents, auf dem fantastische Vorstellungen von der Beschaffenheit der übrigen Erde herrschten. Die mittelalterliche Legende von der Insel der Seligen gehörte auch im Entdeckungszeitalter noch selbstverständlich zum Weltbild der Europäer. Auf dieser Insel, die hinter dem Horizont lag, duftete es süß, es wurde nie Nacht, und die Menschen konnten leben, ohne zu essen oder zu trinken. Und die Suche nach dem geheimnisvollen Goldland, das irgendwo in Afrika verborgen war, ließ allein im Jahr 1478 fünfunddreißig Karavellen aus andalusischen Häfen auslaufen.

Der erste europäische Handelsposten in Übersee wurde 1448 von Heinrich dem Seefahrer auf der Insel Arguin errichtet, vor der Küste des heutigen Mauretaniens. Der portugiesische Prinz hatte schon als junger Mann seinen ersten Ausflug übers Meer unternommen, dessen Anlass allerdings eine etwas ungewöhnliche Mutprobe war. Zusammen mit seinen beiden Brüdern überzeugte Heinrich seinen Vater, König Johann I., davon, dass es ehrenhafter sei, sich die ersten Sporen als Ritter in einer realen Schlacht zu erwerben als im üblichen Hofturnier. So kam es 1415 zum Überfall Portugals auf die marokkanische Stadt Ceuta. Als Gouverneur der Stadt begann Heinrich damit, kleine Entdeckungsfahrten entlang der afrikanischen Westküste zu finanzieren. Denn von den Mauren hatte er gehört, dass in dieser Richtung das sagenhafte Saharagold zu finden sei.

Zunächst kamen seine Schiffe nur bis Madeira. Im Jahr 1420 gelang es Heinrich aber, zum Großmeister des Christusordens ernannt zu werden, dem damals die besondere Gunst des Papstes galt. Die Mittel des reichen Ordens wurden zur wichtigsten Finanzquelle für Heinrichs Entdeckungsreisen, die bald das ersehnte Gold und nicht zuletzt Tausende von afrikanischen Sklaven nach Europa brachten. Da die Kirche verlangte, dass die Expeditionen auch der Bekehrung der Heiden dienten, trugen Heinrichs Schiffe ein rotes Kreuz auf ihren Segeln. Mit diesen Fahrten begann der Aufstieg des kleinen Portugal zu einer Weltmacht mit Besitzungen in Afrika, Asien und Amerika. Nur seinen Beinamen trägt Heinrich zu Unrecht, denn er fuhr nicht zur See, sondern überließ das Reisen seinen Kapitänen.

Der große Christoph Kolumbus wusste zwar, dass die Erde eine Kugel ist, war aber ebenfalls noch erfüllt von mittelalterlichen Vorstellungen. So hoffte er, über den

Seeweg nach Indien und Cathay (China) auch die Goldminen des Königs Salomo zu finden, von denen das Alte Testament berichtet. Außerdem führte er auf seinen Fahrten einen Brief des spanischen Königshauses an den Großkhan mit, einst Gastgeber Marco Polos, der in Rom um Unterweisung in den christlichen Glauben gebeten hatte, vom Papst aber abgewiesen worden war. Kolumbus, ein tiefreligiöser Mann, versicherte Königin Isabella, seiner großen Gönnerin, er werde von seiner Westfahrt so viel Gold und Gewürze mitbringen, dass sie die Eroberung Jerusalems davon bezahlen könne. In der Einleitung zum Logbuch seiner ersten Reise schilderte er, wie er 1492 nach der Rückeroberung Granadas tief beeindruckt beobachtet hatte, dass der geschlagene Maurenkönig die Hände der spanischen Herrscher küssen musste. Er fuhr fort: »Und Eure Hoheiten, in Ihrer Eigenschaft als katholische Fürsten und Bekenner und Verbreiter des heiligen christlichen Glaubens (...), fassten den Entschluss, mich, Christoph Kolumbus, in die genannten Länder Indiens zu schicken, um die Fürsten, Völker und Lande daselbst kennenzulernen (...) und zu erforschen (...), damit man wisse, welche Wege man einschlagen muss, unseren allerheiligsten Glauben daselbst zu verbreiten.«

Außerdem war Kolumbus natürlich ein Karrierist, den die Aussicht trieb, reich und ein spanischer Adliger zu werden. Er ließ sich vor seiner Abreise bestätigen, dass er nicht nur »Admiral des Ozeanischen Meeres« sein werde, sondern auch auf Lebenszeit Gouverneur der Inseln und Kontinente, die er zu entdecken gedachte. Sein ältester Sohn sollte ihm folgen, was dann von Generation zu Generation so weiterzuführen sei. Für den Sohn eines Tuchmachers aus Genua, der als Matrose in der portugiesischen Marine begonnen hatte, war das ein kometenhafter Aufstieg. Es gehört zur Tragik dieses Mannes, dass er enttäuscht starb, ohne zu verstehen, dass er nicht den Westweg nach Indien, sondern einen neuen Kontinent entdeckt und damit ein neues Kapitel der Menschheitsgeschichte aufgeschlagen hatte.

Im Leben dieser beiden Männer, Heinrich und Kolumbus, kommen die zentralen Triebkräfte des Kolonialismus zum Ausdruck: Abenteurertum, Missionsgedanke und Gewinnstreben. Vor allem letzteres war ausschlaggebend dafür, dass die Eroberungslust der Europäer über Jahrhunderte hinweg nicht erlahmte. Das Amerika, das Kolumbus in der Karibik entdeckte (»Westindien«), war zunächst nur eine Ansammlung armseliger Inseln mit nackten Eingeborenen, die an den von den Europäern mitgebrachten Krankheiten starben wie die Fliegen. Erst als Hernán Cortés 1519 nach Mexiko vorstieß und dort die Azteken vernichtete, kamen die Spanier zu ihrem erhofften Gold und Silber. Je weiter der Kolonialismus ausgriff, desto größer wurde das Geschäft. Aus Übersee schafften die Europäer nicht nur Edelmetalle und Gewürze in die Heimat, sondern auch Zucker, Tee, Kaffee, Holz und neue Pflanzen wie Mais oder die Kartoffel.

Es war allerdings keine Selbstverständlichkeit, dass sie den Rest der Welt unterjochten. Paul Kennedy hat darauf hingewiesen, dass es um 1500 mehrere Machtzentren auf der Welt gab, die den europäischen Staaten kulturell und wirtschaftlich ebenbürtig waren, auf etlichen Feldern sogar überlegen. In China bestand schon seit dem 11. Jahrhundert der Buchdruck und vor allem eine Eisenfertigung, die größer war als die britische zu Beginn der Industriellen Revolution siebenhundert Jahre später. Es entstanden bedeutende Kriegs- und Handelsflotten, außerdem erfanden die Chinesen das Schießpulver und den magnetischen Kompass. Die muslimische Welt war den Europäern wissenschaftlich, technologisch und kulturell ebenfalls weit voraus. Schon im Mittelalter hatten arabische Astronomen herausgefunden, wie man den Stand von Sonne und Sternen nutzen kann, um die geographische Breite eines Ortes zu bestimmen. Im 16. Jahrhundert eroberten die Türken dann ein Großreich von den Ausmaßen des alten Roms, das die Europäer im Südosten schwer bedrängte (Belagerung von Wien 1529). Etwa zur gleichen Zeit erblühte Persien; und die Moguln, die aus Kabul gekommen waren, errichteten in Indien ihr glanzvolles Reich, das überwältigende Bauwerke wie das Taj Mahal hinterlassen sollte. Auch Japan und Russland wurden später zu starken Militärmächten, was im Fall der Zaren zu einer Ausdehnung der Herrschaft bis an die sibirische Ostküste und ans Kaspische Meer führte.

Trotzdem ging von keinem dieser Reiche eine Expansion aus, die mit der europäischen vergleichbar war. Das hatte zum Teil kulturelle Ursachen. In China etwa untersagte der Kaiser 1436 den Bau hochseetüchtiger Schiffe, was der konfuzianischen Sichtweise der Bürokratie entsprach, die den Krieg geringschätzte und allenfalls als notwendiges Übel zur Landesverteidigung duldete. In Japan gab es eine richtige Kriegerklasse, die Samurai, die allerdings keine Anstalten machten, die Insel für Eroberungszüge zu verlassen, und sich stattdessen in der Verfeinerung ihrer Waffenkunst zu zeremoniellen Zwecken übten. Und das Osmanische Reich stieß zwar auf den Balkan, nach Ungarn, Griechenland, Ägypten, Arabien und in den Kaukasus vor, spürte aber bereits gegen Ende des 16. Jahrhunderts die Überdehnung seiner Kräfte. In den eroberten Gebieten konnte nicht genug Beute gemacht werden, um die Armee zu bezahlen, weshalb der Sultan die Steuern stark erhöhen musste. Das höhlte die wirtschaftliche Grundlage des Reiches aus, dessen Zerfall sich allerdings bis ins 20. Jahrhundert hinzog.

Die Verhältnisse in der übrigen Welt waren also günstig für die Europäer, die sich noch dazu entscheidende militärische Vorteile verschaffen konnten. Als die ersten schmiedeeisernen Kanonen auf den Schlachtfeldern auftauchten, gab es keine allzu großen Unterschiede zwischen europäischen und asiatischen Kanonen. Es waren gewaltige Vorderladerrohre für Steinkugeln, in die das Pulver nur schwer einzufüllen war. Die Europäer, getrieben von ihrer ständigen Rivalität, verbesserten diese Schlüsseltechnik jedoch rasch. Sie bauten Kanonen aus Bronze, die bei gleicher Feuerkraft viel kleiner waren, und sie entwickelten Pulverkammern, um gleichmäßiger schießen zu können. Damit wurde die Kanone eine schlagkräftige und mobile Waffe, die sich bei Belagerungen zu bewähren begann.

Mit den Kanonen errangen die Europäer die Seeherrschaft, die der erste und wichtigste Pfeiler des Kolonialismus wurde. Die Galeere des Mittelalters, ein von den italienischen Seestädten entwickeltes Ruderschiff, wäre auf der Fahrt nach Amerika untergegangen, weil sie für die rauen Wetter des Atlantiks viel zu instabil war. Erst die Entwicklung der Karavelle, eines starken Zwei- bis Dreimasters, der leicht zu steuern war, machte lange Entdeckungsreisen nach Übersee möglich. Die Niña, das Lieblingsschiff von Kolumbus, fuhr dreimal nach Amerika und zurück, wobei sie beachtliche 25 000 Seemeilen zurücklegte. An Bord dieser Schiffe, die später durch die größeren Galeonen ergänzt wurden, befanden sich bald die leichten Bronzekanonen. Sie waren nicht so gefährlich für Mannschaft und Boot wie ihre Vorgänger, obwohl sie immer noch einen gehörigen Rückstoß hatten. Portugiesische Seefahrer wie Vasco da Gama schossen ihren Königen mit diesen Waffen im Indischen Ozean den Weg zu kolonialen Besitzungen frei.

Das waren die Anfänge der militärtechnischen Überlegenheit des Westens, die bis heute nicht gebrochen ist. Herrscher über die Weltmeere wurden nach den Europäern die Vereinigten Staaten. Sieht man von den Zwischenspielen des imperialistischen Japans und der Sowjetunion ab, dann gelang es in den vergangenen fünfhundert Jahren keinem Land in Lateinamerika, Afrika oder Asien, eine Kriegsflotte aufzubauen, die stark genug gewesen wäre, um globale Handelswege zu sichern, geschweige denn Expeditionen zur Eroberung weit entfernter Gebiete zu unternehmen. Die meisten standen ohnehin unter Kolonialherrschaft. Und wer dieser entgangen war, hatte weder das Geld noch das Wissen, um mit der westlichen Waffentechnik mitzuhalten, die wegen der innereuropäischen Kriege ständig verbessert wurde. Auf die Kanonen folgten Panzer, auf die Panzer Kernwaffen, auf die Kernwaffen computergelenkte Präzisionsbomben. Die arabischen Dhaus hielten dem um 1500 so wenig stand wie die Divisionen Saddam Husseins zu Beginn des 21. Jahrhunderts.

Trotzdem dauerte es eine lange Zeit, bis die Europäer die letzten Gebiete in Übersee unter ihre Kontrolle gebracht hatten. In der Neuen Welt, die ein deutscher Gymnasialprofessor nach dem florentinischen Seefahrer Amerigo Vespucci »Amerika« nannte, ging es noch am schnellsten vonstatten. Die Spanier bauten in wenigen Jahrzehnten ein gewaltiges Kolonialreich auf, das von Chile im Süden bis Mexiko und Kalifornien im Norden reichte und auch das heutige Florida einschloss. Sie durchquerten den Kontinent, richteten Kolonialverwaltungen ein, bauten Kirchen, gründeten Ländereien, eröffneten Bergwerke.

In Asien dagegen blieb es zunächst bei einer Handvoll Handelsposten, die Portugal in Indien (Goa), Ceylon,

Malakka und 1557 schließlich auch in China (Macau) aufbaute. Die Gewinne, die sich hier im Gewürz- und Seidenhandel erzielen ließen, betrugen ein Mehrfaches des eingesetzten Kapitals. Aber anders als in Amerika, wo die Indianer unterworfen und ausgelöscht wurden, ließ man die vorgefundenen Strukturen in Asien weitgehend unangetastet. Für Macau zahlten die Portugiesen dem chinesischen Kaiser sogar Pacht.

Diese Erfolge weckten rasch das Interesse anderer europäischer Mächte. Spanien und Portugal hatten sich 1493, schon im Jahr nach der Ankunft von Kolumbus in Amerika, von Papst Alexander VI. ein Monopol auf alle künftigen Entdeckungen und Eroberungen zusichern lassen. In der Bulle »Inter caetera divinae« wurde die nichtchristliche Welt zwischen den beiden Königreichen aufgeteilt, und zwar entlang einer Linie hundert Meilen westlich der Azoren. Alles westlich dieser Linie sollte Spanien gehören, alles östlich Portugal. Doch diese Festlegung hielt nicht lange. Die Herrschaftshäuser Mitteleuropas wollten den politischen Bedeutungsverlust nicht hinnehmen, den sie durch den Aufstieg der beiden iberischen Staaten zu maritimen Großmächten erlitten hatten. Schon in der Mitte des 16. Jahrhunderts wagten sich Holländer, Franzosen und Engländer ebenfalls über die Ozeane, wenn auch zuerst nur als Piraten und Kaufleute.

Dass die Europäer ihre Rivalitäten nach Übersee trugen, verlieh dem Kolonialismus seine größte Dynamik. Immer neue europäische Mächte drängten nach Amerika, Asien und Afrika, um unentdeckte Gebiete zu besetzen oder anderen ihre Kolonien zu entreißen. Im 17. Jahrhundert legte Holland mit der Gründung von Batavia (heute Jakarta) den Grundstein für ein Kolonialreich in Indonesien, das der Niederländischen Ostindiengesellschaft Handelsmöglichkeiten in ganz Asien eröffnete.

Jetzt begann auch die Inbesitznahme Nordamerikas. Quebec wurde 1663 eine königliche französische Provinz, an der Ostküste entstanden die dreizehn britischen Kolonien, aus denen später die Vereinigten Staaten hervorgingen. Die Briten bauten im 18. Jahrhundert nach Siegen über Frankreich und Spanien, die ihnen Teile Kanadas und ganz Nordamerika östlich des Mississippi einbrachten, das reichste aller Kolonialreiche auf, das sich bis nach Ostasien, Afrika und in den Südpazifik erstreckte. 1783 musste die Krone die Vereinigten Staaten anerkennen, aber der Verlust der amerikanischen Kolonien wurde durch die Annexion ganz Indiens, Australiens und Erwerbungen in der Karibik ausgeglichen.

Zu der Zeit begann ein grundlegender Wandel im Wesen des Kolonialismus, der die Vorherrschaft des Westens endgültig besiegelte. Die kleinen Küstensiedlungen und Handelsposten, mit denen Portugal in Asien angefangen hatte, waren für fast dreihundert Jahre das Standardmodell kolonialer Besitznahme geblieben. Die zerstörerische Übernahme ganzer Landstriche, wie sie Spanien in Südamerika praktizierte, war ein Sonderfall. Selbst in Brasilien hatten die Portugiesen ihre Besiedlung zunächst auf die Küste beschränkt und sich erst viel später in den Urwald vorgewagt. Die rasch fortschreitende Industrialisierung führte nun jedoch dazu, dass die Europäer überall tief ins Landesinnere eindrangen. Ihre neuen Fabriken brauchten Absatzmärkte für die Flut an Fertigwaren, die von den Bändern liefen. So traten die Kolonialherren, die lange nur Käufer gewesen waren, in Übersee erstmals auch als Verkäufer auf. Zugleich verlangte die maschinelle Herstellung nach immer mehr und immer besseren Rohstoffen. Malaya, gesegnet mit Zinn und Kautschuk, wurde gegen Ende des 19. Jahrhunderts die reichste aller Kolonien. Im Stadtzentrum von Kuala

Lumpur, der Hauptstadt des heutigen Malaysia, erinnert das Gebäude der früheren britischen Kolonialregierung, ein prächtiger orientalischer Palast mit einem Uhrenturm im Stil von Big Ben, immer noch an diese Zeit.

Den einheimischen Bewohnern der Kolonien nahm das die letzte Selbständigkeit. Fast überall wurden sie rechtlose Objekte fremder Verwaltungen, die nur darauf ausgerichtet waren, die (industriellen) Bedürfnisse der Mutterländer zu befriedigen. Standen die Eingeborenen im Wege, dann wurden sie von den weißen Siedlern getötet oder in Reservate getrieben. Ihren Höhepunkt fand diese Entwicklung in Afrika, wo die Europäer nach 1880 innerhalb von fünfzehn Jahren einen Kontinent unter sich aufteilten, der viermal so groß war wie ihr eigener. Nur Liberia und Äthiopien entgingen dieser Übernahme, bei der nicht nur Steinzeitgesellschaften unter die Räder kamen. Befeuert vom imperialistischen Zeitgeist, einer Mischung aus Nationalismus und weißem Sendungsbewusstsein, sicherten sich in Afrika nun auch die kolonialen Nachzügler Belgien, Italien und Deutschland ihren »Platz an der Sonne«. An Orten wie dem Kongobecken, das Privatbesitz des belgischen Königs Leopold II. wurde, kam es zu einer weitgehenden Versklavung der ansässigen Bevölkerung.

Zuvor hatte schon Asien einen neuen Schub kolonialer Landnahme erlebt, der nun auch das stolze China in die Knie zwang. Die europäischen Diplomaten in Peking hatten sich stets geweigert, vor dem Kaiser den Kotau zu machen, die demutsvollste aller Ehrerweisungen, bei der man kniend den Kopf tief zu neigen hat. Dieser Protokollstreit war Ausdruck der Unabhängigkeit, die China gegenüber den europäischen Eindringlingen weiter beanspruchte. Der Kaiser, als »Sohn des Himmels« mit einem göttlichen Mandat ausgestattet, sah die fremden Gesandten als untergeordnete Bittsteller, nicht als Vertreter souveräner, gar überlegener Staaten. Die Opiumkriege, die Britannien und Frankreich nach 1839 zur Wahrung ihrer Handelsprivilegien in China führten, klärten die Verhältnisse von Grund auf. In den sogenannten »Ungleichen Verträgen« musste der unterlegene kaiserliche Hof unter anderem mehrere Häfen für die Ausländer öffnen, ihnen Handelsfreiheit gewähren, Hongkong abtreten – und schließlich ein diplomatisches Protokoll akzeptieren, wie es im Westen üblich war. Um das zu erreichen, besetzten Briten und Franzosen 1860 sogar Peking und zerstörten den Sommerpalast des Kaisers. Dieser Macht- und Gesichtsverlust wird in China bis heute als eine der tiefsten Zäsuren in der Geschichte des Landes begriffen.

Um 1900, vierhundert Jahre nach der ersten Seereise des Kolumbus, war mit Ausnahme der Antarktis der letzte Flecken auf dem Globus vergeben. Es gab kein Land oder zumindest keine Weltgegend mehr, die nicht zu irgendeinem Zeitpunkt unter kolonialer Herrschaft gestanden hätte. Nach dem Ersten Weltkrieg, der Briten und Franzosen noch die Überreste des Osmanischen Reiches im Nahen Osten einbrachte, erreichten die meisten Kolonialreiche ihre größte Ausdehnung. Damit neigte sich die Expansion Europas allerdings auch ihrem Ende zu. In Amerika hatten sich schon im 19. Jahrhundert, nach dem Vorbild der Vereinigten Staaten, nach und nach die meisten Kolonien von den Mutterländern losgesagt. Nach 1945 fehlten dem ausgekämpften, ausgebombten und geistig erschlagenen Europa dann endgültig Kraft und Wille, die nötig sind, um andere Völker zu beherrschen. Die zweite Hälfte des 20. Jahrhunderts gehörte der Entkolonisierung, der massenhaften Gründung unabhängiger Staaten in der Dritten Welt.

Man hat die Jahrhunderte nach 1500 zu Recht als das Zeitalter der Europäisierung der Erde bezeichnet. Nie zuvor in der Geschichte der Menschheit ist es einem Kulturkreis gelungen, alle anderen Gesellschaften so vollständig und radikal zu unterwerfen. Eroberungskriege hat es immer gegeben, aber die Aneignung aller Kontinente ist ohne Beispiel. Vor Ankunft der Spanier lebten in Lateinamerika vermutlich fünfzig Millionen Indianer. Im 17. Jahrhundert war ihre Zahl auf vier Millionen gesunken – eine Folge der Morde, der Ausbeutung und der Krankheiten, die der Kolonialismus mit sich brachte. In Afrika hatte der Sklavenhandel ähnlich drastische Auswirkungen. Man nimmt an, dass bis zum Beginn des 19. Jahrhunderts mehr als elf Millionen Afrikaner nach Amerika verschleppt wurden. Zugleich besiedelten die Europäer die Kolonien in immer größerem Ausmaß. In den hundert Jahren nach 1820, unter anderem während der großen Hungersnöte, sind etwa 55 Millionen Europäer in die Neue Welt ausgewandert. So zerstörte der Kolonialismus nicht nur Eingeborenengesellschaften, er verpflanzte auch die europäische Kultur in andere Länder.

Genauso einschneidend waren die wirtschaftlichen Umschichtungen. Bis etwa 1800 waren die Entwicklungsunterschiede zwischen Europa und anderen Ländern nicht besonders groß, da alle mehr oder weniger von der Landwirtschaft lebten. Die Industrialisierung, die zur Ausplünderung der Kolonien in großem Stil führte, warf die Dritte Welt, die damals noch nicht so hieß, aber weit zurück. Der Wirtschaftshistoriker Paul Bairoch hat ausgerechnet, dass Europas Anteil an der weltweiten Industrieproduktion im Jahr 1750 etwa 23 Prozent betrug, während auf die Dritte Welt noch 73 Prozent entfielen. Im Jahr 1900 kam Europa dagegen auf 62 Prozent, die Dritte Welt war auf 11 Prozent abgesunken. Besonders hart traf es die asiatischen Großreiche China und Indien. Chinas Anteil lag 1750 noch höher als der Europas, nämlich bei

33 Prozent; 1900 war er jedoch auf bescheidene 6 Prozent gefallen. Indien musste einen Rückgang von 25 auf 2 Prozent hinnehmen. Am Ende der Ära des Kolonialismus stand neben der Entmündigung auch die tiefe materielle Schwächung der nichteuropäischen Welt.

Der letzte Stoßtrupp

Das Erbe Europas trat eine Nation an, die bei ihrer Gründung wenig Neigung zur Außenpolitik verspürte, schon gar nicht zur Teilnahme an den Rivalitäten der Alten Welt. George Washington, der den amerikanischen Kolonisten die Unabhängigkeit erkämpfte und erster Präsident der Vereinigten Staaten wurde, bemerkte dazu 1796 in seiner Abschiedsrede: »Europa hat eine Reihe von primären Interessen, die für uns gar nicht oder nur sehr entfernt von Belang sind. Deshalb ist es in häufige Auseinandersetzungen verwickelt, deren Ursachen unseren Anliegen im wesentlichen fremd sind. (...) Unsere abgetrennte und entfernte Lage lädt uns dazu ein und ermöglicht uns, einen anderen Kurs zu verfolgen. (...) Es ist unsere wahre Politik, uns von dauerhaften Bündnissen mit jeglichen Teilen der auswärtigen Welt fernzuhalten.«

Washington hielt diese Rede nie. Aber er veröffentlichte sie im »American Daily Advertiser«, einer Zeitung in Philadelphia, dem damaligen Regierungssitz. Sie wurde zu einem klassischen Dokument, das nicht nur die Weltsicht der jungen Union zum Ausdruck brachte, sondern noch Generationen später zur Begründung isolationistischer Positionen herangezogen wurde.

Der Staatsaufbau, der sich in den Gründerjahren vollzog, entsprang noch ganz diesem weltabgewandten Lebensgefühl. Das erste Ministerium, das im Juli 1789 geschaffen wurde, war zwar das Außenministerium. Schon zwei Monate später wurde es allerdings in »State Department« umbenannt, wie es heute noch heißt. Es entsprach in etwa einer Staatskanzlei, denn es erhielt zunächst vor allem wichtige innenpolitische Aufgaben: die Prägung von Münzen, die Abhaltung von Volkszählungen und die Verwahrung des Großen Staatssiegels. Im Jahr 1790, vierzehn Jahre nach der Unabhängigkeitserklärung, hatten die Vereinigten Staaten überhaupt erst in zwei Länder diplomatische Bevollmächtigte entsandt: nach Großbritannien und Frankreich. Das Ministerium selbst hatte gerade einmal acht Angestellte. Alexis de Tocqueville, einer der klügsten Beobachter seiner Zeit, hielt dazu 1835 fest: »Die Außenpolitik der Vereinigten Staaten ist höchst abwartend; sie sieht lieber zu, als dass sie selbst handelt.«

Diese Zurückhaltung hatte zwei grundlegende Ursachen, die teilweise bis in die Gegenwart nachwirken. Die erste war die geographische Lage des neuen Gemeinwesens. Die Vereinigten Staaten lagen fern von Europa, dem kriegerischen Zentrum der Weltpolitik. Und die Nachbarn, Kanada und Mexiko, waren stets zu schwach, als dass von ihnen eine Bedrohung hätte ausgehen können. Nur einmal brachte eine ausländische Armee den jungen Staat in ernste Bedrängnis, und wieder war es die des früheren Mutterlandes. Der amerikanisch-englische Krieg von 1812 bis 1814, ein kläglicher Versuch zur Erbeutung Kanadas, endete mit der Zerstörung Washingtons. Das war für sehr lange Zeit die letzte Erfahrung der Amerikaner mit einer von außen kommenden militärischen Gefahr. Ihr Bürgerkrieg, eine moderne Vernichtungsschlacht, die Stadt und Land zerstörte, wie man es aus Europa kannte, war eine andere Sache. Den brachten sie sich selbst bei.

Die andere Quelle des Isolationismus war die Kultur des jungen Volkes, das sich als Gegenentwurf zum aristokratischen und klerikalen Europa verstand. Nicht nur in Neuengland, auch in den anderen Kolonien, aus denen die Vereinigten Staaten hervorgingen, hatten sich die Vorstellungen der englischen Puritaner durchgesetzt: Glaubenseifer, aber strikte Trennung von Kirche und Staat; Heiligung des Eigentums, aber Ablehnung des Feudalismus; repräsentative Mitwirkung an der Politik, aber Begrenzung staatlicher Macht. Amerika wollte das bessere Europa sein, und dazu gehörte auch die Abwendung von der als unmoralisch empfundenen Machtpolitik, die den Alltag der europäischen Diplomatie bestimmte. Ein Prediger aus Boston fand dafür einmal die Worte: »Ich beschreibe das Wunder der christlichen Religion, die vor den Verderbtheiten Europas an den Strand Amerikas flieht.« Selbstzuschreibungen wie »die Stadt auf dem Hügel«, »das neue Jerusalem«, »Gottes eigenes Land«, die in dieser Zeit entstanden, prägen bis heute das Bild, das Amerika von sich hat. Man nennt das etwas sperrig Exzeptionalismus, obwohl sich auch andere Völker für außergewöhnlich halten. Im Fall der Vereinigten Staaten fällt allerdings auf, dass diese Haltung nur anfangs zu außenpolitischer Enthaltsamkeit führte. Später geschah genau das Gegenteil. Das Land entwickelte ein Sendungsbewusstsein, das es immer tiefer in die Weltpolitik verstrickte.

Zunächst waren die Amerikaner aber mit dem Aufbau ihres Staates beschäftigt. Und das bedeutete vor allem Expansion. Von Napoleon kauften sie 1803 für 15 Millionen Dollar Louisiana. Das war ein gutes Geschäft, denn das erworbene Territorium war riesig, mehr als zwei Millionen Quadratkilometer. Für den Morgen Land bezahlten die Amerikaner weniger als drei Cent und verdoppelten damit die Größe ihres Staatsgebietes. Nie wieder in der Geschichte der Vereinigten Staaten kam es zu einem solch gewaltigen Landkauf. Es folgten 1819 der Erwerb Floridas von Spanien und 1845 die Aufnahme von Texas, das sich von Mexiko losgesagt hatte, als 28. Bundesstaat in die Union. Drei Jahre später provozierten die Amerikaner einen Krieg gegen Mexiko, der ihnen das Gebiet vom heutigen New Mexico bis Kalifornien einbrachte, und stimmten mit der Teilung Oregons einer Grenze zu Kanada entlang des 49. Breitengrades zu. Für sieben Millionen Dollar überließ der russische Zar ihnen schließlich 1867 Alaska.

Damit hatten die Vereinigten Staaten in etwa ihr heutiges Staatsgebiet erreicht und einen strategisch äußerst bedeutsamen Schritt getan: Mit der Ausdehnung an die Westküste wurden sie zu einer pazifischen Macht. Das spielte damals keine große Rolle, prägte aber später die Außenpolitik fast jeder Administration. Während die Europäer sich nach dem Verlust ihrer Kolonien physisch und mental weitgehend auf ihren Kontinent zurückzogen, musste Amerika stets auch Asien im Auge behalten, wenn es seine Interessen wahren wollte. Von den Vereinigten Staaten aus gesehen ist der Irak genauso weit entfernt wie Japan.

Die Jahre bis 1861, bis zum Bruderkrieg um Sezession und Sklaverei, waren Jahre der Besiedlung und des Wachstums. Jäger, Viehzüchter, Farmer, Handwerker, Spekulanten, Goldsucher zogen in die neuen Gebiete im Wilden Westen. Sie bauten Städte und Bundesstaaten auf, in denen der Umgang hemdsärmliger war als in den feinen Gründerstaaten der Ostküste mit ihren philosophisch veranlagten Grundbesitzern und Anwälten. Den Indianern nahm man ihr Land, schaffte sie in öde Reservate oder rottete sie aus. Zwischen 1820 und 1860 wuchs die amerikanische Bevölkerung von 9,6 Millionen Menschen (in 23 Staaten) auf 31,3 Millionen (in 33 Staaten). Iren und Deutsche stellten die größten Einwanderergruppen. In diesen rauschhaften Jahren, die mit ersten Wirtschaftskrisen einhergingen, blieb wenig Zeit für eine aktive Außenpolitik. Als in Washington die Sorge aufkam, dass die Franzosen sich in Lateinamerika einmischen könnten, wo sich aus den spanischen Kolonien wacklige Caudillo-Republiken bildeten, da ließ man die Europäer noch einmal ausdrücklich wissen, dass Amerika nicht in ihre Händel hineingezogen werden wolle. In seiner Jahresbotschaft an den Kongress stellte Präsident James Monroe am 2. Dezember 1823 fest: »Kraft der Freiheit und Unabhängigkeit, die die amerikanischen Kontinente erworben haben und aufrechterhalten, sind sie von jetzt an nicht mehr als Subjekte zukünftiger Kolonisierung durch europäische Mächte anzusehen. (...) Das politische System der Alliierten ist (...) von dem Amerikas wesentlich (...) unterschieden. (...) Ehrlichkeit und die freundschaftlichen Beziehungen, die zwischen uns und jenen Mächten bestehen, verpflichten uns daher zu erklären, dass wir jeden Versuch von ihrer Seite, ihr System auf einen Teil dieser Hemisphäre auszudehnen, als eine Gefährdung unseres Friedens und unserer Sicherheit ansehen müssen.« Mit den Alliierten waren die Monarchien in Russland, Österreich und Preußen gemeint; mit jenen Mächten die Republiken Chile, Peru, Kolumbien, Mexiko und Rio de La Plata (Argentinien), die Washington gerade anerkannt hatte.

Spätere Präsidenten haben aus dieser Rede das Recht abgeleitet, sich in die inneren Angelegenheiten Lateinamerikas einzumischen. Zur Zeit ihrer Entstehung war die erste außenpolitische Doktrin der Vereinigten Staaten aber vor allem ein Zeugnis des Isolationismus. Sie teilte die Welt in zwei Interessensphären, eine europäisch-monarchische und eine amerikanisch-republikanische. Die Botschaft lautete, dass die Amerikaner, und zwar der gesamte Kontinent, der Kriege und Balancespielchen der Alten Welt überdrüssig seien und sich auf ihrem Erdteil ein besseres Leben aufbauen würden, ohne fremde Einmischung. Realistisch war das nicht. Nur mit Hilfe der englischen Flotte wären die Vereinigten Staaten imstande gewesen, einem französischen Expeditionskorps Einhalt zu gebieten. Aber die Franzosen kamen nicht, und die Amerikaner beschäftigten sich weiter mit sich selbst.

Auf Dauer konnte ein so großes und vor allem immer reicheres Land der Weltpolitik aber nicht fernbleiben. Der Aufstieg Amerikas zu der Weltmacht, die es heute ist, vollzog sich in mehreren Schüben, die häufiger von außen als von innen angestoßen wurden.

Alles begann 1898 mit einem »prächtigen kleinen Krieg«, wie ihn der damalige Außenminister John Hay nannte, und zwar zwischen den Vereinigten Staaten und Spanien. Zu der Zeit überholte Amerika Großbritannien gerade als größte Volkswirtschaft der Erde. Rockefeller, Carnegie und Vanderbilt schafften ihre Öl-, Stahl- und Eisenbahnimperien. Im Jahr 1900 stammen bereits 23,6 Prozent der globalen Industrieproduktion aus amerikanischen Fabriken, Großbritannien kam nur noch auf 18,5 Prozent. In den Zeitungen stand nun zu lesen, dass Amerika eine große Flotte und Stützpunkte in aller Welt brauche, um seinem wachsenden Gewicht gerecht zu werden. Als dann auf Kuba ein Aufstand gegen die spanische Kolonialherrschaft losbrach, rief die junge Boulevardpresse nach Intervention. Die bekam sie auch, nachdem im Hafen von Havanna das amerikanische Schlachtschiff Maine explodiert war, wahrscheinlich als Folge eines Unfalls.

Der Krieg war nicht besonders blutig, dauerte nur zehn Wochen, brachte aber den ersten Auftritt der Vereinigten Staaten als Großmacht. Die Amerikaner überrannten die Spanier nicht nur auf Kuba und Puerto Rico, der anderen verbliebenen spanischen Besitzung in der Karibik. Sie versenkten auch die spanische Flotte im Hafen von Manila auf den Philippinen. Die geschlagenen Spanier hatten am Ende nicht nur die Unabhängigkeit Kubas anzuerkennen, sondern mussten auch Puerto Rico, die Pazifikinsel Guam und die Philippinen an die Amerikaner abtreten; für letztere zahlte Washington zwanzig Millionen Dollar. Der amerikanischen Öffentlichkeit gefiel dieser Ausflug in den Imperialismus am Ende allerdings nicht, weil sich herausstellte, dass man die Philippinen nicht rasch in die Eigenständigkeit entlassen konnte. Die Aussicht, ein fremdes Volk zu beherrschen, vertrug sich nicht mit den amerikanischen Idealen von Freiheit und Selbstbestimmung.

Strategisch waren die Folgen des Krieges höchst bedeutsam. Es war den Vereinigten Staaten nicht nur gelungen, die letzte europäische Kolonialmacht aus ihrer Hemisphäre zu vertreiben. Erstmals traten sie auch in Asien als Besatzungsmacht auf und erhielten mit Guam eine Insel mitten im Pazifik, die ihnen heute noch als wichtiger Militärstützpunkt für Operationen in diesen Gewässern dient. Von der neuen kubanischen Regierung pachteten sie außerdem Land für eine permanente Präsenz an der Ostküste der Insel, woraus der Stützpunkt Guantánamo wurde.

Die neuen weltumspannenden Aktivitäten führten zum Ausbau der Marineinfanterie, einer Teilstreitkraft, die nach britischem Vorbild »Landsoldaten auf hohe See« bringen sollte, wie man damals sagte. Die »Marines« waren schon im Unabhängigkeitskrieg ins Leben gerufen worden, als Landungsabteilung der Flotte. Ihr erster Kommandeur, ein Hauptmann Samuel Nicholas, hatte dazu zwei Bataillone in einer Taverne in Philadelphia rekrutiert. Die junge Union beauftragte diese Männer zunächst mit dem Schutz ihrer Handelsschiffe. Im Kampf gegen Berberpiraten ritten sie sogar auf Kamelen durch die Sahara. Über Fort Derna, heute in Libyen, hissten sie 1805 erstmals in der Alten Welt die amerikanische Flagge. Nach dem Sieg über Spanien wurde diese Truppe zu einem professionellen Instrument amerikanischer Außenpolitik, das bei Unruhen auf den Philippinen genauso eingesetzt wurde wie beim Boxeraufstand in China. In den zwei Jahrzehnten vor dem Zweiten Weltkrieg entwickelte das Korps systematisch Doktrin, Ausrüstung und Organisation, wie sie für Expeditionskriege nötig sind. Bis heute verfügt kein anderes Land über derart erstklassige Verbände, um weit entfernt von der Heimat militärische Macht einzusetzen.

Der nächste große Schritt war Amerikas Eintritt in den Ersten Weltkrieg. Das Land hatte zunächst versucht, sich aus der neuesten europäischen Eskalation herauszuhalten. Als die Deutschen 1915 das britische Linienschiff Lusitania versenkten, wobei auch 128 Amerikaner umkamen, beließ es Präsident Woodrow Wilson bei Protestnoten und starkem diplomatischem Druck, der immerhin dazu führte, dass die Deutschen die amerikanische Flotte einige Zeit verschonten. Erst als deutsche U-Boote 1917 drei amerikanische Schiffe zerstörten, entschied der Präsident sich nach zweimonatigem Zögern zum Eingreifen.

Wilson, Sohn eines presbyterianischen Priesters, war ein Gelehrter, ein ehemaliger Geschichts- und Politikprofessor, der einzige Präsident, der je den Titel eines Doktors der Philosophie führte. Er war in die Politik gelangt, weil er sich als Präsident der Universität Princeton einen guten Ruf erworben hatte. Jetzt wollte er einen Krieg zur Beendigung aller Kriege. Die Regierung entwarf das Bild eines Kreuzzugs zur Rettung der Demokratie vor monarchistischen, militaristischen Kräften. In einigen Bundesstaaten wurde sogar deutsche Musik verboten. Es dauerte allerdings eine Weile, bis die Amerikaner ihre Soldaten in Europa hatten, weil ihnen Schiffe fehlten. Nachdem sie im Sommer 1918 angekommen waren, entschieden sie den Krieg innerhalb weniger Monate.

Die Teilnahme am Ersten Weltkrieg war eine tiefe Zäsur, der große Bruch mit dem außenpolitischen Erbe der Gründerväter. Die Vereinigten Staaten hatten sich zum ersten Mal in die Streitereien Europas hineinziehen lassen. Sie waren zum Akteur auf dem Kontinent geworden, der seit Jahrhunderten das Zentrum der Weltpolitik bildete. 116 000 ihrer Soldaten waren gefallen. Das alles wurde den Amerikanern bald unheimlich. Ihr intellektueller Präsident erdachte sich einen Völkerbund, um den Frieden auf Dauer zu erhalten. Er fuhr höchstpersönlich zur Friedenskonferenz nach Versailles, feilschte ein halbes Jahr um die Satzung und ging daheim auf Werbetour für das neue Gebilde, bis ihn ein Schlaganfall traf. Aber der Senat, der keinen Vertreter nach Frankreich hatte schicken dürfen, lehnte den Völkerbund in zwei historischen Abstimmungen am 19. November 1919 und am 19. März 1920 ab. Wilsons großes Projekt, das erste kollektive Sicherheitssystem der Welt, fand ohne die Mitgliedschaft der Vereinigten Staaten statt. Noch einmal zogen sich die Amerikaner auf ihren Kontinent zurück, nahmen Zuflucht hinter den zwei Meeren, die sie von Asien und Europa trennen.

Eine Weile ging das gut. In der Weltwirtschaftskrise, die Amerika mit dem Phänomen der Massenarbeitslosigkeit bekannt machte, dachte ohnehin niemand an Weltpolitik.

Franklin D. Roosevelt, Präsident seit 1933, konzentrierte sich ganz auf seinen »New Deal«, die erste tiefgreifende Reform des amerikanischen Wirtschaftssystems. Als er nach seiner Wiederwahl im Januar 1937 vor dem Kongress die übliche Antrittsrede hielt, erwähnte er kein einziges außenpolitisches Thema. Noch im Oktober 1940, als Hitler schon Polen, die Niederlande, Belgien und Frankreich besetzt hatte, versicherte Roosevelt seinen Landsleuten in einer Wahlkampfrede: »Ich werde es wieder und wieder und wieder sagen: Eure Jungs werden in keinen Krieg geschickt.«

Die Amerikaner hatten aber eines übersehen. Seit dem Atlantikflug von Charles Lindbergh hatte der Flugzeugbau gewaltige Fortschritte gemacht. Ende der dreißiger Jahre hatten die Großmächte Luftstreitkräfte aufgebaut, mit denen die Ozeane, hinter denen Amerika sich sicher wähnte, überwunden werden konnten. Am 7. Dezember 1941 wurde das Land vom einem Angriff japanischer Jagdbomber auf Pearl Harbor überrascht. Innerhalb von zwei Stunden zerstörten die Japaner den Großteil der amerikanischen Pazifikflotte, die in dem Hafen auf Hawaii vor Anker lag. Nur drei Flugzeugträger, die auf hoher See waren, blieben unbeschädigt. Warum die amerikanische Aufklärung die japanische Offensive nicht vorhergesehen hatte, beschäftigte die Geschichtsschreibung noch Jahre danach. Offenbar waren die Dienste nicht in der Lage gewesen, die Flut von Informationen über das japanische Militär zu ordnen und wichtige von unwichtigen Hinweisen zu unterscheiden.

Der Zweite Weltkrieg war vor allem in materieller Hinsicht ein Wendepunkt. Zum ersten Mal legte sich Amerika die Ausrüstung für eine Weltmachtrolle zu. Innerhalb kürzester Zeit verwandelte sich die größte Volkswirtschaft der Erde in die größte Kriegswirtschaft.

Sie produzierte die Rüstungsgüter für einen Doppelkrieg in Europa und im Pazifik und versorgte zusätzlich die Soldaten der Verbündeten. Von den Gesamtkriegskosten, die auf 1,5 Billionen Dollar geschätzt wurden, entfiel der größte Teil, nämlich 21 Prozent, auf die Vereinigten Staaten. Vor dem Krieg hatte das Land eine bescheidene Armee von 185 000 Mann. In den fünf Jahren nach der Kriegserklärung an Japan, die am Tag nach der Bombardierung Pearl Harbors erfolgte, wurden 16 Millionen Amerikaner zum Militärdienst herangezogen. So entstand eine Großstreitmacht, die gegen Ende des Krieges auch noch als Erste mit der Atombombe ausgestattet wurde – einer ungeheuren neuen Waffe, die bald ein ganzes Zeitalter definieren sollte.

Als sich die Weltkatastrophe, in die die Nazis und ihre Spießgesellen in Italien und Japan die Menschheit gestürzt hatten, dem Ende zuneigte, bekamen die Amerikaner unversehens einen neuen Präsidenten. Roosevelt, von einer Arteriosklerose so geschwächt, dass er nur noch sitzend im Kongress sprechen konnte, starb am 12. April 1945, knapp drei Wochen vor der Kapitulation Deutschlands. Sein Nachfolger wurde Harry S. Truman, ein Kurzwarenhändler aus Montana, der Politiker geworden war, als sein Geschäft pleite ging. Er wusste wenig von den laufenden Geschäften der Administration, war bei Roosevelts Tod gerade einmal 82 Tage lang Vizepräsident gewesen. In dieser Zeit hatte er nur zweimal mit dem Präsidenten gesprochen, nie ging es um Außenpolitik.

Dieser zupackende, umgängliche Mann, kein Denker, führte sein Land in die große globale Konfrontation mit dem Kommunismus. Schon auf der Alliiertenkonferenz in Potsdam hatte er den Eindruck gewonnen, dass mit Stalin auf Dauer keine Zusammenarbeit möglich sei. Nun entwarfen seine Beamten die Blaupausen für eine völlig neue

Außenpolitik. Der wichtigste war George F. Kennan, ein Diplomat, der seine frühe Karriere auf Horchposten in den Nachbarländern der Sowjetunion verbracht hatte, als Amerika noch keine Beziehungen zu dem Land unterhielt. Kennan schrieb im Februar 1946 aus der Botschaft in Moskau einen Bericht, der als »langes Telegramm« in die Geschichte einging. Darin stand, dass die Sowjetunion auf eine weltweite Expansion aus sei, die einen militärisch unterfütterten Gegendruck erforderlich mache. Diese Sichtweise legte er in einem Aufsatz in der Zeitschrift »Foreign Affairs«, der unter dem Pseudonym »X« erschien, später auch der Öffentlichkeit dar. Damit hatte Kennan die Politik der Eindämmung erfunden, die das früher so isolationistische Amerika in ein beispielloses Großengagement auf allen Kontinenten führte. Sein Präsident kleidete die neue Politik in die Truman-Doktrin, deren kurzen, aber unmissverständlichen Kernsatz der Kongress am 12. März 1947 zu hören bekam: »Es muss die Politik der Vereinigten Staaten sein, die freien Völker zu unterstützen, die sich Unterdrückungsversuchen von bewaffneten Minderheiten oder Druck von außen widersetzen.«

Im Kalten Krieg schuf Amerika eine beispiellose globale militärische Infrastruktur, auf die es sich bis heute stützt. Vor dem Zweiten Weltkrieg hatte das Land keinen einzigen Soldaten im Ausland stationiert. Jetzt entstanden permanente Stützpunkte in Europa (Schwerpunkt Deutschland) und in Asien (Japan und Südkorea). Die Verteidigungsausgaben stiegen dramatisch, während des Koreakrieges sogar auf 15 Prozent des Bruttoinlandsproduktes; heute liegen sie bei etwa vier Prozent. Die Streitkräfte wurden kräftig vergrößert, auf zwei bis drei Millionen Soldaten in den fünfziger und sechziger Jahren. Selbst in den Achtzigern waren es immer noch ein bis zwei Millionen. Das riesige Nukleararsenal, die großen Flugzeugträger und U-Boote, die Langstrecken- und Tarn-kappenbomber – all diese enormen Machtmittel, die in dieser Fülle und Qualität bis heute kein anderer Staat be-sitzt, wurden in den Jahren des Ost-West-Konfliktes auf-gebaut.

Je länger die Auseinandersetzung mit der Sowjetunion dauerte, desto mehr gewöhnten sich die Amerikaner an die Rolle als globale Vormacht. Es ist eine der bemerkens-wertesten Wendungen der jüngeren Geschichte, dass Trumans Grundentscheidung, Amerika habe eine Welt-machtrolle zu spielen, von jeder nachfolgenden Adminis-tration übernommen wurde. Es gab Präsidenten wie Nixon, die die Entspannung mit Moskau suchten. Carter hob das Moralische in der Außenpolitik hervor. Und es gab Momente wie den Vietnamkrieg, da wollte der amerikanische Wähler seine Soldaten wieder zu Hause wissen. Aber der Isolationismus wurde nie mehr zum Leitmotiv der amerikanischen Außenpolitik, selbst dann nicht, als Reagan die Sowjetunion zu Tode gerüstet hatte. Im Gegenteil: Nach dem 11. September 2001 zog Ame-rika in die nächsten Schlüsselregionen. Der Krieg in Af-ghanistan führte das Land nach Zentralasien, der im Irak ins arabische Kerngebiet. Wie selbstverständlich die USA sich heute als Weltmacht verstehen, lässt sich dem »Quad-rennial Defense Review« entnehmen, einem Bericht über die Streitkräfteplanung, den das Pentagon alle vier Jahre vor-legt. In der Ausgabe von 2006 heißt es, die Armee müsse in der Lage sein, gleichzeitig das Heimatland zu verteidi-gen, einen langen Krieg gegen den Terrorismus und zwei weitere konventionelle Kriege zu führen.

Dass sich in Amerika die Internationalisten durch-setzten, hatte für die Weltpolitik so große Folgen wie die Reisen des Kolumbus fünf Jahrhunderte zuvor. Europa lag nach dem Zweiten Weltkrieg in Trümmern, zog sich erschöpft vom Weltgeschehen zurück, das es so lange dominiert hatte. Just in diesem Moment war sein Ableger in der Neuen Welt geistig und materiell bereit, die Aufgabe als Führungsmacht zu übernehmen. So wurde Amerika in der zweiten Hälfte des 20. Jahrhunderts zum letzten Stoßtrupp der europäischen Expansion. Denn bei allen kulturellen Unterschieden zu den Europäern sind die Vereinigten Staaten doch keine Mestizengesellschaft wie ihre südlichen Nachbarn. Sie sind eine Nation, in der die Nachfahren von eingewanderten Engländern, Iren, Deutschen und Skandinaviern bis heute die Mehrheit stellen. Diese nordeuropäisch-protestantische Exklave pflegte ihre Eigenheiten, konnte ihre Wurzeln aber nie verleugnen. Nicht ohne Grund sprach man im Kalten Krieg nicht vom amerikanisch-europäischen, sondern vom westlichen Bündnis, wenn man die Nato meinte.

Allerdings gab es einen großen Unterschied zu den Vorgängern. Der stellvertretende Vorsitzende der britischen Labour-Partei, Herbert Morrison, wurde 1945 noch mit der Äußerung bekannt, afrikanische Staaten in die Unabhängigkeit zu entlassen sei »wie einem Zehnjährigen einen Hausschlüssel, ein Bankkonto und eine Schrotflinte zu geben«. Den Amerikanern, die selbst aus einer Kolonie hervorgegangen waren, wären solche Vergleiche nicht über die Lippen gekommen. Statt als Eroberer aufzutreten, erinnerte sich die neue Weltmacht an Woodrow Wilson und schuf eine Weltordnung, die auf internationalen Organisationen beruhte. Das begann mit den Vereinten Nationen, deren Grundstruktur seit 1943 im amerikanischen Außenministerium entworfen wurde. Roosevelt, von dem der Name der neuen Einrichtung stammte, sprach davon, dass vier Polizisten in ihren Einflusszonen künftig für Ordnung sorgen sollten. Damit meinte er die Vereinigten Staaten, Großbritannien, die Sowjetunion und China. Später kam Frankreich als Siegermacht des Zweiten Weltkriegs hinzu, der Sicherheitsrat war geboren. Die UN, die am 26. Juni 1945 in San Francisco gegründet wurden, waren das erste der vielen großen und kleinen Abkommen, die heute selbstverständlich zur Weltpolitik gehören. Man hat diese Organisationen, Behörden, Pakte und Bündnisse lange nicht ernst genommen. Tatsächlich wurden sie zu einem der verlässlichsten Herrschaftsinstrumente des Westens. Die Nato, die Welthandelsorganisation, der Nichtverbreitungsvertrag – jede Einrichtung, die heute für das internationale Geschehen wirklich von Bedeutung ist, wurde von Amerika gegründet oder dominiert.

Zwangsjacke Nationalstaat

Um zu ermessen, wie nachhaltig der Westen die Spielregeln der Weltpolitik prägte, müssen wir uns kurz mit einer seiner folgenreichsten Erfindungen befassen: dem Nationalstaat. In den Jahrzehnten nach dem Zweiten Weltkrieg entstanden weit mehr als hundert neue Staaten. Sie tragen exotische Namen wie Swasiland, Vanuatu oder Nauru. Aber alle verfügten über die Insignien moderner Staatlichkeit: Flagge, Hymne, Armee, Hauptstadt. Selbst im ärmsten Land wird der ausländische Besucher heute von einem sehr offiziell aussehenden Beamten am Flughafen empfangen, der ihm einen bunten Stempel in den Pass knallt. Der Weg ins Hotel mag über eine Schlaglochpiste führen, an Eselkarawanen und Slums vorbei. Trotzdem wird man auch einen Präsidentenpalast sehen, ein Außenministerium, oft sogar ein Parlament.

Das erweckt den Anschein, als ob die früheren Kolonien funktionieren wie jeder andere Staat. In Wirklichkeit tun sich viele von ihnen bis heute mit der Staatsform schwer, die sie mit der Unabhängigkeit erhielten. Als der Westen die Völker Lateinamerikas, Afrikas und Asiens ihrem Schicksal überließ, stülpte er ihnen ein Standardmodell von Staatlichkeit über, das den wenigsten bekam. Die Dritte Welt, die nie etwas dem römischen Recht oder der Aufklärung Vergleichbares hervorgebracht hatte, wurde Empfänger einer Staatsidee, die der einheimischen Tradition oft völlig fremd war.

Besonders deutlich wird das, wenn man Afrika betrachtet, den zweitgrößten Kontinent, der heute mehr als fünfzig Staaten zählt. Dieses riesige Gebiet, besiedelt seit der Frühzeit, durchzogen von lebensfeindlichen Wüsten und undurchdringlichen Regenwäldern, kannte vor der Ankunft der Europäer kaum große Siedlungen. Um 1800 gab es auf dem gesamten Kontinent nur zwanzig Städte mit mehr als 20.000 Einwohnern. Viele Menschen lebten noch als Jäger und Sammler. Die Buschmänner im Süden waren Nomaden, denen der Sinn nicht nach materiellem Besitz stand, weil sie ihr Hab und Gut auf dem Rücken von Revier zu Revier tragen mussten. Die Ethnologie nannte ihre Lebensweise akephal, was kopflos heißt. Denn die Gemeinschaften kamen ohne festgefügte Herrschaftsform aus. Nur für die Jagd vertraute man auf einen Anführer, meist einen Älteren, der Erfahrung beim Aufspüren und Erlegen der Beute hatte.

Wurde ein Stamm sesshaft, dann brauchte er einen Regenmacher, denn Ackerbau lässt sich nur betreiben, wenn die Felder gut bewässert sind. Außerdem war ein Dorfrichter vonnöten, der das Land verteilte und Streitigkeiten schlichtete. Damit war das Amt des Häuptlings geboren, dem auch die Pflege der spirituellen Beziehungen zu den Ahnen oblag. Wirkliche Macht hatten diese Männer aber nicht. Da es genug Land gab, war niemand gezwungen, bei der Sippe zu bleiben. Wem die Führung nicht passte, der zog mit seiner Familie weiter. Nur dort, wo der Elfenbein- und Sklavenhandel Geld brachte, wie im Kongo oder in Katanga, oder wo der Raum zwischen den Völkern eng wurde, wie bei den Zulus in Südafrika, konnte der eine oder andere Kriegerhäuptling größere Gebiete unter Kontrolle bringen.

Ein paar Königreiche gab es auch. Von Ferne erinnerten sie an europäische Monarchien, denn unter dem Herrscher bildete sich eine differenzierte soziale Hierarchie heraus. An der Spitze standen Beamte, Krieger und Hofsänger, dann kamen Bauern und Handwerker, zuletzt die Sklaven. Aber es fehlte das wichtigste Merkmal des abendländischen Mittelalters: das Lehnswesen, das Herrschaft an Landbesitz knüpft. Westafrikanische Königreiche wie Dahomey, heute Benin, lebten von Kriegszügen und vor allem vom überseeischen Sklavenhandel, weshalb sie nach dessen Abschaffung in Not gerieten. Auch das Hofleben war aus einer anderen, vorzivilisatorischen Zeit. Nicht jeder König hatte einen Palast, manche zogen als wandernde Steuereintreiber von Siedlung zu Siedlung. Wurde ein König alt, krank oder erwies sich als unfähig, dann wurde er geopfert. In Nigeria war er für die Dauer von sieben Jahren gewählt, danach galt er als verbraucht und wurde getötet. Der neue Herrscher musste Herz und Hirn des Vorgängers essen, damit dessen Weisheit und Kraft auf ihn übergingen.

Der Afrikaforscher Gustav Nachtigal, der die deutschen Schutzgebiete in Togo und Kamerun errichtete, schrieb 1871 nach einer Reise ins Reich von Wadai, das im heutigen Tschad lag, der dortige Fürst sei ein gerechter, ehrlicher und friedlicher Mann. Nach altem Brauch habe er aber noch jeden möglichen Thronrivalen, darunter Vettern und Neffen, vorsorglich blenden lassen. Afrikanische Königreiche waren trotz ihrer Komplexität im Grunde lediglich erweiterte Dörfer.

Technisch-kulturell lebten diese Gesellschaften erst recht nicht in der Neuzeit. Als die Europäer nach Afrika kamen, da fanden sie Völker vor, denen das Schrifttum kaum vertraut war. Schon über die alte Geschichte des Kontinents ist wenig bekannt, da nur aus Ägypten Quellen erhalten sind. Sieht man vom christlichen Äthiopien ab, wo seit dem vierten Jahrhundert die Bibel gelesen wurde, brachte erst das Eindringen des Islam die Schrift nach Afrika. Eine letzte große Welle islamischer Staatsgründungen fand im 19. Jahrhundert im westlichen Sudan statt. Reiche wie das Kalifat von Sokoto, heute im Nordwesten Nigerias, nutzten ein einheitliches, geschriebenes Recht. Das war eine Seltenheit auf einem Kontinent, der ansonsten nur die mündliche Überlieferung kannte. Selbst der Pflug, in Ägypten schon 2600 vor Christus in Gebrauch, konnte sich in den meisten Gegenden nicht gegen die Hacke durchsetzen. Das Rad wurde kaum verwendet. In den Krieg zogen die Afrikaner mit Messern, Bögen und Speeren, oft halbnackt, ohne Rüstung. Feuerwaffen waren unbekannt. Als es später zu Aufständen kam, etwa in Deutsch-Ostafrika, suchten sie sich mit »geweihtem Wasser« vor den Kugeln der Kolonialherren zu schützen.

Man muss sich vergegenwärtigen, dass Europa zur gleichen Zeit von einer wissenschaftlichen Revolution zur nächsten eilte. Das 19. Jahrhundert war ein Jahrhundert der Technik, des Aufstiegs der exakten Naturwissenschaft zur gesellschaftsverändernden Kraft. An den Universitäten in Frankreich, England, Italien, Schweden, später in Deutschland und schließlich in Amerika wurden die kleinsten Einheiten der Materie und die größten Weiten des Alls erkundet. Man entdeckte das Bakterium, dauerhaften elektrischen Strom, infrarotes und ultraviolettes Licht, Röntgenstrahlen, die Radioaktivität, immer neue chemische Elemente. Wissenschaftliche Fachzeitschriften, Forschungsgesellschaften, Kongresse, Laboratorien wurden ins Leben gerufen. Zugleich gaben sich die westlichen Völker Verfassungen, zuerst in den Vereinigten Staaten, dann in Frankreich. Das war der Beginn des modernen Rechtsstaates, der bald auch bürgerliche Gesetzbücher erließ, um nicht nur die Rechte und Pflichten der Obrigkeit, sondern auch das Zusammenleben der Bürger auf eine verlässliche, weil einklagbare Grundlage zu stellen. Nichts davon gab es in Afrika. Kein anderer Erdteil war so schlecht gerüstet für die Moderne.

In Südostasien, wo ebenfalls fast jeder Landstrich kolonisiert wurde, scheinen die Voraussetzungen besser gewesen zu sein. Zumindest erweckt die Gegenwart diesen Eindruck. Bangkok oder Singapur sind heute moderne Metropolen mit mehrstöckigen Autobahnen, vollklimatisierten Einkaufspalästen und gläsernen Bürotürmen. Der westliche Besucher erfreut sich am exotischen Ambiente, findet sich aber leicht zurecht: Kreditkarte, U-Bahn, Diskothek, alles funktioniert wie zu Hause. Der streberhafte Stadtstaat Singapur leistet sich sogar ein Symphonieorchester, das in einem sechs Hektar großen, futuristischen Kulturzentrum auftritt. Wer zum ersten Mal ein Konzert besucht, wird darauf hingewiesen, dass Shorts und Pantoffeln nicht erwünscht sind und dass man gewöhnlich erst nach dem Ende des Stücks klatscht. Die Singapurer, geschäftstüchtige Leute, die von der Globalisierung leben und ihre Kinder zum Studium nach Oxford schicken, betrachten den Genuss klassischer Musik als den endgültigen Beweis ihrer Fortschrittlichkeit. Sie haben sich nicht nur die Technik und das Wirtschaften des Westens angeeignet, sondern auch seine Hochkultur.

Trotzdem hat auch diese Gegend keine Geschichte, die mit der westlichen vergleichbar ist. Im tropischen Asien gab es vor der Ankunft der Kolonialherren keine Staaten im neuzeitlichen Sinne. Singapur war ein moskitoverseuchter Sumpf vor der Südspitze der Halbinsel Malakka, überall sonst lebte man in Mandalas. Das ist ein Wort aus der frühen indischen Staatslehre. Es bedeutet so viel wie Einflusskreis oder Interessensphäre. Mandalas hatten keine stehenden Heere, öffentlichen Verwaltungen oder nationale Jurisprudenzen. Sie wurden von Gottkönigen regiert, deren Herrschaft mehr auf religiösen Ritualen als auf physischer Kontrolle ihrer Untertanen beruhte. Die Forschung hat das »rituelle Souveränität« genannt. Die Existenz eines Reiches beruhte auf der Verbreitung von kulturellen Aktivitäten und Symbolen, nicht auf dem Einsatz von Zwangsmitteln durch eine Staatsgewalt.

Das Leben in so einer Gesellschaft ist für uns heute schwer vorstellbar. Ihre Wurzeln lagen in der Überzeugung, dass die Welt aus widerstrebenden Kräften wie Gut und Böse, Hell und Dunkel besteht, die als Geister schon vor der Menschheit existierten. Um sich vor diesen Mächten zu schützen, vertraute man sich Führern an, die in der Lage waren, das Übernatürliche mit Hilfe von pompösen Kulthandlungen zu bändigen. Die Gemeinwesen, die aus dieser Kultur hervorgingen, hat der Anthropologe Clifford Geertz als Theaterstaaten bezeichnet. Sie beruhten auf endlosen Hofzeremonien, in denen die Könige die Intendanten, die Priester die Regisseure und die Bauern die Statisten waren.

Diese Reiche haben einige der gewaltigsten Tempelanlagen der Erde erbaut, wie Angkor in Kambodscha oder den Borobodur in Indonesien. Allein im burmesischen Pagan entstanden siebentausend Pagoden. Alles Tun des Staates war auf die Errichtung der Tempel ausgerichtet, die ihren Erbauern Größe in der nächsten Welt sichern sollten. Die Macht diente dem Pomp, nicht der Pomp der Macht, wie Geertz bemerkte. Zum Teil hatte das tragische Folgen. Als die Holländer auf Bali auftauchten, da nahm sich jeder König und Prinz, der ihnen in die Hände fiel, das Leben. 1908 marschierte der gesamte Hofstaat von Klungklung, dem damaligen Zentrum der Insel, betäubt mit Opium, aber voller Begeisterung ins Gewehrfeuer der holländischen Soldaten. Selbst der eigene Untergang wurde als kunstvoller Festumzug zelebriert.

Auch die Kriege, die die Mandalafürsten gegeneinander führten, dienten immer nur jenseitigen Zwecken, wie der Eroberung heiliger buddhistischer Schriften. Manchmal machte man Gefangene. So mussten kambodschanische Sklaven die Kanäle Bangkoks ausheben. Kriege waren aber stets Raubzüge, um die Eroberung fremden Territoriums ging es kaum. Deshalb sahen die Gottkönige Südostasiens keine Veranlassung, die Schlagkraft ihrer Armeen zu erhöhen, wie das in Europa geschah. Sie waren den weißen Eindringlingen hoffnungslos unterlegen – technisch, weil sie nicht die Waffen zur Gegenwehr hatten, und kulturell, weil sie ungeübt waren im weltlich-militärischen Denken.

Afrika und Südostasien sind die beiden prominentesten Beispiele für das Grundproblem so vieler Länder, die im Zuge der Entkolonisierung entstanden. Ihre Völker konnten auf keine eigene Verwaltungserfahrung zurückgreifen, die im 20. Jahrhundert von Wert gewesen wäre. Der modernen Weltpolitik konnte man nicht als Stamm oder Mandala beitreten. Man musste ein Staat sein, und das ging nur mit Hilfe von zwei Einrichtungen, die vor der Kolonialzeit in weiten Teilen der Dritten Welt vollkommen unbekannt waren: Grenzen und Nationen.

Beim Blick auf die Weltkarte fallen die Unterschiede

zwischen der Grenzziehung in Europa und der in anderen Teilen der Welt ins Auge. In Europa sind die Grenzen verwinkelt und kleinteilig. Das bringt zum Ausdruck, dass sie über Jahrhunderte gewachsen sind. Besiedlung, Krieg und Landtausch haben die Territorien der europäischen Staaten wieder und wieder neu geschaffen. In Asien, Amerika und Afrika stechen dagegen die vielen mit dem Lineal gezogenen Grenzen hervor. Sie sind manchmal Tausende Kilometer lang, schaffen rechteckig wirkende Staatsgebilde. Das liegt daran, dass diese Grenzen jung sind und nicht von den heutigen Bewohnern der Staaten stammen, sondern von den Kolonialmächten.

Die Vermessung war eine der zentralen Aufgaben der überseeischen Verwaltungen. Immer wieder wurden Expeditionen ins Landesinnere entsandt, um Landkarten der erworbenen Gebiete zu erstellen. Viele Kolonialbeamte waren Vermesser, das Ausarbeiten von Karten wurde mit Beförderung belohnt. Wie neu das für die ansässige Bevölkerung war, zeigt wiederum das Beispiel Südostasien. Die flache Landkarte, die Länge und Breite genau verzeichnet, ist eine Erfindung des Flamen Gerhardus Mercator aus dem 16. Jahrhundert. Sie drang nie bis in die Welt der Mandalas vor. Auch hier gab es Karten, aber die stellten die kosmische Ordnung dar, über die der Gottkönig wachte. In Siam, dem heutigen Thailand, entstanden im 18. Jahrhundert Karten, auf denen das Land im Norden direkt an Jambudipa grenzt, das alte mythische Indien, in dem Buddha geboren wurde. Burma, das eigentlich dazwischen liegt, war gar nicht eingezeichnet. Auf solchen Karten waren Orte und Landschaften abgebildet, manchmal auch Schreine im Himmel. Aber es fehlte der Maßstab, der eine Karte erst zum Abbild der geographischen Wirklichkeit macht.

Das Desinteresse an einer akkuraten Darstellung des

eigenen Staatsgebietes hatte einen einfachen Grund. Mandalas kannten keinen festen Grenzverlauf, sondern nur eine Art Korridor, in dem die Herrschaft des Einen verblasste und die des Anderen begann. Die »Grenzstädte« überfielen einander immer wieder, aber das bewegte in der Hauptstadt niemanden, weil man über Menschen regierte, nicht über Territorium. Zwischen Burma und Siam, zwei eifersüchtig rivalisierenden Reichen, wurde die Grenze sogar als Geheimnis behandelt. Das führte im 19. Jahrhundert zu Spannungen zwischen Siam und der britischen Krone, die Burma erobert hatte. Die Briten wollten wissen, wo genau die Grenze zwischen ihrem Kolonialgebiet und dem Nachbarland verlief. Zwanzig Jahre lang bedrängten sie den Hof in Bangkok mit dieser Frage, erhielten aber immer nur zur Antwort, sie sollten doch die alten Leute im Grenzgebiet fragen. Die Siamesen, die als einziges Volk in Südostasien der Kolonisierung entgingen, verstanden einfach nicht, was die Briten von ihnen wollten. Erst König Chulalongkorn, der 1868 den Thron bestieg, kam auf die Idee, sein Reich vermessen zu lassen und eine offizielle Grenze auszuweisen. Chulalongkorn, der mit Anzug und Krawatte auftrat, war der erste Herrscher seines Landes, der eine moderne Ausbildung genossen und sich mit dem Wissen des Westens vertraut gemacht hatte.

Noch einschneidender für die Dritte Welt war der Import der Nation. Heute haben wir uns daran gewöhnt, Staaten als Siedlungsgebiete von Nationen zu begreifen. Deutscher, Mexikaner oder Filipino zu sein, ist uns selbstverständlich. Wir jubeln der deutschen Nationalmannschaft zu, wählen den Deutschen Bundestag, lesen Bücher über die deutsche Geschichte. Tatsächlich ist die Nation aber eine junge Errungenschaft der Menschheit. Das Mittelalter lebte in Ständen. Man war Ritter, Mönch,

Bauer oder Handwerker. Mit jemandem das Schicksal zu teilen, nur weil er die gleiche Sprache sprach, kam niemandem in den Sinn. Die Christenheit hatte sich eine Welt eingerichtet, in der den Leuten zur Beantwortung der Frage, wer sie seien, ihr Herkommen genügte. Der Bauer diente dem Burgherrn, der Burgherr dem König. Darüber hinaus verband sie nichts.

Das änderte sich mit der Verbreitung des Buchdrucks. Die Lutherbibel brach nicht nur das Monopol des Lateinischen als Sakralsprache, sie war auch Wegbereiterin für die Durchsetzung von Landes- und Schriftsprachen, mit deren Hilfe sich Menschen austauschen konnten, die vorher durch Dialekte getrennt waren. Das Bewusstsein, zu einer Gruppe von Sprechern zu gehören, die sich von anderen Gruppen unterscheidet, war eine der wichtigsten Voraussetzungen für die Idee, dass Menschen gleicher Sprache, Kultur und Geschichte eine »Nation« bilden. Die bürgerlichen Revolutionen des 18. und 19. Jahrhunderts verbanden das mit dem Prinzip der Volkssouveränität, womit der moderne Nationalstaat geboren war. Es war einer der letzten, aber folgenschwersten Beiträge Europas zur Weltpolitik.

Der Politologe Benedict Anderson hat beschrieben, mit welchem Erfolg sich diese »vorgestellten Gemeinschaften« im Rest der Welt verbreiteten. In Amerika geschah das sogar früher als in Teilen Europas. Auf den ersten Blick ist nicht ersichtlich, warum das riesige spanische Kolonialreich, in dem die Führungsschicht dieselbe Sprache sprach und aus derselben Kultur stammte, gerade in achtzehn einzelne Staaten zerfiel. Tatsächlich entsprachen die Gebiete der neuen lateinamerikanischen Republiken aber weitgehend denen der kolonialen Verwaltungseinheiten. Die dort ansässigen Kreolen, die zu Beginn des 19. Jahrhunderts die Loslösung von Spanien betrieben, hatten im Laufe der langen Kolonialgeschichte begonnen, diese künstlich geschaffenen Räume, die ursprünglich auf die Reichweite militärischer Expeditionen zurückgingen, als »nationale« Lebenswelt anzunehmen. Ihre Amtsreisen endeten an den Grenzen des jeweiligen Vizekönigtums, Geschäfte durften sie nur hier treiben, eine Karriere im Mutterland war nicht möglich, und die neuen Zeitungen berichteten meist über lokale Begebenheiten. So entstand die Vorstellung, »Amerikaner« zu sein, was sich nicht mehr mit dem Status als Untertan der spanischen Krone vertrug. Die eher zufällig aus der Kolonialpraxis hervorgegangenen Verwaltungsbezirke wurden als neue Vaterländer akzeptiert. Als die Kreolen sich unabhängig machten, erklärten sie sogar die Ureinwohner und die schwarzen Sklaven, die sie bis dahin unterdrückt hatten, zu »Peruanern« oder »Venezolanern«. José de San Martín, der 1821 in Lima die Unabhängigkeit ausrief, stellte feierlich fest: »In Zukunft sollen die Ureinwohner weder Indianer noch Eingeborene genannt werden. Sie sind Kinder und Bürger Perus und sollen als Peruaner bezeichnet werden.«

Fast noch begeisterter wurde der Nationalgedanke in Ländern aufgenommen, die nicht von europäischen Auswanderern, sondern von den Einheimischen selbst in die Unabhängigkeit geführt wurden. Ein erstaunliches Beispiel ist Indonesien, ein riesiger Staat, der aus mehr als 13 000 Inseln besteht und die größte muslimische Bevölkerung der Welt beherbergt. In diesem Land gibt es noch heute 360 Ethnien und mehr als 250 Sprachen. Trotzdem fanden die meisten dieser Javaner, Sundanesen, Balinesen oder Ambonesen nichts dabei, gemeinsam als »Indonesier« in die Geschichte einzutreten, nachdem ihnen ein Architekt aus Ost-Java, der seinen Beruf nie ausgeübt hatte, die Unabhängigkeit von den Niederländern erstritten hatte. Sukarno hieß dieser charismatische Mann, der ein begnadeter Redner war und 1949 der erste Präsident des neugegründeten Indonesien wurde. Er brachte die Wirtschaft des jungen Landes an den Rand des Ruins und konnte nur mit Hilfe des Militärs regieren. Aber er hinterließ seinem Volk eine offizielle Staatsphilosophie, »Pancasila« genannt, zu der neben dem Glauben an einen Gott vor allem der Nationalismus gehörte.

Die Gestalt dieses Landes war bei seiner Gründung so künstlich wie sein Name und die neue Staatssprache »Bahasa Indonesia«. Sie ging zurück auf ein einfaches Händler- und Beamtenidiom, ursprünglich bekannt als Dienstmalaiisch, das weitgehend ohne Tempi, Konjugationen und Deklinationen auskam. Es war als Verkehrssprache zwischen den Inseln entstanden, verbreitete sich aber durch den Buchmarkt so schnell, dass die Unabhängigkeitsbewegung die Sprache zum »nationalen« Kulturerbe erhob. Jeder Bürger sollte sie nun erlernen. Dabei hatte es nie so etwas wie ein vorkoloniales »indonesisches« Reich gegeben, das Staatsgebiet war weitgehend durch holländische Eroberungen zustande gekommen.

Entscheidend war jedoch, dass die Holländer an der Wende zum 20. Jahrhundert ein staatliches Schulsystem mit einheitlichen Schulbüchern und Abschlüssen in ihrem Kolonialreich einführten. Das schuf das Bewusstsein für eine gemeinsame Lebens- und Erfahrungswelt, das die alten Dorfschulen nie hervorgebracht hatten. Noch prägender waren die Hochschulen, die die Holländer zur Ausbildung einheimischer Eliten einrichteten. Sie lagen alle in der Hauptstadt Batavia, dem heutigen Jakarta, oder im benachbarten Bandung. Die Studenten, die ihre Jugend Tausende Kilometer voneinander entfernt verbracht hatten und durch Religion, Sprache und Gewohnheiten getrennt waren, lernten die beiden Städte auf der Hauptinsel Java als Zentrum eines gemeinsamen Universums kennen. Das legte den Grundstein für ein Nationalgefühl, das bereit war, über kulturelle Unterschiede hinwegzusehen. Im neuen Indonesien betrachteten Menschen einander als Landsleute, die nicht einmal die gleiche Muttersprache sprachen. Ihre Sprachverwandten im benachbarten Malaysia, das bis 1963 eine britische Kolonie blieb, begannen sie dagegen als Ausländer anzusehen.

Dass die neuen Staaten auf diese Weise entstanden, lag auch an der westlichen Politik. Das Konzept der Selbstbestimmung, das seit der Französischen Revolution Nationalismen in aller Welt befeuerte, wurde nach dem Ersten Weltkrieg zunächst nur europäischen Völkern unter Fremdherrschaft zugestanden, wie Polen, Ungarn oder Litauern. Für nichteuropäische »Nationalitäten« erfand der Völkerbund dagegen die sogenannte Mandatsverwaltung. Sie beruhte auf der Einschätzung, dass die Bewohner der Kolonien noch zu rückständig seien, um ihre Geschicke selbst zu bestimmen. Es gab ein Mandat Typ A für Länder, von denen erwartet wurde, dass sie sich innerhalb von ein oder zwei Jahrzehnten entwickeln würden. Dazu gehörten der Irak, Syrien und Palästina. Unter Typ B fielen Kolonien, von denen vermutet wurde, dass sie deutlich länger brauchen würden wie etwa Kamerun. Typ C war besonders schwierigen Fälle vorbehalten, die für unbestimmte Zeit unter fremder Aufsicht bleiben sollten. Darunter fielen Südwest-Afrika und Neuguinea.

Wahrscheinlich war das sogar realistisch. Hätte man das Prinzip der Selbstbestimmung, wie es in Europa praktiziert wurde, auf die ethno-linguistischen Gruppen in den Kolonien übertragen, dann wären alleine in Afrika vier- oder fünfhundert Staaten entstanden; die wenigsten davon wären überlebensfähig gewesen. Damit war allerdings eine Grundsatzentscheidung getroffen, deren Tragweite sich erst später, nämlich nach dem Zweiten Weltkrieg offenbarte, als die Europäer ihrer Aufgabe als Mandats- und Kolonialmächte überdrüssig wurden. Als Ausgangspunkt für die Staatswerdung in der Dritten Welt blieb nur noch das Kolonialgebiet, dieser willkürlich entstandene Raum, den schon die Befreiungsbewegungen mit großer Selbstverständlichkeit beanspruchten. In Asien und Afrika entstanden keine neuen Staaten vom Reißbrett. In den meisten Fällen wurden Kolonien zu Nationalstaaten erklärt, obwohl sie das nie gewesen waren.

Für das Schicksal dieser Länder hatte das dramatische Folgen, ebenso wie für die Weltpolitik als Ganzes. Die Grenzen und Nationen, die der Westen hinterließ, stießen in den seltensten Fällen auf dauerhafte Akzeptanz. Nachdem die erste Begeisterung über die Unabhängigkeit verflogen war, versanken große Teile der Dritten Welt in Grenz- und Bürgerkriegen. Indonesien war ein typischer Fall. Acht große Gewaltkonflikte musste das Land in den ersten Jahrzehnten seiner brüchigen Staatlichkeit überstehen, Hunderttausende wurden getötet. Der um die Provinz Aceh auf Sumatra, wo besonders strenggläubige Muslime ein eigenes Reich haben wollten, konnte sogar erst vor ein paar Jahren beigelegt werden. Andere Abspaltungskriege holten sich die Indonesier selbst ins Haus, weil sie sich in den sechziger Jahren den von Melanesiern bewohnten Westteil Neuguineas einverleibten und nach dem Rückzug der Portugiesen auch das christliche Osttimor. Die chinesische Minderheit wiederum wurde verfolgt, weil sie im Verdacht stand, in dem jungen Staat eine kommunistische Revolution anzetteln zu wollen. Andere Völker, wie die Kurden, fanden sich in fünf Ländern (Irak, Iran, Türkei, Syrien, Armenien) wieder und trugen den Terrorkampf für einen eigenen Staat bis nach Europa. In Staaten wie dem Libanon, in dem Christen, Sunniten und Schiiten zusammenleben sollten, kam es zu jahrzehntelangen Bürgerkriegen, verschärft noch durch die Einmischung von Nachbarstaaten. Selbst die wenigen Versuche, Völker bewusst nach religiösen oder ethnischen Merkmalen aufzuteilen, gingen nicht ohne Gewalt ab. Die Teilung Britisch-Indiens in einen muslimischen und einen überwiegend hinduistischen Staat führte zu Kämpfen und einem Massenexodus der Muslime ins neue Pakistan. 800 000 Menschen kamen um. Typisch für die Zustände in der Dritten Welt war, dass Indien und Pakistan sich schon vier Monate nach der Unabhängigkeit einen Krieg um ein umstrittenes Gebiet lieferten, um Kaschmir. Pakistan, ein heute noch äußerst fragiles Gemeinwesen, brach schließlich in zwei Teile auseinander, als sich der bengalische Osten des Landes 1971 als Bangladesch unabhängig erklärte. In Afrika hielten sich die meisten neuen Staaten, aber oft zu einem hohen Preis. Der Sezessionsversuch Biafras von Nigeria kostete Ende der sechziger Jahre eine Million Menschen das Leben. Besonders schlimm kam es, wenn ein Entwicklungsland in die globale Blockkonfrontation hineingezogen wurde. Vor allem in Asien war der Kalte Krieg heiß: Die Kriege in Korea (3 Millionen Tote), Vietnam (2 Millionen), Afghanistan (1,5 Millionen) und der Bürgerkrieg zwischen Kuomintang und Roter Armee in China (1 Million) gehören zu den blutigsten Konflikten nach dem Zweiten Weltkrieg.

Das war eine gewaltige historische Veränderung. Jahrhundertelang war Europa das Schlachtfeld der Menschheit gewesen. Die großen Kriege, die den Lauf der Weltpolitik bestimmten, fanden hier statt oder hatten zumindest ihren Ursprung in der europäischen Politik. Nun wurde Europa zu einem friedlichen Kontinent, der

Krieg zog in den Süden. In den vierzig Jahren nach dem Zweiten Weltkrieg, in denen die Entkolonisierung im Wesentlichen abgeschlossen wurde, fanden 167 Kriege statt. Nur neun davon brachen in Europa aus; die Konflikte im Baskenland und in Nordirland waren am dauerhaftesten. Fast drei Viertel aller Kriege verliefen aber als reine Drittweltkonflikte, also ohne Einmischung aus dem Westen. Selbst heute, da die meisten Länder schon seit Jahrzehnten unabhängig sind, spielt sich das Gros der bewaffneten Auseinandersetzungen weiter in der Dritten Welt ab. Für das Jahr 2007 zählte das Heidelberger Institut für Internationale Konfliktforschung 16 gewalttätige Konflikte in Europa (davon keinen mit hoher Intensität), 17 in Amerika (3), 16 für Maghreb/Nahost (10), 33 in Afrika südlich der Sahara (9) und 48 für Asien/Ozeanien (9).

Solche Statistiken bringen vor allem eines zum Ausdruck: Die Dritte Welt erlangte mit der Unabhängigkeit noch lange keine Handlungsfreiheit. Die Kriege, die vor allem große Teile Afrikas und Asiens heimsuchten, hinderten die neuen Länder lange daran, überhaupt zu Subjekten der Weltpolitik zu werden; sie blieben deren Objekte. Wer in erster Linie damit beschäftigt ist, seinen Staat zusammenzuhalten, der ist zu schwach, um im Konzert der Großen mitzuspielen. In einer Weltordnung, die auf dem Modell des aufgeklärten westlichen Verfassungsstaats beruht, hatten Staaten, die keine Nation repräsentierten, und Nationen, die eine staatliche Form suchten, keine Chance. Die marxistische Theorie fand dafür ein treffendes Begriffspaar. Sie nannte Europa und Nordamerika das (kapitalistische) Zentrum der Weltpolitik, die Entwicklungsländer die Peripherie. Besser lässt sich nicht ausdrücken, was in den ersten Jahrzehnten nach der Entkolonisierung geschah. Der Westen beherrschte weiter die Welt, seine früheren Kolonien sahen sich an den Rand gedrängt.

Die absolute Waffe

Der größte Vorteil, den sich der Westen nach 1945 verschaffte, war ein militärischer. Er sorgte dafür, dass nur eine Handvoll Staaten die Atombombe bekamen, jene fürchterliche neue Waffe, die selbst die stärksten Völker niederwirft. Nach der Bombardierung von Hiroshima und Nagasaki hielt Dean Acheson, einer der klügsten Köpfe der Truman-Regierung, damals Staatssekretär im amerikanischen US-Außenministerium, in einem internen Memorandum fest, Kernwaffen seien eine »Entdeckung, die für die menschliche Gesellschaft revolutionärer ist als die Erfindung des Rads. (...) Wird diese Erfindung weiterentwickelt und zerstörerisch eingesetzt, dann wird es keinen Sieger geben, und es könnte geschehen, dass keine Zivilisation überlebt«. Acheson, ein strategischer Denker, gab damit eine Linie vor, die in der amerikanischen und westlichen Außenpolitik heute allgemein akzeptiert ist: Atombomben sind eine besondere Kategorie von Machtmitteln, weshalb sie unter keinen Umständen weitergegeben werden sollten.

In der Militärgeschichte ist das einmalig. Natürlich haben Regierungen immer versucht, neue Waffen unter Verschluss zu halten, um ihren Feinden überlegen zu sein. Aber die Rüstungsindustrie, eine ewige Boombranche, verbreitete über kurz oder lang jede neue Technik. Ein gutes Beispiel ist das Maschinengewehr, eine der effektivsten militärischen Neuerungen des Industriezeitalters. Das Prinzip des heutigen Maschinengewehrs wurde 1884 von Hiram Stevens Maxim entwickelt, einem amerikanischen Farmersohn, der seine Erfinderlaufbahn mit einem Lockenwickler begann. Maxim war der Erste, dem es gelang, ein vollautomatisches Gewehr zu bauen, das die noch mit Handkurbeln versehenen ersten Maschinenwaffen in kürzester Zeit ablöste. Dreißig Jahre nach der Anmeldung seines Patents war Maxims Erfindung bereits in allen Armeen eingeführt. Auf den Schlachtfeldern des Ersten Weltkriegs wurde das Maschinengewehr zur Standardwaffe.

Die Atombombe blieb dagegen ein äußert exklusives Rüstungsgut. Bis zum Ende des Kalten Krieges gelangten gerade einmal sieben Länder in ihren Besitz: die Vereinigten Staaten, Frankreich, Großbritannien, die Sowjetunion, China, Israel und Südafrika. Das ist eine verschwindend geringe Zahl, wenn man bedenkt, dass die Vereinten Nationen im Jahr 1990 159 Mitgliedstaaten zählten. Nur vier Prozent aller Staaten konnten sich also die neueste und mächtigste Waffe der Menschheit sichern. Und selbst in diesem Club herrschten riesige Unterschiede. Nur die beiden Supermächte bauten Arsenale auf, mit denen die Erde hätte zerstört werden können. Die amerikanische Atomrüstung erreichte 1967 mit 32 000 Sprengköpfen ihren Höhepunkt, die sowjetische 1988 mit etwa 33 000 Sprengköpfen. Die anderen Länder besaßen nie mehr als ein paar hundert Sprengköpfe, Südafrika verfügte gerade einmal über ein halbes Dutzend.

Aber schon die Entstehung dieser Waffe war ungewöhnlich. Der wissenschaftliche und finanzielle Aufwand für ihre Entwicklung war enorm. Auf dem Höhepunkt der Arbeiten im Jahr 1944 gab die amerikanische Regierung mehr als eine Milliarde Dollar jährlich für das Manhattan-Projekt aus, wie das geheime Programm zum Bau der ersten Atombombe hieß. Mehr als 150 000 Wissenschaftler, Techniker und anderes Personal waren daran beteiligt. Es ist zweifelhaft, dass irgendein westlicher Staat, schon gar eine Demokratie, diese Mühen und Kosten in Friedenszeiten auf sich genommen hätte. Aber die Atombombe war ein Produkt des Zweiten Weltkrieges, der größten bewaffneten Auseinandersetzung, die sich die Menschheit je lieferte.

Alles begann im November 1938 mit der Entdeckung der Kernspaltung durch die beiden deutschen Physiker Otto Hahn und Fritz Straßmann. Bei den Experimenten, die danach in vielen Labors in aller Welt stattfanden, stellte sich rasch heraus, dass mit dem neuen Verfahren riesige Mengen Energie erzeugt werden konnten. Für den zivilen Nutzen dieser Entdeckung interessierte sich zunächst niemand. Albert Einstein, der damals schon in den Vereinigten Staaten lebte, machte die amerikanische Regierung darauf aufmerksam, dass Nazi-Deutschland mit Hilfe dieser Technik eine Bombe von ungeheurer Sprengkraft entwickeln könne. Präsident Roosevelt ließ daraufhin erste Studien erstellen, die zu dem Ergebnis kamen, dass eine nukleare Kettenreaktion in Uran möglich sei. Nach dem Kriegseintritt der Vereinigten Staaten Ende 1941 wurde die Forschungsarbeit massiv ausgeweitet, obwohl das Vorhaben sowohl im Militär als auch in Industrie und Wissenschaft auf große Skepsis stieß. Die Führung der Firma DuPont etwa, die für das Pentagon einen Atomreaktor zur Gewinnung von Plutonium bauen sollte, bezifferte die Erfolgsaussichten auf eins zu hundert. Auch war den meisten Eingeweihten bewusst, dass ein Projekt von solcher Größe den anderen Teilen der Kriegswirtschaft erhebliche Mittel entziehen würde.

Am Ende überwog aber die Furcht davor, dass die Deutschen, die einen Wissens- und Forschungsvorsprung von zweieinhalb Jahren hatten, die Bombe zuerst bauen würden. »Unser Feind darf dieses Problem nicht vor uns lösen«, lautete die Standardformel, mit der die beteiligten Wissenschaftler die träge Washingtoner Bürokratie und die Politik zu größerer Eile antrieben. Ein Durchbruch gelang am 2. Dezember 1942. Der italienische Physiker

Enrico Fermi, Nobelpreisträger des Jahres 1938, der auf einem alliierten Unterseeboot aus seiner Heimat nach Amerika geflohen war, setzte an der Universität von Chicago in einem von ihm entworfenen Apparat eine Kettenreaktion in Gang. Der erste Atomreaktor der Geschichte war in Betrieb.

Jetzt übernahm Robert J. Oppenheimer die Leitung der Entwicklungsarbeiten, ein herausragender Physiker, der in Berkeley lehrte und schon als Kind durch seine naturwissenschaftliche Begabung aufgefallen war. Neben Physik hatte er Latein und Griechisch studiert; seine Doktorarbeit an der Universität Göttingen schrieb er in drei Wochen. Oppenheimer war Sohn eines reichen jüdischen Textilienhändlers, der aus Hanau nach Amerika ausgewandert war. In seinen jungen Jahren hatte ihn eine »schwelende Wut über die Behandlung der Juden in Deutschland« für linke Positionen empfänglich gemacht. Nun wurde er Direktor des »Projektes X«, einer Gruppe von Wissenschaftlern, die in dem abgelegenen Städtchen Los Alamos in den südlichen Rocky Mountains die erste Atombombe baute. Trinity, Heilige Dreifaltigkeit, hieß der aus Plutonium gefertigte Sprengsatz, der schließlich am 16. Juli 1945 um 5.29 Uhr auf dem Bombentestgelände Alamogordo im Süden New Mexicos gezündet wurde.

Dass die Atombombe nicht früher einsatzbereit war, ersparte den Deutschen großes Leid. Da sich der Krieg in Europa schon im Frühjahr 1945 dem Ende zuneigte, verlegten die Amerikaner ihre Einsatzplanung in den Pazifik, das Ziel wurde Japan. Mehrere B-29-Bomber wurden umgerüstet, um die schwere und große Waffe zu tragen, die zunächst nur aus dem Flugzeug abgeworfen werden konnte. Ballistische Raketen und Atom-U-Boote kamen erst Jahre später. Auf den Marianen, einer Inselgruppe

2500 Kilometer südlich von Japan, wurde die notwendige Logistik aufgebaut. Am 6. August 1945 war es so weit. Ein einzelner B-29-Bomber, die Enola Gay, warf um 8 Uhr 15 Ortszeit eine Atombombe über der japanischen Hafenstadt Hiroshima ab. »Little Boy«, kleiner Junge, nannten die Soldaten die Bombe, die in 700 Meter Höhe über der Stadt gezündet wurde, um die maximale Zerstörungskraft zu erreichen. Von den 350 000 Einwohnern, die Hiroshima zu der Zeit hatte, waren Ende des Jahres 140 000 gestorben. Eine zweite Atombombe wurde drei Tage später auf Nagasaki geworfen. In Anspielung auf den (gerade abgewählten) britischen Premierminister Winston Churchill trug sie den Spitznamen »Fat Man«, dicker Mann. Sie zerstörte die halbe Stadt und tötete etwa 70 000 der 270 000 Einwohner.

Diese gewaltigen Opferzahlen bedrückten die amerikanische Öffentlichkeit zunächst kaum. Die Bilder der beiden verbrannten japanischen Städte sahen nicht viel anders aus als die des zerstörten Dresden oder Tokio, und Tausende Tote hatte es im Zweiten Weltkrieg oft gegeben. Die Amerikaner waren zufrieden damit, dass die neue Waffe Japan zur Kapitulation gebracht hatte. Die Regierung sagte ihnen, so sei verhindert worden, dass noch mehr junge Amerikaner in diesem Krieg sterben würden. Hinzu kam eine für Amerika nicht untypische Begeisterung für die wissenschaftliche Leistung, die mit dem Bau der Bombe verbunden war. Von der »Bändigung der Grundgewalten des Weltalls« schwärmte die »New York Times« am Tag nach der Bombardierung Hiroshimas. In den folgenden Jahren bemächtigte sich sogar der Kommerz der neuen Waffe. Auf dem New Yorker Broadway konnte man an Spielautomaten Städte auslöschen, Schmuckhersteller verkauften Ansteck
nadeln in Form eines Atompilzes, eine Haferflockenfirma verschickte einen Atom-

ring an Kinder, dessen Lichtreflexe zerberstende Atome darstellten. Es gab Atomcocktails, Countrysongs über die Bombe, und die weiteren Tests auf dem Bikiniatoll wurden zu einem riesigen Medienspektakel, inspirierten gar einen französischen Modeschöpfer zum Entwurf des berühmten Badeanzugs. Erst als bei weiteren Tests Anfang der fünfziger Jahre Menschen und Tiere umkamen, begann eine breite öffentliche Diskussion über die Langzeitfolgen nuklearer Explosionen. Den Amerikanern wurde bewusst, dass im Atomzeitalter niemand sicher war.

Robert Oppenheimer, der Vater der Atombombe, hatte sich da schon von seiner Entwicklung abgewandt. Die Verwüstung Hiroshimas und Nagasakis machte einen tiefen Eindruck auf ihn. »Wir haben etwas Teuflisches entwickelt«, bemerkte er einmal und widersetzte sich dem Bau der Wasserstoffbombe. Diese neue Nuklearwaffe beruhte nicht mehr auf der Kernspaltung, sondern auf der Kernfusion, was ihrer Zerstörungskraft keine Grenzen setzte. Oppenheimer musste sich wegen seiner angeblich kommunistischen Gesinnung vor einem Untersuchungsausschuss verantworten und verlor seine Arbeitserlaubnis für Geheimprojekte. Erst in den sechziger Jahren wurde er von Präsident John F. Kennedy rehabilitiert.

Interessanterweise brauchte auch das Militär einige Zeit, bis es die volle strategische Bedeutung der neuen Waffe erkannte. Am Anfang war es mehr die Effektivität der Atombombe, die als wesentliche Neuerung galt, nicht ihre Abschreckungswirkung. Die Hiroshima-Bombe setzte so viel Energie frei wie 15 000 Tonnen chemischer Sprengstoff. Um eine solche Zerstörungskraft mit konventionellen Bomben auszubringen, wären zweihundert B-29-Bomber notwendig gewesen. Die Hiroshimabombe bestand dagegen nur aus 60 Kilogramm Uran, weshalb ein Bomber völlig ausreichte. Das war ein gewaltiger

Fortschritt. Jetzt konnte ein einziges Flugzeug mit einem einzigen Flug dem Feind so viel Schaden zufügen wie zuvor ganze Geschwader in vielen Nächten nicht. Für den Luftkrieg, der in den letzten Jahren des Zweiten Weltkriegs immer entscheidender geworden war, bedeutete das eine tiefgreifende Veränderung. Um wichtige militärische oder zivile Ziele des Gegners auszuschalten, waren nun nicht mehr tage- und wochenlange Bombenkampagnen nötig, bei denen viele Flugzeuge und Piloten verloren werden konnten.

Deshalb wurden Kernwaffen in den ersten Jahren nach dem Zweiten Weltkrieg zunächst als eine Erweiterung des Arsenals gesehen, wie sie in der Militärgeschichte von Zeit zu Zeit vorkommen. Präsident Dwight D. Eisenhower, ein Weltkriegs-General, den die Amerikaner 1952 ins Weiße Haus wählten, stellte fest, dass Atombomben die Bedeutung von konventionellen Waffen erreicht hätten und vom Militär im Ernstfall eingesetzt würden. Eisenhower soll davon nicht wirklich überzeugt gewesen sein, ließ das amerikanische Militär in den fünfziger Jahren aber sogenannte taktische Atomwaffen entwickeln, die für den Gebrauch in herkömmlichen Schlachten gedacht waren. Darunter wurden »kleinere« Bomben mit einer Sprengkraft unter einer Megatonne TNT verstanden: nukleare Landminen, Atomgranaten, Bomben für Jagdflieger. Sie sollten im Kriegsfall die konventionellen Kräfte verstärken und wurden zu Tausenden auf dem Territorium verbündeter Staaten stationiert, auch in der Bundesrepublik. Konrad Adenauer brachte eine verbreitete Sichtweise zum Ausdruck, als er taktische Kernwaffen einmal als »Weiterentwicklung der Artillerie« bezeichnete.

Wie sehr die Überzeugung vorherrschte, dass Atombomben eine ganz normale Waffengattung seien, kam auch in den Programmen zum Zivilschutz zum Ausdruck, die die amerikanische Regierung Anfang der fünfziger Jahre auflegte. Stadtplaner empfahlen die Auflösung von Ballungszentren, um die Auswirkungen eines nuklearen Angriffs möglichst gering zu halten. An den Schulen wurden unangekündigte Atombombenübungen abgehalten, bei denen die Kinder sich unter Tischen und Bänken zusammenkauern mussten, mit dem Kopf zwischen den Knien und den Händen im Nacken verschränkt. »Duck and cover« (Ducken und Bedecken) hieß diese Übung, die im Fall einer Atomexplosion keinen wirklichen Schutz geboten hätte, einer ganzen Generation von Amerikanern aber den Eindruck vermittelte, gegen Kernwaffen könne man sich schützen wie gegen einen herkömmlichen Fliegerangriff. Da die Regierung auch Tipps zum privaten Bunkerbau gab, schien Amerika gegen die neue Waffe gewappnet.

In Wirklichkeit war die Erfindung der Atombombe die größte Revolution der Militärgeschichte. Sie veränderte das Wesen der Kriegführung von Grund auf – und damit auch die Weltpolitik als Ganzes. Jahrhundertelang hatten Staatsmänner und Heeresführer in der Gewissheit gelebt, dass Krieg »eine Fortsetzung des politischen Verkehrs mit Einmischung anderer Mittel« sei, wie es Clausewitz treffend ausdrückte. Wenn ein Land seine Ziele nicht mit den Mitteln der Diplomatie erreichte, dann konnte es die Entscheidung immer noch auf dem Schlachtfeld suchen. Wichtig war nur, dass dies zu annehmbaren Kosten möglich schien. Generale wie Clausewitz hielten dafür Faustformeln bereit, die in den Staatskanzleien wohlbekannt waren. Eine lautete, dass man dem Gegner zahlenmäßig überlegen sein musste. Im 19. Jahrhundert galt zum Beispiel eine Übermacht um das Doppelte als ausreichend, um ein europäisches Heer zu besiegen, sofern es nicht gerade um einen engen Bergpass ging. In der Praxis klappte das nicht jedes Mal, aber gerade die Europäer ließen sich in der Hoffnung auf schnelle und leichte Siege immer wieder auf Waffengänge mit ihren Nachbarn ein. In den Ersten Weltkrieg, der sich zur »Urkatastrophe des 20. Jahrhunderts« (G. F. Kennan) auswuchs, waren deutsche Soldaten noch mit dem Spruch gezogen, es gehe auf einen Ausflug nach Paris.

Die Atombombe ließ solches Denken nicht mehr zu, weil sie die Kosten für einen Krieg in unermessliche Höhen trieb. Nach den Amerikanern legte sich die Sowjetunion die neue Waffe zu (erste Detonation 1946), es folgten Großbritannien (1952), Frankreich (1960) und China (1964). Damit war der Einsatz von Kernwaffen auf einmal mit gewaltigen Risiken behaftet. Keines dieser Länder konnte man angreifen wie Hiroshima oder Nagasaki, ohne die Gefahr eines verheerenden Gegenschlags einzugehen. Amerika und die Sowjetunion, die beiden Protagonisten des neuen Zeitalters, fanden für diesen Umstand den Ausdruck der »gegenseitigen gesicherten Zerstörung«. Darunter verstand man Mitte der sechziger Jahre, dass zwei Länder genug Atomwaffen besaßen, um mindestens 25 Prozent der gegnerischen Bevölkerung und 50 Prozent seiner Industrie zu vernichten. Auf Englisch hieß das Konzept »mutual assured destruction«, was das Militär als MAD abkürzte. Vielen Zeitgenossen schien das ein ungewollt treffendes Akronym, weil »mad« im Englischen wahnsinnig bedeutet.

Das war die epochale Neuerung der Atombombe. Sie machte Kriege zu Selbstmordkommandos. Der amerikanische Politologe Kenneth Waltz, einer der brillantesten Theoretiker seines Fachs, hat den Unterschied zur Kriegführung der Vergangenheit einmal so zusammengefasst: »In einer konventionellen Welt weiß man nicht, ob man gewinnt oder verliert. In einer nuklearen Welt weiß man nicht, ob man überlebt oder ausgelöscht wird.« Nicht ohne Grund ist die Atombombe als absolute Waffe bezeichnet worden. Sie ist ein Machtinstrument, dessen Anwendung durch nichts in die Schranken verwiesen werden kann.

Das macht Atombomben zum begehrtesten Rüstungsgut der Welt. Wer sie hat, genießt zwei unschätzbare strategische Vorteile, von denen alle Staaten träumen. Zum einen sind Atommächte faktisch unangreifbar. Welcher Politiker oder General wird ein Land angreifen, wenn er damit rechnen muss, dass als Antwort der eigene Staat ausgelöscht wird? Zum anderen kann eine Atommacht sich in der Weltpolitik auf ganz andere Weise Gehör verschaffen als ein Nichtkernwaffenstaat. Wer wird einem Land, das zu solch vernichtenden Waffen greifen kann, im Zweifel ernsthaft den Willen verweigern? Kernwaffen bestimmen darüber, wer in der ersten Liga der Weltpolitik spielt und wer zum Fußvolk gehört.

Das Besondere an der Zeit nach 1945 besteht darin, dass es dem Westen gelang, diese Vorteile anderen weitgehend vorzuenthalten. Der Kalte Krieg war nicht nur eine Konfrontation zwischen zwei westlichen Ideologien, die auf dem ganzen Erdball ausgetragen wurde. Er war auch die Monopolisierung des neuen großen Machtmittels durch eine Handvoll Staaten, die schon zuvor die Geschicke der Menschheit bestimmt hatten. Zu den sieben ersten Atommächten gehörten drei Kernländer des Westens (Vereinigte Staaten, Frankreich, Großbritannien), eine eurasische Randmacht, die sich seit Jahrhunderten an den europäischen Machtspielen beteiligte (Russland, jetzt als Sowjetunion auftretend), sowie je ein Außenposten des Westens in Nahost (Israel) und in Afrika (Südafrika). Kein früheres Mandala in Südostasien, kein ehemaliges Königreich in Schwarzafrika, nicht einmal ein

Mestizen-Land in Südamerika gelangte in den Besitz von Kernwaffen. China war das einzige nichtwestliche Großreich, das sich die neue Waffe sichern konnte. Doch es verlor sich zu sehr in inneren Wirren, um vom Status als Atommacht so zu profitieren, wie es hätte möglich sein können.

Diese Entwicklung war kein Zufall. Der Westen, allen voran die Vereinigten Staaten, tat alles, um das Wissen und die Technik zum Bau von Atombomben unter Verschluss zu halten. Das fing schon während des Krieges an. Am Manhattan-Projekt waren auch Wissenschaftler aus Großbritannien und Kanada beteiligt. Die drei Länder vereinbarten aber schon 1943, dass sie die Erkenntnisse aus dem Forschungsprogramm an keinen anderen Staat weitergeben würden, es sei denn im gegenseitigen Einvernehmen. Den Amerikanern war das aber nicht genug. Im Jahr nach der Bombardierung von Hiroshima und Nagasaki erließ der Kongress ein äußerst restriktives Atomenergiegesetz, das nicht nur den Privatbesitz von Nuklearmaterial verbot, sondern auch seinen Export und sämtliche internationale Zusammenarbeit auf diesem Gebiet. Washington wachte so eifersüchtig über seine neue Erfindung, dass nun selbst für Kanada und Großbritannien keine Ausnahme mehr gemacht wurde. Der Geist des sogenannten McMahon-Gesetzes war unmissverständlich. Amerika hatte die Bombe und wollte sie mit niemandem teilen.

Diese »Totalverweigerung« (Joachim Krause) war nicht sonderlich erfolgreich. Nachdem sich vier weitere Staaten aus eigener Kraft Atomwaffen zugelegt hatten, ging Washington in den fünfziger Jahren zu einer Strategie über, die bis heute verfolgt wird. Amerika förderte die zivile Nutzung der Kernenergie durch andere Länder, verhinderte aber mit allen Mitteln, notfalls sogar mit

Gewalt, dass diese Technologie zum Bombenbau genutzt wird. Im Mittelpunkt dieser Politik stand der sogenannte Leichtwasserreaktor, ein Kraftwerkstyp, der ursprünglich zum Antrieb von U-Booten entwickelt wurde. Diese Anlagen haben den Vorteil, dass die Abfallprodukte, die bei ihrem Betrieb anfallen, nur schlecht für den Waffenbau genutzt werden können. Die Amerikaner verbanden den Verkauf der Reaktoren außerdem stets mit der Auflage, dass sie den nuklearen Brennstoff liefern und dessen Überreste nach der Stromerzeugung wieder zurücknehmen würden. Auf diese Weise brauchten andere Länder keine eigene Urananreicherung zu betreiben. Das ist das gängige Verfahren zur Gewinnung von nuklearem Brennstoff, das jedoch auch benutzt werden kann, um Sprengstoff für Atombomben herzustellen.

Diese amerikanische Politik führte dazu, dass heute die große Mehrheit der Kernkraftwerke Leichtwasserreaktoren sind. Die Amerikaner hatten damit eine einfache und äußerst wirksame Methode gefunden, die Nuklearforschung in weiten Teilen der Welt unter ihre Kontrolle zu bringen. Später, als immer mehr Staaten die Kernenergie meisterten, gründeten sie dann einen speziellen Club der sogenannten Lieferstaaten (»Nuclear Suppliers Group«), der denselben Zweck verfolgte. Die hier vertretenen, zumeist westlichen Industrienationen sprechen ihre Nuklearexporte ab, um zu verhindern, dass gefährliche Technologie in die falschen Hände gerät.

Parallel dazu schuf die westliche Vormacht im Laufe der Jahrzehnte eine Reihe von internationalen Organisationen und Verträgen, die dem Gros der Staatengemeinschaft den Besitz von Atomwaffen auch völkerrechtlich untersagte. Das Herzstück dieser Bemühungen ist der sogenannte Nichtverbreitungsvertrag aus dem Jahr 1968, dem heute mit 190 Staaten fast alle Länder beigetreten sind. Er ist eines der diskriminierendsten Abkommen der Weltpolitik, weil darin faktisch fünf Staaten (Amerika, Großbritannien, Frankreich, China, Russland) der Besitz von Kernwaffen erlaubt wird, während er allen anderen verboten bleibt. Kern des Vertrags ist ein Tauschhandel zwischen den Atommächten und den nuklearen Habenichtsen. Danach verpflichten sich die fünf Atommächte, die nicht zufällig auch die Vetomächte im UN-Sicherheitsrat sind, die Bombe oder Wissen und Technologie zu ihrem Bau nicht weiterzugeben. Alle anderen Staaten verzichten im Gegenzug auf den Erwerb dieser Massenvernichtungswaffe und unterstellen ihre Atomanlagen der Aufsicht der Internationalen Atomenergiebehörde. Die hat zu kontrollieren, dass nicht doch irgendwo heimlich Atomwaffen gebaut werden. Zur Belohnung erhalten die Nichtkernwaffenstaaten Hilfe bei der zivilen Nutzung der Kernenergie (Strom, Medizin) und ein allgemein gehaltenes Versprechen, dass sich die Atommächte um nukleare Abrüstung bemühen werden.

Der Nichtverbreitungsvertrag war für die Menschheit ein Segen, weil er tatsächlich bewirkte, dass die teuflische Waffe nicht zum allgemein verfügbaren Rüstungsgut wurde. Das war für die meisten Länder auch der Grund, den Vertrag zu unterschreiben. Machtpolitisch betrachtet war dieses gerade einmal fünf Seiten lange Dokument aber nichts anderes als die völkerrechtliche Zementierung einer internationalen Zweiklassengesellschaft. Einige wenige Staaten durften die größte Waffe aller Zeiten haben, alle anderen gaben sich mit dem Status des Schwächeren zufrieden. Mehr noch: Wer trotzdem nach Kernwaffen trachtete, dem drohten ernste Folgen – von Sanktionen bis zur Bombardierung seiner Kernkraftwerke, wie etwa der Irak erfahren musste. Den fünf offiziellen Atommächten sicherte dieses Arrangement lange Zeit ihre Ausnahmestellung. Bis zu den neunziger Jahren gelang es nur Israel (mit französischer Hilfe) und Südafrika, sich ebenfalls atomar zu bewaffnen. In Südafrika gab die weiße Apartheidsregierung das Bombenprojekt aber wieder auf, bevor sie die Herrschaft 1994 den Schwarzen übergab.

Zur Aneignung der Kernwaffe durch den Westen gehört auch die Nato, jenes Militärbündnis, das Amerika 1949 gründete, um den Vormarsch des Kommunismus in Europa zu stoppen. Die Nato war eine Allianz, wie sie die Welt noch nicht gesehen hatte. Militärbündnisse hatte es schon immer gegeben, aber in der Vergangenheit verstand man darunter Waffenbrüderschaft für ein, zwei Schlachten. Zu schnell wechselte das politische Geschick. Wer heute Freund war, konnte morgen Feind sein. Die Nato war aus ganz anderem Holz geschnitzt. Das war eine Allianz, die ein imposantes Hauptquartier einrichtete, erst in Paris, dann in Brüssel, und sich einen großen ständigen Stab zulegte. Sie sollte eine Wertegemeinschaft von liberalen Demokratien sein, nicht nur ein Militärverein zur Abschreckung der Sowjets. Diese Nato leistete sich ein ganz besonderes Gremium, das bis zum heutigen Tage besteht: die Nukleare Planungsgruppe. Das ist ein besonderer Ausschuss, in dem die Verteidigungsminister des Bündnisses gemeinsam den Einsatz von Atombomben vorbereiten, falls der nötig werden sollte. Die Bundeswehr etwa erhielt den Auftrag, im Kriegsfall mit ihren Tornado-Kampfflugzeugen taktische Atomwaffen über feindlichem Gebiet auszubringen. »Nukleare Teilhabe« heißt dieses Mitwirkungsrecht, das ein Himmelsgeschenk für all die westlichen Staaten war, die selbst keine Atombomben hatten. Über die Nato kamen auch sie in den Genuss aller Vorteile, die der Besitz von Kernwaffen mit sich bringt. Wer sich mit ihnen anlegte, der bekam es mit dem Bündnis und dessen (amerikanischen) Atomwaffen zu tun. Die

Nato spannte einen nuklearen Schirm über Europa auf, der den alten europäischen Kolonialmächten noch einmal eine privilegierte Stellung in der Weltpolitik sicherte. Diesen Umstand hat man seinerzeit kaum gewürdigt, weil die Atombombe in der zweiten Hälfte des 20. Jahrhunderts primär als Instrument zur Abwehr der Sowjetunion verstanden wurde. Die Weltordnung, die in Hiroshima und Nagasaki begründet wurde, war aber eine altbekannte. Der Westen besaß wieder einmal die größte aller Waffen. Afrika, Lateinamerika und Asien hatten dagegen nichts aufzubieten.

Projekt Freihandel

Der Westen hatte nach dem Zweiten Weltkrieg nicht nur die stärkste Waffe, er hatte auch das meiste Geld. In der Weltpolitik sind diese beiden Dinge kaum zu trennen. Die Politikwissenschaft spricht von Machtwährungen. Ein Land kann sich Einfluss mit Panzern und Kanonen verschaffen, indem es andere bedroht, oder es kann sich Gefolgschaft erkaufen, indem es andere besticht. Die Großen in der internationalen Arena haben immer beides: eine starke Volkswirtschaft und eine schlagkräftige Armee.

Für die Vereinigten Staaten traf das vor sechzig Jahren mehr zu als für jeden anderen Hegemon zuvor. Nie war Amerika so stark wie am 14. August 1945, dem Tag der japanischen Kapitulation. Am Ende eines Abschlachtens, wie es die Menschheit noch nicht gesehen hatte, lagen alle tatsächlichen oder potentiellen Rivalen der Amerikaner danieder. Europa war ein Trümmerfeld, die Sowjetunion hatte Millionen Menschen und viel kostbare Infrastruktur verloren, Japan musste in Demut seine asiatischen

Eroberungen aufgeben, in China rüstete man sich zur nächsten Runde im Bürgerkrieg, viele andere Länder waren noch Kolonien. Die Vereinigten Staaten hatten als einziger großer Kriegsteilnehmer ein unversehrtes Territorium und eine leistungsfähige Industrie. Im Jahr 1949 kamen Deutschland, Frankreich, Großbritannien und Japan zusammen auf ein Bruttosozialprodukt, das gerade einmal einem Drittel des amerikanischen entsprach.

Die Amerikaner nutzten diese Stärke. Wie schon Rom, das den Getreide- und Olivenhandel in seinem Imperium neu ordnete, stellten sie Regeln für den internationalen Geld- und Warentausch auf, denen sich die anderen Länder zu beugen hatten. Das Außergewöhnliche an dem Welthandelssystem, das die Amerikaner in den vierziger und fünfziger Jahren schufen, war allerdings, dass es nicht nur dem Stifter zugutekam. Der ökonomische Teil der Pax Americana war dem Freihandel verpflichtet. Das ermöglichte insbesondere den Europäern einen raschen wirtschaftlichen Wiederaufstieg, womit der Westen insgesamt noch einmal reicher wurde als fast der gesamte Rest der Welt.

Das war etwas Neues. Die europäischen Kolonialmächte hatten den Welthandel noch so eingerichtet, dass nur sie davon profitierten. Merkantilismus nannte man die Wirtschaftspolitik, die im 16. und 17. Jahrhundert an den absolutistischen Höfen als Schlüssel zu Reichtum und Macht galt. Die Idee war einfach. Ein glückliches Reich war eines, das viel Gold besaß und außerdem viele Menschen. Das Gold, seinerzeit die einzige international akzeptierte Währung, wurde fast religiös verehrt, und sein Besitz war in jeder Hinsicht ein Vorrecht des Königs. Denn reich sollte der Staat sein, nicht seine Untertanen. Die waren Arbeitsvieh, weshalb Eheleute gefördert, Junggesellen besteuert und Auswanderer eingesperrt wurden.

Im Zentrum des merkantilistischen Denkens stand die Überzeugung, dass Handel ein Nullsummenspiel sei. Eine Nation, so glaubte man, könne ihren Außenhandel nur auf Kosten anderer Länder vergrößern. Das hatte zur Folge, dass jeder große und kleine Lehnsherr danach trachtete, seine Ausfuhren zu steigern und Importe zu unterbinden, um die Gewinne aus dem Außenhandelsüberschuss in Gold einzukassieren. Man verkaufte Wolle, Glas, Parfum, Porzellan ins Ausland und schottete seine eigenen Märkte mit hohen Zöllen und landwirtschaftlichen Festpreisen ab. Gewinner des Merkantilismus war das höhere Bürgertum, das sich Märkte für sein Gewerbe in Übersee sicherte und so allmählich dem Adel nahekam, zumindest materiell. Verlierer waren die Kolonien und der Welthandel insgesamt, weil der weit hinter seinen Möglichkeiten zurückblieb. Der Zeitgeist schrieb Gesetze wie den »English Navigation Act« von 1651, nach dem die Kolonien nur mit dem Mutterland Handel treiben und Güter nichteuropäischer Herkunft nur auf Schiffen unter englischer Flagge eingeführt werden durften.

Die Amerikaner richteten die Welt anders ein. Sie kannten ein Buch, das 1776 von einem schottischen Moralphilosophen veröffentlicht wurde. In seiner »Untersuchung der Natur und Ursachen von Nationalreichthümern« führte Adam Smith nicht nur die Idee der unsichtbaren Hand ein, die den Markt reguliert, sondern zeigte auch als Erster, dass der Abbau von Handelsschranken vorteilhaft für jede Nation ist. Die Ausarbeitung der neuen Außenhandelstheorie überließ er anderen, aber der Ruhm war Smith schon zu Lebzeiten sicher. Er wurde als geistiger Vater einer neuen Nationalökonomie gefeiert, die Studenten kamen bis aus Russland angereist, um ihn zu hören. Dass Smith ein Jahr nach Erscheinen des Buchs eine Anstellung als Zollinspektor annahm, die ihm behagliche 600 Pfund im Jahr einbrachte, wurde damals nicht als Widerspruch empfunden.

Die abtrünnigen Vettern in den Vereinigten Staaten hielten sich nicht immer an die reine Lehre. So erhöhte die Washingtoner Regierung die Einfuhrzölle während des Bürgerkrieges erheblich. Trotzdem wurde der junge Staat in Nordamerika rasch zur offensten Marktwirtschaft der Welt, zur natürlichen Heimat des Liberalismus. Das Recht auf »individuelles Streben nach Glückseligkeit«, das die Amerikaner einander in der Verfassung zusprachen, gebar eine Wirtschaftsordnung, die auf Vertrauen in das freie Unternehmertum und einer hohen Akzeptanz von Einkommensunterschieden beruhte. Unter einem guten Leben verstand dieses puritanische Volk harte Arbeit, Sparen, Gesetzestreue und Mildtätigkeit. Von der Regierung erwartete man allenfalls, dass sie dafür sorgte, dass einzelne Firmen nicht zu mächtig würden.

Ansonsten war jeder selbst seines Glückes Schmied. Ein Buch wie Horatio Algers »From Canal Boy to President« (Vom Kanaljungen zum Präsidenten), das 1881 erschien, fand Millionen Leser. Es beschrieb das Leben von James A. Garfield, der in einer Blockhütte geboren wurde, als Schiffsjunge auf dem Ohio-Kanal begann und zum zwanzigsten Präsidenten der Vereinigten Staaten aufstieg. In dieser Kultur wurden staatliche Wohlfahrtsprogramme, Industriepolitik gar, nur als Hindernisse für das persönliche Fortkommen empfunden. Die Amerikaner entwickelten trotz erheblicher Unterschiede zwischen Arm und Reich nicht einmal ein ausgeprägtes Klassenbewusstsein. Selbst in der Weltwirtschaftskrise, als das Land zum ersten Mal hohe Arbeitslosigkeit erlebte, zählte sich fast jedermann zur Mittelschicht.

Dieses Amerika fand 1945 ein völlig zerrüttetes Weltwirtschaftssystem vor. Schon im Ersten Weltkrieg hatte der Welthandel stark gelitten, da viele Staaten den Warenaustausch mit dem Ausland beschränkten und alles Geld in die Rüstungsindustrie steckten. Noch schlimmer kam es in den dreißiger Jahren mit der Großen Depression, der sich die meisten Regierungen mit Zöllen, Währungsmanipulationen, Devisenkontrollen und Einfuhrverboten zu erwehren suchten. Das Streben nach nationaler Autarkie bestimmte allerorten die Wirtschaftspolitik, was einen drastischen Einbruch der Weltwirtschaft zur Folge hatte. Zwischen 1929 und 1932 ging die Weltproduktion vieler Schlüsselgüter um die Hälfte oder mehr zurück. Allein die Rohstahlfertigung sank innerhalb von drei Jahren um mehr als fünfzig Prozent. Im industrialisierten Teil der Welt wurden Millionen Menschen arbeitslos.

In der amerikanischen Regierung machte man sich schon in den letzten Jahren des Krieges Gedanken darüber, wie diese Verwerfungen künftig zu verhindern seien. Wenn die Ökonomie einen Beitrag zur Befriedung der Welt liefern könne, so die Überzeugung vieler Verantwortlicher, dann bestand er in der Beseitigung der Massenarbeitslosigkeit, die Männer wie Hitler an die Macht gebracht hatte. Deswegen war es nicht nur Eigennutz, der die unternehmerisch denkenden Amerikaner nach 1945 eine Öffnung des Welthandels betreiben ließ. »Die wirtschaftliche Gesundheit eines jeden Landes ist eine angemessene Sorge aller seiner Nachbarn, ob nah oder fern«, bemerkte Präsident Roosevelt 1944 auf der Konferenz von Bretton Woods, auf der das Weltwährungssystem der Nachkriegszeit ins Leben gerufen wurde.

Die Planer im Außenministerium und im Schatzamt in Washington, die bereits 1941 erste Entwürfe für eine neue Weltwirtschaft ausgearbeitet hatten, entschieden sich allerdings nicht für eine Radikallösung. Ein weitgehend unkontrollierter Welthandel, wie es ihn kurzzeitig am Ende des 19. Jahrhunderts gegeben hatte, erschien selbst den liberalen Amerikanern nach der Erfahrung mit der Weltwirtschaftskrise zu wagemutig. Stattdessen erdachten sie sich ein System, in dem internationale Absprachen und die Möglichkeit zu Eingriffen in die Weltwirtschaft, vor allem in der Währungspolitik, eine bedeutende Rolle spielten. Das entsprach der interventionistischen »New Deal«-Politik, mit der Roosevelt im Inneren die Folgen der Weltwirtschaftskrise bekämpft hatte.

Man hat die Weltwirtschaftsordnung, die daraus hervorging, einen »eingebetteten Liberalismus« genannt, weil sie freiheitliche und sozialstaatliche Ideen zu versöhnen suchte. In der Hauptstoßrichtung blieb sie allerdings dem Erbe Smiths verpflichtet. Die Amerikaner wollten mehr, nicht weniger internationalen Warenaustausch; und sie wollten, dass er möglichst unbehindert vonstattengeht. Dank ihrer einmaligen Vormachtstellung konnten sie das fast ohne Abstriche durchsetzen. Das einzige Land, das die amerikanische Regierung ernsthaft in die Planungen für die künftige internationale Wirtschaftspolitik einbezog, war Großbritannien. Der große John Maynard Keynes, der eine Theorie staatlicher Konjunkturprogramme entwickelt hatte, durfte für seine Regierung an der Planung des neuen Währungssystems mitwirken. Allzu groß waren die Unterschiede zwischen den beiden Ländern aber nicht, denn die schädlichen Devisenkontrollen wollte London genauso wie Washington überwunden sehen. Ein siegreiches Nazideutschland oder eine alles beherrschende Sowjetunion hätten die Weltwirtschaft sicher anders eingerichtet.

Die neue Ordnung ruhte auf zwei Säulen. Die eine war das schon erwähnte Währungssystem von Bretton Woods. In dem malerischen Ort in Neuengland wurde im

Juli 1944 der Internationale Währungsfonds ins Lebens gerufen, der ein Jahr später seine Arbeit aufnahm. Er beruhte auf einem einfachen Prinzip. Alle Mitgliedstaaten verpflichten sich, die Wechselkurse ihrer Währungen in einem festen Verhältnis zum amerikanischen Dollar zu halten – bis zu einem Prozent über oder unter einem vom Fonds festgelegten Mittelkurs. Stieg der Kurs über diese Bandbreite oder sank er darunter, musste die Notenbank des betreffenden Landes Dollar kaufen oder verkaufen. Der Dollar wiederum wurde an den Wert des Goldes gekoppelt, und zwar zu einem Festpreis von 35 Dollar je Feinunze Gold. Außerdem mussten die Währungen frei tauschbar sein. Veränderungen am Wechselkurs waren nur im Fall eines »fundamentalen Ungleichgewichts« in der Zahlungsbilanz möglich, und dann auch nur maximal um zehn Prozent. Mit diesem System sollten vor allem die Abwertungswettläufe unterbunden werden, die sich viele Regierungen in den dreißiger Jahren geliefert hatten. Damals war es üblich gewesen, den Kurs der eigenen Währung herabzusetzen, um Exporte günstiger zu machen. Das führte in anderen Ländern oft zum Ruin der Industriezweige, deren Preise unterboten wurden. Diese Politik, die man im Englischen »beggar thy neighbour« (den Nachbarn zum Bettler machen) nannte, hatte die gesamte Weltwirtschaft zum Schrumpfen gebracht.

Das System hielt nur knapp dreißig Jahre. Der Dollar wurde mit der Zeit überall auf der Welt zur Reservewährung, was zu einem riesigen Zahlungsbilanzdefizit Amerikas führte. Dass so viele Dollar im Umlauf waren, machte viele Notenbanken misstrauisch; sie wollten das Vermögen ihres Landes sicherer anlegen und machten deshalb immer häufiger von ihrem Recht Gebrauch, Dollar bei der amerikanischen Notenbank in Gold umzutauschen. Das hatte ein dramatisches Abschmelzen der amerikanischen Goldvorräte zur Folge. Am Ende waren sie zu klein, um alle ausländischen Forderungen zu bedienen. Präsident Nixon beschloss daraufhin 1971, die Goldeinlösungsgarantie für den Dollar aufzuheben, womit das System von Bretton Woods am Ende war. Ein anderes schuf Amerika nicht, so dass die Weltwirtschaft fortan mit einem weitgehend ungeregelten Währungsgefüge auszukommen hatte.

Aber da hatte das Reglement von Bretton Woods schon seine vielleicht wichtigste Aufgabe erfüllt. Es verlieh dem Weltwährungssystem in den entscheidenden Jahren nach dem Krieg Stabilität und Berechenbarkeit. Amerika wurde zum globalen Bankhaus und stellte der Weltwirtschaft dringend notwendige Liquidität zur Verfügung. So war genug Geld für die große Wiederaufbauarbeit vorhanden, die vor allem in Europa zu leisten war. Die Europäer bekamen zusätzlich noch die üppigen Finanzspritzen aus dem Marshallplan, die von 1948 bis 1952 gewährt wurden. Allein die Bundesrepublik erhielt insgesamt 3,3 Milliarden Mark; das gesamte Programm umfasste Zahlungen in Höhe von 13 Milliarden Dollar. Es war ein geopolitisch motiviertes Projekt, mit dem in Westeuropa ein Schutzwall gegen den Kommunismus errichtet werden sollte. Es besaß aber eine noch viel weitreichendere Dimension. Amerika bezahlte letztlich die Rekonstruktion des Westens, dessen europäischer Teil sich schon fast aus der Weltgeschichte herausgebombt hatte.

Die zweite Säule der amerikanischen Nachkriegsordnung war der Freihandel, der sich langfristig noch nachhaltiger auswirken sollte. Sein größter Wegbereiter war der Sohn eines einfachen Holzhändlers aus Tennessee, der auf eine von seinem Vater gezimmerte Schule gegangen war, die nur aus einem einzigen Raum bestand. Cordell Hull hieß dieser talentierte Mann, der im Alter von zwanzig Jahren Rechtsanwalt war und es bis zum amerikanischen Außenminister brachte. Zwölf Jahre versah er dieses Amt, ein bis heute ungebrochener Rekord. Hull erhielt 1945 den Friedensnobelpreis für seine Verdienste bei der Gründung der Vereinten Nationen. Historisch noch bedeutender dürfte sein Eintreten für eine liberale Handelsordnung gewesen sein. Schon Mitte der dreißiger Jahre überzeugte er den Kongress davon, dass Handelsabkommen, die Zollsenkungen vorsehen, im Interesse Amerikas seien. Er setzte vor allem das Meistbegünstigungsprinzip durch, bis heute das Kernstück der internationalen Handelspolitik. Damit verpflichten sich Länder bei Abschluss eines Handelsvertrages, einander automatisch jede etwaige Zollsenkung (oder andere Einfuhrbegünstigung) zu gewähren, die sie in der Zukunft mit einem Drittstaat vereinbaren. Damit soll gewährleistet werden, dass alle Handelspartner eines Landes gleich behandelt werden. Die Meistbegünstigung lässt sich zwar durch allerlei Ausnahmen schwächen, ist aber letztlich eine der wirkungsvollsten Methoden zum Abbau von Handelsbeschränkungen. Je mehr Staaten sie anwenden, desto gleichmäßiger werden die weltweiten Handelsbedingungen.

Hull gab sein Amt 1944 wegen Krankheit auf. Seine Ideen aber blieben in Washington lebendig und wurden zur Grundlage des sogenannten »Allgemeinen Zoll- und Handelsabkommens«, das 1948 in Genf auf Initiative der amerikanischen Regierung ins Leben gerufen wurde. Das Gatt, wie es nach seiner englischen Bezeichnung »General Agreement on Tariffs and Trade« genannt wurde, legte das Fundament für eine Welthandelsordnung, die bis heute fortbesteht. Sämtliche Mitgliedstaaten verpflichteten sich zu zwei Prinzipien: Meistbegünstigung sowie Abbau von Zöllen und anderen Handelshemmnissen. Allerdings waren Ausnahmen gestattet, etwa zum Schutz der

Landwirtschaft oder zur Bewältigung von unerwarteten Produktionsrückgängen. Das spiegelte abermals den Geist Roosevelts wider, unter dem Hull gedient hatte. Das Gatt hatte gewaltigen Erfolg. Immer mehr Staaten traten ihm bei, die in immer neuen Verhandlungsrunden immer neue Zollsenkungen vereinbarten. Im Jahr 1947 betrug der durchschnittliche Zollsatz der Gatt-Teilnehmer stolze vierzig Prozent. Mit Ende der sogenannten Uruguay-Runde 1994 war er auf weniger als drei Prozent (Außengrenzen der EU) beziehungsweise sechs bis sieben Prozent (außerhalb Europas) gesunken. Das war wesentlich mehr, als man sich bei der Gründung des Abkommens vorgenommen hatte. Damals war eine Zollsenkung auf durchschnittlich 19 Prozent vorgesehen. Nur bei sogenannten nichttarifären Handelshemmnissen zeigte das Gatt wenig Wirkung. Regierungen fanden immer wieder Wege, ihre Märkte mit technischen Vorschriften, Gesundheitsnormen oder Subventionen abzuschotten.

Die neue amerikanische Wirtschaftsordnung wurde das größte Wachstumsprogramm, das die Welt je gesehen hat. In den fünfzig Jahren nach dem Zweiten Weltkrieg wuchs der weltweite Warenexport um durchschnittlich sechs Prozent im Jahr. 1948, als das Gatt gegründet wurde, stammten gerade einmal acht Prozent des weltweiten Bruttosozialproduktes aus dem Außenhandel. Das bringt zum Ausdruck, wie sehr die Industrie damals noch auf die heimischen Märkte fixiert war. Heute liegt dieser Anteil bei 25 Prozent. Mit anderen Worten: Reich werden konnte man in der zweiten Hälfte des 20. Jahrhunderts vor allem mit Exporten. Der Außenhandel wurde zu einer Dauergeldquelle für Länder, die sich öffneten und stark genug waren, um im internationalen Wettbewerb zu bestehen.

Ein Blick in die Statistik zeigt, dass dies über lange Zeit fast ausschließlich westliche Staaten waren. Im Jahr 1963 stammten 67,3 Prozent aller weltweiten Exporte aus den Industrienationen. Im Jahr 1988, als es kaum noch Kolonien gab, war dieser Anteil nicht etwa gesunken. Die Industrieländer waren jetzt sogar für 70,5 Prozent aller Ausfuhren verantwortlich. Ähnlich sehen die Zahlen bei den Importen aus. Hier entfielen 1963 50,1 Prozent auf die Industrieländer, 1988 waren es dann 55 Prozent. Das heißt nichts anderes, als dass die Industrieländer untereinander über Jahrzehnte den Großteil des Welthandels abwickelten. Das waren vor allem die Vereinigten Staaten, Deutschland, Großbritannien, Frankreich, Italien, die Niederlande, Spanien, Australien, Schweden, Belgien, Kanada und, als einziges nichtwestliches Land, Japan. Die Entwicklungsländer in Asien, Lateinamerika und Afrika hatten dagegen wenig vom großen Geschäft mit Ex- und Importen.

Für diesen Umstand gab es viele Gründe, die wissenschaftlichen Abhandlungen dazu füllen Bibliotheken. Einer der wichtigsten war die problematische Struktur vieler Volkswirtschaften im Süden. Fast alle Entwicklungsländer lebten von der Landwirtschaft, oft nur von ein, zwei Produkten wie Kaffee, Kakao oder Zucker. Die Preise, die für solche Waren auf dem Weltmarkt zu erzielen sind, unterliegen wegen des starken Wettbewerbs großen Schwankungen. Fertigwaren dagegen, die das Gros der Exporte von Industrieländern ausmachen, sind ein spezialisierteres Geschäft, in dem sich stetigere Gewinne erzielen lassen. Das hatte zur Folge, dass Entwicklungsländer nicht genug Geld mit ihren Exporten verdienten, um dringend benötigte Importe zu bezahlen. Um für eine Fabrik eine Maschine im Ausland zu kaufen, mussten sie in einem Jahr 200 Säcke Reis exportieren, im nächsten schon 2000. Man bezeichnet dieses Phänomen als »ungleichen Tausch«, weil die Handelsbedingungen

(»terms of trade«) sich oft zuungunsten des Südens entwickelten. Allein zwischen 1975 und 1985 ging die Kaufkraft der Erlöse, die die Entwicklungsländer mit ihren Rohstoffausfuhren erwirtschafteten, um die Hälfte zurück. In Lateinamerika war deshalb eine Zeitlang eine Lehre populär, die besagte, dass die Entwicklungsländer sich vollständig vom kapitalistischen Welthandel abkoppeln müssten, um auf die Beine zu kommen. Sie hieß Dependencia-Theorie, weil sie die Weltwirtschaft als Abhängigkeitssystem begriff, das die Industrieländer immer reicher und den Süden immer ärmer werden ließ.

Nicht besser wurde das durch die Abschottungspolitik, die sich der Westen in Teilbereichen seiner Märkte vorbehielt. Wenn es eine kollektive entwicklungspolitische Sünde der Industriestaaten gibt, dann sind es die Subventionen und Einfuhrbeschränkungen in der Landwirtschaft. Der an sich erfreuliche Wohlstand, den amerikanische Farmer und französische Bauern genießen, hat ganze Volkswirtschaften im Süden niedergehalten. Bis heute machen Länder wie Benin oder Burkina Faso mit ihrer Baumwolle auf dem Weltmarkt keine guten Geschäfte, weil sie im Wettbewerb mit hochsubventionierten amerikanischen Produkten stehen. In Schweden wird auf Breitengraden Alaskas, wo der Boden mehrere Monate im Jahr gefroren ist, Zucker aus Zuckerrüben gewonnen, was doppelt so viel kostet wie die Herstellung aus dem Zuckerrohr des Südens. Dank europäischer Subventionen kann das Produkt aber zu einem Viertel seiner Kosten ins Ausland verkauft werden. Damit fehlten vielen armen Ländern über Jahrzehnte hinweg die Erlöse, um ihre Landbevölkerung aus der Armut zu befreien. Auch Mengenbegrenzungen bei einfachen Massenprodukten können gewaltige Wirkungen haben. Als Europa im »BH-Krieg« kürzlich Einfuhrbeschränkungen gegen billige

Textilien aus China verhängte, waren davon nach Schätzungen 400 000 Arbeitsplätze in dem Land betroffen. Die Entwicklungshilfe, mit der der Westen sein schlechtes Gewissen zu beruhigen sucht, hat an diesen Gegebenheiten nie etwas geändert. Kein Kontinent hat mehr Geld erhalten als Afrika, keiner ist ärmer geblieben.

Diese Umstände haben lange der Irrlehre von der Importsubstitution den Weg bereitet. Bis in die achtziger Jahre galt gerade in Südamerika die Abschirmung der heimischen Märkte als Königsweg der Entwicklung. Mit hohen Zöllen und Einfuhrquoten wurde die nationale Industrie vor ausländischer Konkurrenz geschützt und gleichzeitig durch Staatsgeld aufgeblasen. Im Ergebnis führte das meist zu einem Rückgang der Produktivität, weil die Unternehmen nicht dem rauen Wind der Weltwirtschaft ausgesetzt waren. Außerdem waren die heimischen Märkte oft zu klein, um das erwünschte Wachstum anzustoßen. In Argentinien kann man heute noch die Ruinen der riesigen Fabrikhallen sehen, die in dieser Zeit entstanden sind. Die südamerikanischen Regierungen liehen sich im Ausland immer mehr Geld, um ihre Energie-, Industrie- und Verkehrsprogramme zu finanzieren, was Inflationsraten von Hunderten Prozent hervorbrachte und ihre Länder am Ende in die Zahlungsunfähigkeit führte. Ganze Generationen wurden so um ihre Lebenschancen gebracht.

Im Rückblick wird man sagen, dass nach dem Zweiten Weltkrieg eine Grundsatzentscheidung getroffen wurde, die bis heute kein Land rückgängig machen konnte. Wer zu Wohlstand kommen wollte, der musste sich dem amerikanischen Freihandelsprojekt anschließen. Eine echte Gegenveranstaltung gab es nie. Die Kommandowirtschaften des Ostblocks kamen nicht über fünf Prozent Anteil am Welthandel hinaus. Im Comecon, der sowjetischen Antwort auf den Marschallplan, gelang schon die Arbeitsteilung nicht, die man sich eigentlich vorgenommen hatte. Rumänien etwa verfolgte eine Politik der Schwerindustrialisierung, obwohl verabredet war, dass sich das Land auf Rohstoffe und die Landwirtschaft spezialisieren sollte. So blieb der Kommunismus eine ideologische und militärische Kraft, brachte aber kein Wirtschaftsmodell von globaler Reichweite hervor. Als das Gatt 1995 zur Welthandelsorganisation ausgebaut wurde, wickelten seine Mitglieder bereits neunzig Prozent des Welthandels ab. Die Handelsregeln, die Amerika in der Stunde seiner größten Macht diktiert hatte, wurden für Jahrzehnte zur Hausordnung der Weltwirtschaft.

Der Westen, der vom Außenhandel glänzend lebte, richtete sich sogar lukrative regionale Handelsräume ein, die über das Gatt hinausgingen. Die EU ist das bekannteste Beispiel, aber auch in Nordamerika entstand 1989 eine Freihandelszone namens Nafta, an der Amerika, Kanada und Mexiko beteiligt sind. Diese Zusammenschlüsse standen für Waren aus Drittländern unter bestimmten Bedingungen offen, beförderten aber in erster Linie den Binnenhandel der beteiligten Länder. Sprich: Der Westen machte wieder einmal Geschäfte mit dem Westen.

Trotzdem waren die achtziger und neunziger Jahre schon solche des Übergangs zu einer völlig veränderten Weltwirtschaft. Lange bevor das Wort Globalisierung erfunden war, erkannte in Asien ein kluges Inselvolk, dass die westliche Freihandelspolitik riesige Gewinnchancen bot. Wie erwähnt, zählte Japan in den achtziger Jahren als einziges nichtwestliches Land zu den Industrienationen. Das war eine erstaunliche Leistung, hatte Japan doch im Zweiten Weltkrieg den Großteil seiner Fertigungskapazitäten verloren. Aber die fleißigen Japaner nutzten geschickt die Offenheit des amerikanischen Marktes, um sich mit dem Export von Autos, Kameras, Rechnern, Uhren und Musikanlagen zu wohlhabenden Leuten zu machen. In den Jahren zwischen 1955 und 1970 erreichte Japan eine jährliche Wachstumsrate von zehn Prozent und schuf ein Entwicklungsmodell, das ganz Asien nachzuahmen begann. Statt sich von der Weltwirtschaft abzuschotten, drängten immer mehr Länder aus Fernost auf die lukrativen Exportmärkte im Westen und verdienten Geld mit ihrem größten Schatz: billiger ungelernter Arbeit.

Die Öffnung der Weltwirtschaft, die die Amerikaner nach 1945 betrieben, war deshalb etwas ganz anderes als die globale Militärordnung, die sie nach dem Krieg einrichteten. Die Atombombe sollte nicht jeder bekommen, reich werden durften alle. Ob gewollt oder nicht – damit war die Saat für die weltpolitischen Umwälzungen ausgebracht, die uns in den nächsten Jahrzehnten in Atem halten werden. Der Aufstieg Japans zur Industrienation war der Anfang vom Ende der globalen westlichen Vorherrschaft. Zum ersten Mal seit Jahrhunderten entstand in der Weltwirtschaft wieder ein Kraftzentrum außerhalb Europas und Nordamerikas.

Die neuen Mächte

Als die amerikanischen Investmentbanken im September 2008 im Sturm der Finanzkrise untergingen, da fassten die Banker an der Wall Street ihre beruflichen Aussichten in einen bitteren Spruch: »Shanghai, Bombay, Dubai oder Good Bye.« Tatsächlich waren viele asiatische Finanzhäuser trotz großer Verluste an den Börsen vergleichsweise stabil, weil sie über hohe Kundeneinlagen verfügten. China wurde wegen seiner enormen Devisenreserven sogar als möglicher Geldgeber gesehen, um die Rettungspakete der westlichen Regierungen zu finanzieren. Amerikanische Finanzpolitiker telefonierten fast täglich mit der chinesischen Führung, um sie zu bitten, weiter in Amerika zu investieren. Als die Chinesen später ein Konjunkturprogramm über 460 Milliarden Euro auflegten, traf das überall im Westen auf viel Zustimmung. Dass die Blase diesmal in den Vereinigten Staaten platzte und nicht in einem Schwellenland, empfanden gerade deutsche Politiker als Zäsur. Amerika verliere den Status als Supermacht der globalen Finanzwirtschaft, bemerkte der Finanzminister.

Das war vielleicht ein wenig übertrieben. Welche Folgen die schwerste Finanzkrise seit der Großen Depression haben wird, lässt sich erst in ein paar Jahren überblicken. Das gilt besonders für die Frage, wer geschwächt und wer gestärkt aus dem Tal herauskommen wird. So viel kann man aber jetzt schon sagen: Amerika dürfte nicht so bald den Rang der größten Volkswirtschaft verlieren. Dazu ist der Vorsprung des Landes einfach zu groß. An dem Tag, an dem Lehman Brothers pleite ging, war die Wirtschaftsleistung der Vereinigten Staaten immer noch dreimal so groß wie die Japans, der zweitgrößten Volkswirtschaft. Außerdem erfasste die Krise natürlich alle Zentren der Weltwirtschaft, auch die Schwellenländer. Sie wurden von der Heimholung westlichen Kapitals und von der Rezession auf ihren Absatzmärkten im Westen getroffen. Die Weltgesellschaft der Im- und Exporteure kennt keine Schutzzonen, in der Globalisierung wachsen und schrumpfen alle gemeinsam.

Dass Asien aber überhaupt als potentieller Rettungsanker einer havarierten Weltwirtschaft gelten konnte, zeigt, wie sich die Gewichte verschoben haben. Vergleicht man die Hitliste der Volkswirtschaften aus dem Jahr 1980 mit der Aufstellung von 2007, dann fällt vor allem auf, dass sich ein paar asiatische Länder kräftig nach oben gearbeitet haben: Singapur von Rang 59 auf Rang 44, Hongkong von 42 auf 36, Taiwan von 32 auf 22, Südkorea von 23 auf 13, China von 10 auf 4. Die Position der meisten westlichen Staaten blieb in der Zeit unverändert.

Es gibt Studien, die diese Entwicklung in die Zukunft fortzurechnen versuchen. Eine stammt von Ökonomen der Unternehmensberatung Price Waterhouse Coopers. Sie sagen eine radikale Veränderung der Weltwirtschaft in den nächsten vierzig Jahren vorher. 2007 sah die Liste der zehn größten Volkswirtschaften so aus: Auf dem ersten Platz lagen die Vereinigten Staaten, danach kamen Japan, Deutschland, China, Großbritannien, Frankreich, Italien, Spanien, Kanada und Brasilien. Sieben der ersten zehn Staaten waren also westliche Länder, so ist das seit langem. Für das Jahr 2050 erwarten die Autoren der Studie aber eine ganz andere Rangfolge: Je nach Berechnungsmethode wären entweder die Vereinigten Staaten oder China die größte Volkswirtschaft, es folgten Indien, Japan, Brasilien, Indonesien, Mexiko, Deutschland, Großbritannien sowie Russland oder Frankreich. Die Verhältnisse hätten sich damit umgekehrt. Unter den ersten zehn wären nur noch drei westliche Staaten, sofern Russland es auf Platz zehn schafft. Der erste europäische Staat würde überhaupt erst auf Rang acht der größten Volkswirtschaften auftauchen.

Solche Projektionen kann man natürlich nicht als Gewissheit nehmen. Die Finanzkrise, zukünftige Rezessionen, Kriege oder Seuchen können manches ändern. Aber die Grundtendenz ist hier schon richtig beschrieben. Die Globalisierung bietet tüchtigen Nationen Aufstiegschancen wie seit Jahrhunderten nicht. Kolonien gibt es nicht mehr, dafür eine weitgehend offene Weltwirtschaft. Heute haben die Völker der nichtwestlichen Welt die Möglichkeit, aus eigener Kraft zu wachsen, wenn sie ihren Staat stabil halten und die richtige Wirtschaftspolitik verfolgen. Selbst wenn am Ende nur die Hälfte der genannten Länder an uns vorbeizieht, wäre das schon eine grundlegende Veränderung der Weltordnung.

In Deutschland hat man die Dimensionen dieses Wandels noch nicht wirklich verstanden. Die öffentliche Diskussion über die Globalisierung ist in den vergangenen Jahren immer nur auf eine Frage verengt worden: Verlieren wir Jobs, ist unser Wohlstand bedroht? Die publizistische Warnungsindustrie hat die Deutschen gehörig damit erschreckt, dass ihre Wirtschaft nach Asien auswandern könnte oder dass chinesische Unternehmen die deutsche Wirtschaft mit (kopierten) Billigprodukten in den Ruin treiben könnten. Selbst Aufsichtsratsvorsitzende der größten deutschen Aktiengesellschaften sagen in vertraulichen Gesprächen, dass Deutschland ihrer Meinung nach gegen eine Volkswirtschaft von der Größe Chinas auf Dauer keine Chance habe.

Eine Exportnation wie Deutschland muss sich diese Sorgen eigentlich nicht machen. Natürlich macht der Wettbewerb mit Niedriglohnländern etlichen Branchen zu schaffen, vor allem solchen, die auf einfacher, ungelernter Arbeit beruhen. Da werden viele umschulen müssen, das ganze Land wird härter zu arbeiten haben. Aber solche Anpassungen gibt es in einer Marktwirtschaft immer wieder; die deutsche Textilindustrie ist in den vergangenen fünfzig Jahren um drei Viertel geschrumpft, ohne dass Deutschland verarmt wäre. In Wirklichkeit werden wir die Märkte in den Schwellenländern dringend brauchen, um unser Einkommensniveau auch in den nächsten Generationen zu halten. Im Jahr 2007 war Asien (nach Europa) schon der zweitwichtigste Absatzmarkt für deutsche Ausfuhren, noch vor den Vereinigten Staaten. Der Export wird uns sogar helfen, den demographischen Einbruch abzufedern, weil er den Nachfragerückgang unserer alternden Gesellschaft ausgleicht.

Viel bedeutender ist, dass mit Wachstum auch machtpolitische Ansprüche kommen. Im Jahr 2008 waren unter den zehn höchsten Wolkenkratzern nur noch zwei amerikanische: der Sears Tower in Chicago auf Platz fünf und das Empire State Building in New York auf Rang zehn. Alle anderen Stockwerkriesen standen in Asien, die meisten in China. Das ist viel mehr als ein Architekturwettbewerb unter Neureichen. Die Asiaten empfinden ihre Großstädte den großen urbanen Zentren des Westens nach, weil sie als reif und ebenbürtig anerkannt werden wollen. Mit jeder Tonne Stahlbeton und jedem Quadratmeter Glasfassade, die in Peking, Shanghai oder Bangkok verbaut wurden, wuchs das Selbstbewusstsein gegenüber den alten Machtzentren in Europa und Amerika. Asien, das es schon zur globalen Fabrikhalle gebracht hat, erhebt inzwischen auch Anspruch auf die Gestaltung der Weltpolitik. Nach Halbleitern, Autos und Computern werden eines Tages auch wichtige Bündnisse, große völkerrechtliche Verträge oder einschneidende Kriege »Made in China« oder »Made in India« sein. Diese Länder bemühen sich um Ressourcen, die eine gewaltige Herausforderung für die politische und militärische Überlegenheit des Westens werden können. Und sie sind nicht die einzigen.

China

Wer in den siebziger oder achtziger Jahren in einem Pekinger Hotel übernachtete, dem konnte es passieren, dass er frühmorgens von wildem Gehupe geweckt wurde. Das lag aber nicht daran, dass viele Autos auf der Straße waren. Der Lärm kam von verzweifelten Busfahrern, die einen Weg durch die Legionen von Radfahrern suchten, die damals die Straßen der chinesischen Hauptstadt verstopften.

Dass es dieses Peking lange nicht mehr gibt, erfuhr die Weltöffentlichkeit im Sommer 2008 aus Anlass der Olympischen Spiele. Die Regierung holte vorübergehend eine Million Autos von den Straßen der Stadt, indem sie täglich wechselnd Fahrzeugen mit geradem beziehungsweise ungeradem Nummernschild ein Fahrverbot auferlegte. Nur so konnte der Smog gemindert werden, der den Sportlern ernsthaft zu schaffen machte.

Die Pekinger Blechlawine ist nur eine von vielen Erscheinungen, die zeigen, welchen Entwicklungsschub China in den vergangenen Jahrzehnten erlebt hat. Das Forbes-Magazin führt inzwischen eine eigene Liste mit den vierhundert reichsten Chinesen. Im Jahr 2007 fanden sich darauf 66 Milliardäre. Alibaba.com, die führende chinesische Internetseite, nahm bei ihrem Börsengang fast so viel Geld ein wie Google. Und PetroChina, der größte chinesische Ölkonzern, war das erste Unternehmen auf der Welt, das mit mehr als einer Billion Dollar bewertet wurde.

Solche Statistiken sind Momentaufnahmen, gerade wenn sie vom Auf und Ab der Börse abhängen. Aber sie machen deutlich, welchen Aufschwung ein leidgeprüfter Funktionär, der bis ans Ende seiner Tage im Mao-Anzug umherlief, den Chinesen ermöglicht hat. Deng Xiaoping, Sohn eines Landbesitzers, studierte in den zwanziger Jahren in Paris, um sich danach der kommunistischen Bewegung anzuschließen. Er diente ihr erst als Militärführer, dann als Parteikader. Sein Weg an die Spitze verlief anfangs schnell, wurde dann aber steinig, wie der vieler Pragmatiker in der Pekinger Führung. Während der Kulturrevolution musste Deng ins Arbeitslager. Kaum rehabilitiert, wurde er als »Kapitalist« 1976 noch einmal aller Ämter enthoben. Deng hatte am Ende aber einen längeren Atem als Maos Hitzköpfe, die China nach 1966 malträtierten. Mit Geduld und viel Gespür für interne Machtkonstellationen sorgte er ab Ende der siebziger Jahre dafür, dass Chinas Wirtschaft sich Stück für Stück öffnete. Die Bauern durften wieder anbauen, so viel und was sie wollten. In vielen Industriezweigen wurde die staatliche Produktionsplanung abgeschafft, die Manager sollten nun Gewinn erwirtschaften. Investitionen aus dem Ausland wurden erlaubt. Deng, der schon hoch in den Siebzigern war, als er diese Reformen endlich verwirklichen konnte, wollte das kommunistische System aber nie aufgeben, sondern in erster Linie die Versorgung der Bevölkerung verbessern. Ob eine Katze schwarz oder weiß sei, sagte er einmal über die Frage der Wirtschaftsordnung, sei egal. Hauptsache, sie fange Mäuse.

Das hat der Menschheit ein einmaliges Großexperiment gebracht. China ist nicht das erste, aber das gewaltigste Land der Welt, das je die Wirtschaft freigab, das politische System aber weitgehend verschlossen hält. Bis heute regiert in Peking eine sogenannte kommunistische Partei, die alle Behörden, Betriebe, Kultureinrichtungen und die Presse streng überwacht. Gegen missliebige Journalisten, Anwälte, Dissidenten oder religiöse Gruppen wird hart vorgegangen, im Justiz- und Strafwesen werden grundlegende Bürgerrechte missachtet. Auf der anderen Seite dürfen seit 2002 Unternehmer der Partei beitreten, 2004 wurde ein Recht auf Eigentum in die Verfassung aufgenommen, 2007 der Schutz des Privateigentums per Gesetz garantiert, in den Medien darf schon mal Kritik an der Partei geübt werden. Selbst für einen pragmatischen kommunistischen Staat ist das eine ziemlich verwegene Dialektik. Wenn das heutige China sich auf einen Begriff bringen lässt, dann am ehesten auf den einer Entwicklungsdiktatur. Die Staatsführung will Wohlstand, aber weiter die Kontrolle über die Gesellschaft.

Das hat erstaunlich lange gut geklappt. China erreichte in den vergangenen 25 Jahren ein durchschnittliches Wachstum von mehr als 9,5 Prozent im Jahr. Die Volkswirtschaft war im Jahr 2007 mit 3,28 Billionen Dollar die viertgrößte der Welt. Das entsprach nicht ganz einem Viertel der amerikanischen Wirtschaft. China wurde vor allem zu einem der größten Empfänger ausländischer Direktinvestitionen. Im Jahr 2007 waren es 80 Milliarden Dollar. Firmen mit ausländischer Beteiligung produzierten etwa die Hälfte der chinesischen Exporte. Zu denen gehören einfache Massenware wie Jeans, Schuhe, Spielsachen, aber auch Kühlschränke, Waschmaschinen, Mobiltelefone, Fernseher und Computer. Chinesische Firmen wie Haier oder Huawei wollen bekannt werden

wie Siemens oder Nokia; Lenovo wurde nach der Übernahme des PC-Geschäfts von IBM schon zu einem der
weltweit größten Computerhersteller. Das Land baute
außerdem Devisen- und Goldreserven in Höhe von zuletzt
1,5 Billionen Dollar auf, die größten der Welt. Das erwies
sich in der Finanzkrise als großes Sicherheitspolster.
Für die chinesische Gesellschaft war all das ein großer
Segen. Nie zuvor wurden so viele Menschen aus Armut
befreit, selten ist ein Volk so schnell zu mehr Geld gekommen. Das durchschnittliche Pro-Kopf-Einkommen
stieg von 76,8 Dollar im Jahr 1978 auf 2458 Dollar im
Jahr 2007. Hunderte Millionen Chinesen leben heute besser als ihre Eltern und Großeltern.

Auch viele westliche Gesellschaften haben solche
Wachstumsschübe erlebt, die Deutschen nannten ihren ein
Wirtschaftswunder. Trotzdem tut man sich in Europa und
Amerika schwer, Chinas jüngste Entwicklung als vergleichbar anzuerkennen. Im Jahr 1999, als allmählich
sichtbar wurde, was der zwei Jahre zuvor verstorbene
Deng losgetreten hatte, stellte ein kanadisch-britischer
Wissenschaftler in einem viel beachteten Aufsatz in der
amerikanischen Fachzeitschrift *Foreign Affairs* die Frage,
ob China überhaupt zähle. Gerald Segal, so der Name des
Mannes, war der Meinung, dass China überschätzt werde,
biete es doch nur einen relativ unbedeutenden Markt und
sei militärisch alles andere als eine neue Sowjetunion.

Heute würde niemand, der das Zeitgeschehen mit halbwegs wachen Augen verfolgt, eine solche These aufstel-
len. Aber Segals Grundskepsis gehört immer noch zum
guten Ton westlicher Chinaanalysen. Kein Artikel, kein
Buch kommt ohne eine lange Liste von potentiellen Pro-
blemen und Bedrohungen für das chinesische Wachstum
aus: Vom Aufschwung profitieren vor allem die Küsten-
regionen mit den neuen Industriezentren, das Einkommen

der Landbevölkerung, immerhin 800 Millionen Menschen, stagniert. Überhaupt werden die sozialen Unterschiede immer größer. 2005 verdienten selbst in den Städten die oberen zehn Prozent neunmal so viel wie die unteren zehn Prozent. Die Arbeitslosigkeit steigt, auf dem Land auf bis zu 30 Prozent. Heere von Wanderarbeitern ziehen durchs Land, in den Boomstädten entstehen riesige Slums. Durch die Ein-Kind-Politik, auch ein Erbe Dengs, altert die chinesische Gesellschaft dramatisch. Die Korruption blüht und die Umweltverschmutzung, verursacht vor allem von Kohlekraftwerken, ist erheblich. Die Finanzkrise hat schließlich dazu geführt, dass Immobilien und Aktien an Wert verlieren, was vor allem die Ersparnisse der neuen Mittelschicht trifft. Außerdem geht das Wachstum zurück, die Wanderarbeiter werden als Erste entlassen. Das ruft in der Regierung große Sorge vor Unruhen hervor, denn gewalttätige soziale Proteste gibt es in dem riesigen Land schon seit langem. Sieben bis acht Prozent Wachstum im Jahr gelten als notwendig, um genügend neue Arbeitsplätze für die wachsende Bevölkerung zu schaffen.

Es wäre töricht, all das zu verschweigen oder kleinzureden. China ist nicht immun gegen Rückschläge. Die Führung dürfte schon alle Hände voll zu tun haben, um die Wirtschaft am Laufen zu halten, besonders in globalen Abschwungphasen, wie sie von der Finanzkrise verursacht wurden. Die Mittelschicht auf Dauer zu bevormunden, könnte ihr noch schwerer fallen, vielleicht gerade in Zeiten, wenn deren junger Wohlstand bedroht ist. Trotzdem sind viele Probleme Chinas in erster Linie typische Begleiterscheinungen der Industrialisierung, wie sie auch andere Länder erlebt und gemeistert haben, nicht zuletzt in Asien. Dass sie in hiesigen Betrachtungen immer wieder als Gefahren für die gesamte Wirtschaft, gar für den Zusammenhalt des Landes dargestellt werden, sagt mehr über die Autoren dieser Berichte als über China. Es passt manchen einfach nicht ins Weltbild, dass hier ein Riesenreich in Bewegung geraten ist, das erst Europa und dann Amerika die angestammte Führungsposition streitig machen könnte. Schon nach der Asienkrise 1997 dachten viele, man müsse sich nicht mehr mit Fernost befassen. Das war ein großer Irrtum.

Deshalb ist es lohnender, sich mit der Frage zu beschäftigen, was geschieht, wenn China langfristig weiter wächst. Die Weltbank hat kürzlich eine Studie über die Weltwirtschaft in zwanzig Jahren vorgelegt. Ihr lag die Annahme zugrunde, dass die globale Produktion von 2005 bis 2030 um den Faktor 2,1 steigt. In den fünfundzwanzig Jahren zuvor war sie um denselben Faktor gewachsen, alle Rezessionen eingerechnet. Die Bank kam zu dem Ergebnis, dass sich an der Rangordnung der großen Volkswirtschaften im Jahr 2030 zunächst nicht viel ändern würde. Auf den ersten Plätzen wären immer noch die Vereinigten Staaten, die EU, Japan und China. Da den Schwellenländern ein höheres Wachstumspotential zugetraut wurde als den Industrienationen, fände aber eine dramatische Veränderung in der globalen Wohlstandsverteilung statt. China könnte ein Einkommensniveau von 42 Prozent des Durchschnitts der reichen Länder erreichen, 2005 lag das Land noch bei 19 Prozent. Damit hätte China zum unteren Ende der Hocheinkommensländer aufgeschlossen und Lebensbedingungen wie derzeit in Spanien erreicht.

Auch diese Untersuchung ist nur als grobe Richtschnur zu betrachten, weil die Finanzkrise das globale Wachstum durchaus für längere Zeit abschwächen könnte. Aber es geht hier nicht darum, die chinesische Wirtschaftskraft auf die Milliarde genau vorherzusehen. Die Studie der

Weltbank gibt einen Hinweis auf die Größe der Macht-verschiebung, die uns bevorsteht, wenn China sich weiter entwickelt. Sollte die Volksrepublik in zwanzig Jahren ungefähr das derzeitige Einkommensniveau von Ländern wie Spanien erreichen, dann muss man sich vor Augen halten, was Spanien heute ist: eine materiell gut gepols-terte Mittelmacht, die es sich leisten kann, Soldaten in den Irak und nach Afghanistan zu schicken. China hat aber dreißigmal so viele Einwohner wie Spanien, was ihm, etwas einfach gerechnet, ein entsprechend Vielfaches an Gewicht verleihen würde. Es wird wegen seiner riesigen Bevölkerung zwar immer noch einen niedrigeren Lebens-standard haben als viele westliche Länder. Die schiere Größe des Bruttoinlandsprodukts dürfte aber genug Geld abwerfen, damit sich China einen der größten Militär-haushalte leisten kann; schon in den vergangenen Jahren hat das Land kräftig aufgerüstet, wie wir später noch ein-mal genauer sehen werden.

Solche Prognosen vermitteln vor allem einen Eindruck von der Geschwindigkeit, mit der sich unsere Welt ver-ändert. Das Jahr 2030 liegt nicht so weit entfernt. Die allermeisten, die heute 45 Jahre oder jünger sind, werden diese Zeit noch im Beruf erleben, viele andere als junge Rentner. Der Aufstieg Chinas oder anderer Schwellen-länder ist keine Musik, die in einer sehr fernen Zukunft spielt, sondern eine Sache der nächsten ein, zwei Gene-rationen.

Was da auf uns zukommen könnte, ließ sich schon in den vergangenen Jahren beobachten. Hinter der Fassade einer Außenpolitik, die von Frieden und Entwicklung redet, bereitete sich ein Volk von 1,3 Milliarden Men-schen auf die Übernahme einer Großmachtrolle vor. Das staatliche chinesische Fernsehen zeigte vor einiger Zeit eine aufwendige Dokumentarreihe mit dem Titel »Aufstieg der großen Nationen«. Da wurde untersucht, wie neun westliche Mächte zu Größe und Einfluss kamen, von Portugal über England und Deutschland bis zu Amerika. Auffällig war, dass diese Sendungen sich nicht mit der alten Klassenkampf- oder Unterdrückungsperspektive aufhielten, die in chinesischen Geschichtsbüchern üblich ist. Es ging einzig und allein um eine ganz praktische Frage: Wie wird man ein mächtiges Land, wie haben andere das geschafft? Die Sendung über Deutschland beschäftigte sich fast ausschließlich mit Bismarck, von dem die Filmemacher zu lernen glaubten, dass ein ordentliches Reich am besten auf einer starken Armee und einem schwachen Parlament beruht. Karl Marx wurde mit keinem Wort erwähnt, aber dessen Lehre war schon vor längerem zugunsten einer neuen Ideologie des »friedlichen Aufstiegs« aus der Staatsdoktrin gestrichen worden.

Die Beschäftigung mit der kommenden eigenen Größe führte zu einem Selbstbewusstsein der chinesischen Elite, das Ausländer immer wieder erstaunte. In der milden Variante begegnete man chinesischen Diplomaten, die weltgewandt und unideologisch auftraten. Diese Beamten langweilten ihre Gesprächspartner nicht mehr mit Maos Drei-Welten-Theorie, sondern gaben anregende Einsichten zur Machtbalance in Asien und Europa zum Besten. Die ungeschliffene Ausgabe waren chinesische Unternehmer, die dem Rest der Welt mit Überheblichkeit begegneten. Der Vorsitzende von »Hainan Airlines«, einer großen chinesischen Fluggesellschaft, fiel jüngst auf einer Tagung über chinesische Philosophie mit der Bemerkung auf, dass jede internationale Konferenz, die sich heute nicht mit China befasse, den Wert eines »Hundefurzes« habe. Er erhielt Beifall.

Tatsächlich durchläuft das chinesische Selbstbild eine Entwicklung, die schon aus anderen asiatischen Ländern bekannt ist, die zu Wohlstand gekommen sind. In den Wirtschafts-, Sozial- und Rechtsmodellen des Westens wird nach Verwertbarem für das eigene Vorankommen gesucht, zugleich wächst aber das Bedürfnis nach Distanz und einem eigenen Weg in die Moderne. In China war Mitte der neunziger Jahre ein Buch ein Bestseller, das zum Titel hatte, dass China Nein sagen könne – vor allem zu Amerika und dessen Taiwan- und Tibetpolitik. So ein Werk war in Japan schon ein paar Jahre zuvor ein großer Erfolg gewesen. Im Internet fanden Kampagnen gegen »unchinesische« Feste wie Weihnachten statt oder gegen einen Starbucks-Laden in der Verbotenen Stadt. Die Regierung verbot sogar einen Werbespot des Sportartikel-herstellers Nike, weil darin ein amerikanischer Basket-ballspieler einen Kung-Fu-Meister und einen Drachen besiegt.

Man würde es sich zu einfach machen, wenn man das als Propaganda einer Partei abtäte, die Kommunismus durch Nationalismus ersetzen muss, um dem Volk eine neue Staatsidee zu bieten. Der wachsende chinesische Nationalstolz speist sich aus der millionenfachen Lebens-erfahrung, dass Fortschritte in Industrie, Technik und Forschung auch im eigenen Land möglich sind. An keiner Bevölkerungsgruppe lässt sich diese Entwicklung deut-licher ablesen als an den chinesischen Intellektuellen. Die hatten in den letzten fünfzig Jahren kein einfaches Leben, vor allem nicht während der Kulturrevolution. Den Roten Garden galten schon Mittelschüler als potentielle Kon-terrevolutionäre. Millionen Gebildete verschwanden in Gefängnissen und Umerziehungslagern. Die Niederschla-gung der Demokratiebewegung auf dem Platz des Himm-lischen Friedens 1989 schien den Intellektuellen nur zu be-stätigen, dass auch in der neuen »sozialistischen Marktwirtschaft« kein Platz für ihre Gedanken war.

Das hat sich in jüngster Zeit geändert. Vor allem Wissenschaftler gehören zu den Profiteuren der wirtschaftlichen Öffnung, da mit ihr ein beispielloser Ansturm auf die Universitäten des Landes einherging. Ein Professor in Peking kann heute mit Eigentumswohnung, Auto und häufigen Vortragsreisen ins Ausland rechnen, was immer mehr Intellektuelle zur Rückkehr aus dem (westlichen) Ausland veranlasste. Viele dieser Heimkehrer machten ihren Frieden mit der Partei und wurden zu Gegnern einer »Verwestlichung« der eigenen Gesellschaft. Auch das kennt man aus anderen asiatischen Ländern. Im Westen denken bis heute viele, dass Austauschstudenten und Gastdozenten unsere Universitäten als Werber für westliche Werte verlassen. In Wirklichkeit ziehen die meisten aus ihrem Aufenthalt den Schluss, es sei besser, zu Hause nicht so zu leben wie der weiße Mann.

Für die historisch denkende chinesische Elite ist der Aufstieg des eigenen Landes sowieso nur die Rückkehr auf den angestammten Platz in der Geschichte. Das Jahrhundert zwischen den Opiumkriegen und dem Sieg der Kommunisten 1949 haben die Chinesen als »Hundert Jahre Demütigung« in Erinnerung. Noch heute beginnt für chinesische Historiker die moderne Geschichte mit einer Niederlage gegen den »Angriff« der westlichen Kultur. Die Chinesen, die sich Jahrtausende als kulturell überlegenes »Reich der Mitte« sahen, als Zentrum aller menschlichen Zivilisation, fühlten sich von der Militär- und Industriemacht des Westens zutiefst degradiert. So erhielt schon die Volksbefreiungsarmee einen doppelten Auftrag. Sie sollte nicht nur Revolution und Vaterland schützen, sondern auch Chinas frühere Größe und Unabhängigkeit wiederherstellen. Mit dieser Mentalität werden wir umzugehen haben. Die chinesische Führung hat nie aufgehört, ihr Land als Großmacht zu verstehen. Jetzt will sie die Mittel dazu.

Indien

Das Taj Mahal, Indiens größte Touristenattraktion, überraschte seine ausländischen Besucher vor kurzem mit der Mitteilung, dass der Eintritt nicht mehr in Dollar bezahlt werden könne. Der Einlass koste künftig 250 Rupien, nicht fünf Dollar. Das Kulturministerium begründete diesen Schritt mit dem gestiegenen Wechselkurs der Rupie, fügte aber hinzu: »Wir hatten auch das Gefühl, es sei an der Zeit, sich der internationalen Praxis anzuschließen, Eintrittspreise in unserer eigenen Währung anzunehmen.«

Diese kleine Begebenheit erzählt viel über das indische Lebensgefühl der vergangenen Jahre. In einem feinen Hotel in Delhi konnte man früher ein Stirnrunzeln hervorrufen, wenn man seine Rechnung in Rupien begleichen wollte. Nicht nur war der Kassierer eine gute halbe Stunde beschäftigt, bis er die dicken Bündel aus zerfledderten und klebrigen Geldscheinen durchgezählt hatte, die der Gast aus einer indischen Bank mitbrachte. Auch gehörte es zum Selbstverständnis eines ersten Hauses, dass der Übernachtungspreis in Dollar auszuweisen und zu bezahlen war. Dafür wurde aber auch ein Butler gestellt, der abends mit den Empfehlungen der Direktion eine Flasche Wein aufs Zimmer brachte. Manch westlicher Manager hat auf diese Weise erfahren, dass auch im südindischen Karnataka ein ordentlicher Sauvignon Blanc angebaut wird.

Dass man von Ausländern Bezahlung in eigener Währung verlangen kann, war nicht die einzige Entwicklung, an der sich die Inder erfreuten, während ihr Land nach 1990 zur IT-Großmacht heranwuchs. Jeden noch so kleinen internationalen Erfolg feierten sie als Beleg für ihre wachsende Bedeutung – vom Wohlstand der Auslandsinder in Amerika bis zum immer besseren Abschneiden der Landestöchter auf Schönheitskonkurrenzen. Im Oktober 2008 schoss Indien sogar eine Rakete auf den Mond, als sechste Nation überhaupt, wie die Regierung mit Genugtuung festhielt. Das war eine stolze technische Leistung für ein Schwellenland.

Zu der Zeit erinnerte die globale Finanzkrise das Land allerdings schon jäh daran, dass es im Kapitalismus nicht immer nur aufwärtsgeht. Der Abzug westlicher Anlagen drückte den Außenwert der Rupie wieder nach unten, die Wachstumsraten sanken und die Stimmung trübte sich rasch ein, ähnlich wie im Westen. Die großen Magazine schrieben auf ihren Titelseiten von »Schlechten Zeiten« und einem »Absturzgefühl«. Mit den schweren Anschlägen, die dann im November die Finanzmetropole Bombay erschütterten, kam das Gefühl hinzu, Indien habe seinen 11. September erlebt und sei viel verwundbarer durch den Terrorismus, als es das trotz vieler Attentate in den Jahren zuvor wahrhaben wollte.

Trotzdem hat sich das Land in jüngster Zeit wirtschaftliche Grundlagen geschaffen, die ihm auch weiterhin gute Dienste erweisen dürften. Was in der indischen IT-Industrie geschah, ist mit dem despektierlichen deutschen Wort vom »Computerinder« völlig unzureichend beschrieben. Hier sind keine Bastler am Werk. Noch nie hat sich ein Entwicklungsland mit solcher Kraft und in so kurzer Zeit an die Spitze eines Kernbereichs der Weltwirtschaft gesetzt. Nach zehn glänzenden Jahren mit Wachstumsraten von jährlich dreißig Prozent galt die indische IT-Branche 2007 als globaler Klassenprimus. Erstmals erfüllten mehr indische als amerikanische Firmen die höchsten Anforderungen bei der Softwareentwicklung. Unternehmen wie Infosys, Wipro oder Tata Consultancy Services sind zwar noch lange nicht in jedem westlichen Haushalt bekannt. In der Branche haben ihre

Namen aber den gleichen Donnerhall wie Microsoft, Apple oder Hewlett-Packard. In der indischen Technologiemetropole Bangalore arbeiteten zuletzt mehr Informatiker und Ingenieure als in Silicon Valley. Die IT-Industrie trug 2007 fünfeinhalb Prozent zum indischen Bruttosozialprodukt bei, obwohl sie gerade einmal 1,6 Millionen Menschen beschäftigte. Bei einer Gesamtbevölkerung von 1,1 Milliarden ist das eigentlich der Personalbestand einer Nischenbranche. Alle großen westlichen IT-Firmen unterhalten Niederlassungen in Indien. Bill Gates sagte einmal ohne Umschweife, dass Microsoft von indischen Fachkräften abhängig sei. Die indischen Computerfirmen hoffen sogar, auf mittlere Sicht von der jüngsten Wirtschaftskrise zu profitieren, weil die in westlichen Unternehmen den Trend zur Kostensenkung durch Auslagerung beschleunigen könnte.

Der Erfolg der indischen Programmierer ist ein schönes Beispiel dafür, wie die Globalisierung, die ursprünglich vom Westen ausging, einem Entwicklungsland aufhelfen kann. Die Inder waren schon immer stolz auf ihre mathematische Tradition und erzählen Ausländern gerne, dass die Null irgendwann im siebten Jahrhundert in ihrem Land erfunden wurde, zusammen mit negativen Zahlen und dem Dezimalsystem. Einstein bemerkte einmal, die Inder hätten den Europäern beigebracht, wie man zählt, und damit die moderne Wissenschaft erst ermöglicht. Die Öffnung des Welthandels bietet indischen Rechentalenten erstmals die Möglichkeit, direkt am Aufschwung einer westlichen Wachstumsbranche teilzuhaben. Die Absolventen der einheimischen Informatikstudiengänge sind gut ausgebildet und sprechen Englisch, kosten aber wesentlich weniger als Software-Ingenieure in Amerika oder Deutschland. Das heißt übrigens nicht, dass indische Informatiker von den westlichen oder einheimischen

Firmen, für die sie Programme schreiben, ausgebeutet werden. Ihr Gehalt beträgt in der Regel ein Vielfaches des indischen Durchschnittseinkommens, ihr Lebensstandard entspricht dem der westlichen Mittelschicht.

Ein andere Goldgrube wurden indische Callcenter, die für große ausländische Konzerne arbeiten. In Deutschland ist dieses Phänomen weitgehend unbekannt, da kaum ein Inder Deutsch spricht. Wenn man aber in den Vereinigten Staaten in den vergangenen Jahren seine Bank anrief, dann war es sehr wahrscheinlich, dass das Telefon irgendwo in einem Vorort von Delhi abgenommen wurde. Anfangs erzählten diese Servicemitarbeiter noch bereitwillig, dass sie am anderen Ende der Welt saßen, wenn es zu ein paar persönlichen Worten kam. Später wurden sie mit Daten über das Wetter und lokale Schlagzeilen in der Stadt des Anrufers gefüttert und mussten einen amerikanischen Akzent simulieren, was der Verständigung nicht immer dienlich war. Auch diese Industrie ersparte westlichen Unternehmen Millionenbeträge und schuf in Indien Zehntausende Arbeitsplätze. 8,3 Milliarden Dollar verdiente das Land im Fiskaljahr 2006/2007 an der Erledigung von Geschäftsprozessen für ausländische Firmen.

Es hat ein Weilchen gedauert, bis man im Westen, vor allem in Europa, begriff, was da im zweitgrößten Land Asiens vor sich ging. Nach langen Jahren der Chinabesoffenheit reisten deutsche Bundeskanzler und bayerische Ministerpräsidenten dann aber auch nach Dehli oder Bombay, um die Exportchancen unserer Wirtschaft zu stärken. Manche dieser Besucher dürfte irritiert haben, dass Indien, anders als Ostasien, bisher nicht aussieht wie eine große Shopping Mall. Selbst in Bangalore quält man sich auf dem Weg ins gepflegte Gewerbegebiet durch eine heruntergekommene und verstopfte Stadt. In Delhi wird der Verkehr immer noch von heiligen Kühen, Leprabettlern und Ochsenkarren aufgehalten, in den Straßengräben vor den Luxushotels leben Wanderarbeiter unter verschmierten Plastikplanen. In bitterarmen Bundesstaaten wie Uttar Pradesh hausen die Leute in Häusern, die an die Trümmerjahre in Deutschland erinnern, die Wege sind stinkende Schlammpisten, auf denen Mensch und Tier ihre Notdurft verrichten. Bombay, Heim der größten Filmindustrie der Welt, die nicht nur Asien mit Heile-Welt-Geschichten versorgt, ist umzingelt von einem der größten Slums des Kontinents, bei dessen Anblick ein Reisender auf den Gedanken kommen kann, er habe das falsche Flugzeug genommen und sei in Afrika gelandet. Als China zum Showroom der Globalisierung wurde, blieb Indien ihre Hinterhofwerkstatt.

Das schlägt sich natürlich in der Sozialstatistik nieder. Als internationaler Maßstab gilt hier der »Bericht über die menschliche Entwicklung«, den die Vereinten Nationen jedes Jahr vorlegen. In der Gesamtwertung von 2007/08 landete Indien auf Rang 128, hinter Äquatorialguinea, Marokko, Namibia und Botswana. Bei der durchschnittlichen Lebenserwartung kam das Land mit 63,7 Jahren auf Platz 125 (Platz 1: Japan mit 82,3 Jahren), bei der Alphabetisierungsrate mit 61 Prozent auf Platz 114 (Platz 1: Georgien mit 100 Prozent), bei den zusammengerechneten Prozentsätzen des Besuchs von Grund-, Ober- und Hochschule mit 63,8 Prozent auf Platz 122 (1. Platz: Australien mit 113 Prozent) und beim Pro-Kopf-Einkommen auf der Basis von Kaufkraftparität mit 3452 Dollar auf Platz 117 (1. Platz: Luxemburg mit 60 228 Dollar); umgerechnet in Dollar nach Marktwechselkursen lag es sogar nur bei 909 Dollar. Fast zwei Drittel der Inder, nämlich 700 Millionen Menschen, haben weniger als zwei Dollar am Tag zum Leben zur Verfügung. Das ist ein Heer von Armen, wie es sonst nur Afrika kennt.

Bei manchen westlichen Managern ist deshalb die These beliebt, Indien könne sich seine Demokratie nicht leisten und brauche im Grunde wie China eine Führung mit harter Hand. Wahrscheinlich kommt man auf solche Gedanken, wenn man sechs Jahre wegen einer unbezahlten Rechnung vor einem indischen Gericht verbracht hat. In Wirklichkeit ist aber noch lange nicht entschieden, wer von den beiden asiatischen Riesenreichen das größere Wachstumspotential hat. Der Rückstand der Inder hat zunächst einmal damit zu tun, dass sie ihre Wirtschaft später als die Chinesen für den Weltmarkt öffneten. Indien war nach der Unabhängigkeit vierzig Jahre lang Opfer einer protektionistischen Planwirtschaft, die vom Staatssektor dominiert wurde. Sie lieferte ein gemächliches Wachstum von durchschnittlich 3,5 Prozent im Jahr, was die Inder verlegen die Hindu-Rate nannten. Zum schlimmsten Erbe dieser Zeit, die außenpolitisch von der Anlehnung an die Sowjetunion geprägt war, gehört die völlig unzureichende Infrastruktur des Landes und eine allumfassende Bürokratie, die manches Unternehmen auf dem Gewissen hat.

Erst 1991, als ein gewisser Manmohan Singh Finanzminister wurde, ließ Indien sich auf die Globalisierung ein. Er war ein ruhig-freundlicher Sikh mit dicker Hornbrille, grauem Bart und hellblauem Turban, der mehr wie ein gelehrter Parteitheoretiker als ein Kämpfer für den Liberalismus aussah. Singh, der in Oxford einen Doktor in Ökonomie erworben hat, war in den achtziger Jahren Präsident der indischen Zentralbank. Als Finanzminister setzte er ein ehrgeiziges Reformprogramm durch, das sich an den gängigen Vorbildern in der Region orientierte: Steuern wurden gesenkt, Staatsbetriebe privatisiert, ausländische Direktinvestitionen begünstigt, die Rupie abgewertet. Das legte den Grundstein für einen Aufschwung mit Wachstumsraten von bis zu achteinhalb Prozent (2007), der nur noch von China übertroffen wurde. Er brachte in wenigen Jahren eine Mittelklasse von gut 350 Millionen Menschen hervor, die in ihrer Freizeit in großzügige neue Einkaufszentren strömten. Man muss allerdings hinzufügen, dass in Indien unter Mittelklasse Leute verstanden werden, die in der Lage sind, sich ein Mobiltelefon zu kaufen.

Die Inder wissen, dass sie noch einen langen Weg vor sich haben. Ihre Ökonomen weisen darauf hin, dass man mit Dienstleistungen alleine, die heute 55 Prozent des Bruttoinlandsprodukts ausmachen, den Sprung aus der Agrargesellschaft nicht schaffen wird. Die Landwirtschaft ernährt nämlich immer noch zwei Drittel der Bevölkerung, auch wenn sie nur 18 Prozent zur Wirtschaftsleistung beiträgt. Die indischen Bauern wird man aber nicht einfach bei McDonalds beschäftigen können, denn dazu müssten sie erst einmal anständig Englisch sprechen. Zugleich wurden im High-Tech-Sektor zuletzt die Fachkräfte knapp. Die Technikfakultäten des Landes brachten 2007 etwa 450.000 Absolventen hervor, von denen nur die Hälfte für den IT-Bereich geeignet war. Der Wettbewerb um die besten Programmierer führte bei höheren Angestellten schon zu einem Gehaltsniveau, das nicht mehr weit vom Westen entfernt ist.

Deshalb bemüht sich die Regierung darum, die klassische Industrie zu fördern. Und da sind die Aussichten langfristig gar nicht so schlecht. Dass Inder in der Schwerindustrie durchaus einiges leisten können, wurde den Europäern spätestens klar, als der größte europäische Stahlhersteller Arcelor von einem ehrgeizigen Tycoon aus Rajasthan übernommen wurde. Lakshmi Mittal hat mit einem vom Vater geerbten kleinen Stahlwerk in Kalkutta angefangen und ist durch Zukäufe in aller Welt zum reichsten Mann Indiens aufgestiegen. Seiner Tochter spendierte er eine sechstägige Hochzeitsfeier in Paris, die angeblich 60 Millionen Dollar kostete und für die unter anderem das Versailler Schloss gemietet wurde. Arcelor Mittal, wie sein neues Unternehmen mit Sitz in Luxemburg heißt, war 2008 der größte Stahlkonzern der Welt mit 320 000 Mitarbeitern in mehr als 60 Ländern. Mittal dachte zuletzt über neue Investitionen in seinem Heimatland nach.

Eine traditionsreiche indische Industriellenfamilie sind die Tatas, deren bunte Lastwagen auf jedem Bergpass zwischen dem Hindukusch und Bengalen anzutreffen sind. Sie überraschten den Westen jüngst nicht nur mit dem Kauf von Jaguar und Rover, sondern vor allem mit dem Plastikauto »Nano«. Mit einem Preis von 2500 Dollar soll es der billigste Wagen der Welt werden. An diesem Minimalgefährt wurde vom zweiten Scheibenwischer bis zur Servolenkung alles weggelassen, was nicht fürs Fortkommen nötig ist. Der Wagen ist zwar zunächst nur für den indischen Markt gedacht, wo er dem Motorrad Konkurrenz machen soll, und er konnte nicht so schnell in Produktion gehen wie gedacht, weil es Bauernproteste gegen den Bau eines Werkes in Westbengalen gab. In der Branche glauben aber viele, dass seine Bauweise die gesamte Industrie verändern könnte, ähnlich wie die japanischen Produktionsmethoden in den achtziger Jahren. Tata hat vor, 350 000 Autos im Jahr zu bauen.

Angesichts solcher Vorhaben machen sich indische Wirtschaftswissenschaftler ernste Sorgen über die ständigen Stromausfälle, die starke Stellung der Gewerkschaften und die relativ hohen Löhne, die für einfache Arbeit in Indien gezahlt werden müssen. All das könnte den Aufbau einer weltmarktfähigen Schwerindustrie behindern, ohne die bisher kein asiatisches Land vorangekommen ist. Die jüngste Finanzkrise drohte außerdem die dringend benötigten Infrastrukturprogramme der Regierung zu beschneiden, weil sie mit ausländischem Geld bezahlt werden sollten.

Gelingt es den Indern, diese Probleme zu meistern, dann könnten sie einiges schaffen. Wegen seiner riesigen Bevölkerung wäre ein langfristig wachsendes Indien in ein paar Jahrzehnten auf der Liste der größten Volkswirtschaften ein Anwärter auf den zweiten oder dritten Platz. Die Demographen rechnen damit, dass Indien China in den dreißiger Jahren als bevölkerungsreichster Staat ablöst und Mitte des Jahrhunderts etwa 1,6 Milliarden Einwohner hat. Da das indische Medianalter heute bei 25 Jahren liegt, wird das Land auch nicht mit den Alterungsproblemen zu kämpfen haben wie sein Nachbarn. Indien ist eine der jüngsten unter den großen Volkswirtschaften, weshalb die Ökonomen dem Land auf lange Sicht höhere Wachstumsraten zutrauen als China. Im Übrigen gilt auch für Indien, was wir schon für China festgehalten haben: Das Wohlstandsniveau des Landes dürfte wegen der großen Einwohnerzahl auf absehbare Zeit deutlich geringer bleiben als im Westen; ein wirtschaftlich erfolgreiches Indien wird sich aber ein schlagkräftiges Militär leisten können. Schon heute haben die Inder eine kampferprobte Armee von 1,1 Millionen Soldaten, die trotz alter Ausrüstung zu den besten in Asien zählt.

Einen Vorgeschmack auf den Ton, den ein starkes Indien in der Weltpolitik anschlagen würde, boten in den vergangenen Jahren die Debatten der indischen Elite. Die lange demokratische Tradition des Landes hat eine Kaste gebildeter und kluger Intellektueller entstehen lassen, die einen lebendigen außenpolitischen Diskurs führt, wie es ihn sonst nirgendwo in Asien gibt. Diese Leute waren früher marxistisch, antiamerikanisch und redeten endlos über Dritte-Welt-Solidarität, was der indischen Außenpolitik bis in die achtziger Jahre entsprach. Heute werden die Denkerzirkel in Delhi von kühlen Strategen beherrscht, die Machiavelli gelesen haben. Einer der einflussreichsten Vordenker heißt Raja Mohan, ein Professor, der einen Abschluss in Nuklearphysik hat und einen Doktor in Internationalen Beziehungen. Mohan, der lange Jahre für führende Qualitätszeitungen des Landes schrieb, ist wesentlich sanftmütiger als der typische indische Intellektuelle, vertritt aber knallharte Thesen: »Indien verlangt nicht nach neuem Territorium, aber nach dem ihm gebührenden Platz an der Spitze der internationalen Ordnung«, schrieb er 2006 in einem Buch über die indische Außenpolitik. Erfreut hielt er fest, dass Indien aufgehört habe, sich wie ein Stachelschwein gegenüber dem Rest der Welt zu verhalten, nämlich »vegetarisch und lahmfüßig«, und endlich wie ein Tiger auftrete – mit anspruchsvoller Diplomatie und der Drohung, Gewalt anzuwenden.

Diese Selbstgewissheit wurde nicht nur vom jüngsten Wachstum genährt. Für die indische Elite zählte mindestens ebenso viel, dass ihr Land mittlerweile zu den Atommächten gehört. Vom 11. bis 13. Mai 1998 unternahm die indische Regierung eine Reihe von Atomwaffentests, die ein jahrzehntealtes geheimes Forschungsprogramm zum Abschluss brachte. Da Pakistan wenige Tage später mit eigenen Tests reagierte, wurde der Vorgang im Westen zunächst als neue Episode in der alten Erzfeindschaft zwischen den beiden Nachfolgestaaten Britisch-Indiens aufgefasst. Zumindest im Fall von Indien war das ein großes Missverständnis. Die Inder wollten die Atombombe, um endlich auf Augenhöhe mit China zu kommen, ihrem großen Nachbarn, der vom Westen bereits selbstverständlich als kommende Großmacht hofiert wird. Aus Sicht der neuen indischen Strategen war ein nuklearer Auftritt nötig, um von Peking und dem Rest der Welt endlich ernst genommen zu werden. Mit tiefer Befriedigung erzählte man sich in Delhi in den Jahren nach dem Test, dass China bei vielen bilateralen Themen, meist Streitigkeiten über den Grenzverlauf, erstmals zu Gesprächen bereit sei. Das sei zweifelsohne nur der Selbstaufwertung durch die Atombombe zu verdanken. Die indische Regierung suchte auch gleich noch eine Allianz mit den Vereinigten Staaten zu schmieden, zwischen neuer und alter Großmacht sozusagen. Das klappte nicht ganz reibungslos, weil die Inder keine Soldaten in den Irak schicken wollten und eine vertiefte nukleare Zusammenarbeit mit Washington lange von den heimischen Kommunisten blockiert wurde. Aber eine gewisse Eigensinnigkeit scheint nach indischem Verständnis zu den Vorrechten eines bedeutenden Landes zu zählen. Das mussten auch schon deutsche Minister erfahren, die in Delhi jüngst mit leichter Herablassung empfangen wurden.

Wie stolz Indien auf seine potentielle Rolle in der Welt blickt, lässt sich daran ablesen, dass die politische Klasse Lord Curzon von Kedleston als frühen indischen Patrioten wiederentdeckte. Der Lord, ein Streber, der seinen extravaganten Lebensstil durch die Heirat mit einer Millionärstochter aus Chicago absicherte, war von 1898 bis 1905 Vizekönig von Indien. Er bestand darauf, dass die Rajas und Maharajas vor ihm niederknieten, senkte aber auch die Steuern und ließ Briten bestrafen, die Inder schlecht behandelten. Curzon war in indischen Schulbüchern lange für die Teilung Bengalens gescholten worden, hinterließ jedoch ein paar Zeilen über Indiens strategische Bedeutung, die jetzt in Delhi wieder andächtig zitiert werden: »Es ist in der Tat offensichtlich«, schrieb er 1909 in einem Essay, »dass der Herrscher über Indien unter modernen Bedingungen die größte Macht auf dem asiatischen Kontinent haben muss, und das sei hinzugefügt, deshalb auch in der Welt. Die zentrale Lage Indiens, seine prächtigen Ressourcen, seine wimmelnde Vielfalt an Menschen, seine großartigen Handelshäfen, sein Vorrat an militärischer Stärke, der Nachschub für eine Armee stellt, die immer auf einem hohen Stand der Tüchtigkeit steht und fähig ist, von einem Moment auf den anderen auf jeden Ort in Asien oder Afrika geworfen zu werden – all das sind Vermögen von kostbarem Wert«. Das war eigentlich ein Urteil über Indiens Wert als koloniale Besitzung. Führende indische Intellektuelle gründeten darauf aber eine Denkschule des »Neocurzonismus«, die unter anderem den Indischen Ozean als natürlichen strategischen Raum des Landes versteht. Der Asienkorrespondent Jochen Buchsteiner bemerkte dazu, Indien habe die Zeiten der Zimperlichkeit hinter sich gelassen.

Russland

Und Russland? Wohin treibt dieser eurasische Koloss, der dem Westen wieder die Stirn bietet? Ist es genug, ein kleines Volk im Kaukasus zu verprügeln, um Anspruch auf eine Führungsrolle in der internationalen Politik zu erheben? Oder fehlt es Russland an einer soliden wirtschaftlichen Grundlage, wie sie in Asien entstanden ist? Muss Europa wieder Furcht haben vor diesem unbequemen Nachbarn, aus dem wir Gas und Öl beziehen? Oder ist das nur ein aufgeblasener Benzinstaat, der sich selbst gewaltig überschätzt?

Das Russland, mit dem wir es heute zu tun haben, ist eine Schöpfung Wladimir Putins. Als dieser frühere Oberstleutnant des KGB 1999 vom damaligen Präsidenten Boris Jelzin zum Ministerpräsidenten ernannt wurde, war er im In- und Ausland so gut wie unbekannt. Putin empfahl sich dem russischen Volk aber durch kühles und entschlossenes Auftreten, vor allem in Tschetschenien. Das war ein auffälliger Kontrast zum Wankelmut und zur Trunksucht Jelzins. Am 31. Dezember 1999 trat Jelzin zurück und überließ Putin das höchste Staatsamt. Seither kennt die russische Politik nur ein Ziel: die Wiedergeburt des Landes als Großmacht. In Putins Büro hängt ein Portrait von Peter dem Großen, dem Zaren, der Russland auf die Weltbühne führte.

Es hat ein Weilchen gedauert, bis man das im Westen verstanden hat. Als Putin die ersten Oligarchen aus dem Land jagte, da gestanden ihm viele noch zu, dass er Russland aus den Klauen eines mafiösen Großunternehmertums zu befreien habe. Rekonstruktion der Staatlichkeit nannten das manche Wissenschaftler. Es war die Zeit, als Bush in Putins Augen »Redlichkeit und Vertrauenswürdigkeit« erblickte; Gerhard Schröder nannte ihn später einen »lupenreinen Demokraten«. Tatsächlich setzte dieser Mann aber Schritt für Schritt ein Programm ins Werk, das allein auf die Stärkung der Zentralregierung ausgerichtet war. Putin entmachtete die Regionen, die Privatwirtschaft, die Presse, die Parteien und die Zivilgesellschaft. Dass die demokratische Opposition am Ende seiner Präsidentschaft im Wesentlichen aus einem politisch völlig unerfahrenen früheren Schachweltmeister bestand, sagt viel über die Zustände in dieser sogenannten »gelenkten Demokratie«. In Russland ist heute alle Macht in den Händen der Exekutive konzentriert. Die Gegner des Systems laufen Gefahr, in sibirischen

Straflagern zu verschwinden oder gar ermordet zu werden.

Während im Westen lange darüber gestritten wurde, ob man diese Zustände im Verkehr mit der Moskauer Führung überhaupt erwähnen darf, blühte in Russland wieder der politische Galgenhumor auf, ein alter, aber verlässlicher Gradmesser für Unfreiheit. Während der Parlamentswahl 2007 war ein Witz besonders beliebt. Als in Amerika Probleme bei einer Stimmauszählung auftreten, ruft Bush seinen Freund Putin an und bittet um Hilfe. Der schickt daraufhin den russischen Landeswahlleiter nach Amerika. Nach einiger Zeit erkundigt sich Putin bei seinem Mann, ob alles gut laufe. Kein Problem, meldet der, alle Amerikaner hätten die Kremlpartei »Einiges Russland« gewählt.

Vielleicht lässt sich das alles besser verstehen, wenn man Sankt Petersburg besucht, Putins Heimat mit ihren barocken und klassizistischen Schätzen, die von den Scheußlichkeiten der Sowjetarchitektur weitgehend verschont wurde. Wer an einem Ort von solch herrschaftlicher und imperialer Pracht aufwächst, der dürfte es natürlich finden, dass Russland stark und geachtet zu sein hat. Mit großem Stolz hat Putin den Konstantinowski-Palast vor den Toren der Stadt renovieren lassen, der auf ein unvollendetes Projekt Peters des Großen zurückgeht. Jetzt dient er als Petersburger Residenz des Präsidenten. Putin nutzte diesen beeindruckenden Bau im Sommer 2006 für das Gipfeltreffen der führenden Industriestaaten, um den Mächtigen der Welt vorzuführen, in welcher Tradition er sein Russland sieht. Dagegen wirkte ziemlich kleinbürgerlich, dass Angela Merkel den nächsten G-8-Gipfel in Heiligendamm in einem Kurhotel abhielt.

Dass in diesem neuen Russland politisch missliebige Unternehmen zerschlagen und Demonstranten verprügelt werden, dürfte den durchschnittlichen russischen Bürger wenig bekümmern. Meinungsumfragen sind in autoritären Staaten mit Vorsicht zu genießen, aber es fällt schon auf, dass Putin über Jahre hinweg hohe Zustimmungsraten erhielt. Viele Russen schienen einfach froh, dass die chaotischen Jelzin-Jahre vorüber waren. Die russische Ökonomie war nach dem Zusammenbruch der Sowjetunion am Ende, in den neunziger Jahren wurden Löhne und Renten oft monatelang nicht gezahlt. Nach 1999 haben sich die Haushaltseinkommen aber verdoppelt, die Mittelklasse wurde zuletzt auf ein Fünftel bis ein Drittel der Bevölkerung geschätzt. Im Jahr 2007 lebten nur noch 15 Prozent der Russen unter der Armutsgrenze, im Gegensatz zu 38 Prozent im Jahr 1998.

Putin gönnt sich zur Belohnung inzwischen Eitelkeiten, die ihm zu Beginn seiner politischen Karriere wenige zugetraut hätten. In Trainingslagern der Kremljugend liefen die Mädchen vor einiger Zeit mit T-Shirts herum, auf denen »Ich will Putin« stand. Er selbst zeigte dem russischen Fernsehen bei einem Jagdausflug mit Prinz Albert von Monaco mit sichtlichem Gefallen seinen durchtrainierten Oberkörper. Selbst in Amerika verfielen einige dem Putinkult. Die Zeitschrift »Time« kürte ihn 2007 zur Person des Jahres. Wahrscheinlich hat das nicht viel zu bedeuten bei einer Publikation, die diesen Titel 1938 an Adolf Hitler verlieh. Aber die intensive Beschäftigung mit Putin, die ihren Höhepunkt in den langen Spekulationen über die Regelung seiner Nachfolge im Kreml fand, ist ein Beleg dafür, wie tief das politische System des Landes von ihm geprägt wurde.

Tatsächlich hat Präsident Dmitri Medwedjew, gefördert und handverlesen von Putin, bisher nicht gewagt, das Werk seines Meisters in Frage zu stellen. Putins durch die Verfassung erzwungener Umzug in das Weiße Haus, den

Amtssitz des Ministerpräsidenten, ging mit einem bemerkenswerten Kontrolltransfer einher. Er holte einflussreiche Leute ins Kabinett, verschaffte der Regierung neue Befugnisse und übernahm vor allem den Vorsitz von »Einiges Russland«, womit er die gesamte Gesetzgebung überwachen kann. Medwedjew akzeptierte als Chef der Präsidialverwaltung, einer Schlüsselposition im Kreml, einen Verwaltungsfachmann ohne politisches Eigengewicht. Als der Krieg gegen Georgien ausbrach, war es vor allem Putin, der die Öffentlichkeit auf die aggressive Stoßrichtung der russischen Politik einstimmte. Medwedjew hatte dem diplomatischen Korps schon im Monat zuvor aufgetragen, den selbstbewussten außenpolitischen Kurs Putins fortzuführen. Im Westen hatten am Anfang noch etliche Politiker gehofft, dass Medwedjew die Zügel etwas lockern würde, weil er zum Amtsantritt ein Loblied auf die Rechtsstaatlichkeit sang. Ein paar Monate später schauten die meisten europäischen Diplomaten wieder auf Putin, wenn sie wissen wollten, wohin in Moskau der Hase läuft.

Die außenpolitischen Muskelspiele, die zu diesem Russland gehören, waren schon lange vor dem Georgienkrieg zu beobachten. Während China und Indien erst Anlauf nehmen auf die internationalen Logenplätze, tritt Moskau wieder wie selbstverständlich in der höchsten Gewichtsklasse an. Den Nachbarn in der Ukraine und in Weißrussland drehte die russische Führung das Gas ab, um sie auf einen prorussischen Kurs zu zwingen. Polen und Tschechen bedrohte sie mit Atomwaffen und Raketen, weil die mit Amerika über den Bau eines Raketenabwehrsystems auf ihrem Staatsgebiet verhandelten. Ganz Europa wurde mit der Kündigung eines Vertrages unter Druck gesetzt, der Panzer, Kampfflugzeuge und schweres Geschütz auf dem Kontinent beschränkt. Der

Einmarsch in Georgien im Sommer 2008, den die dortige Regierung wahrscheinlich durch eigene Dummheit provozierte, erschien da nur als letzter Schritt, um die Ernsthaftigkeit des russischen Machtwillens unter Beweis zu stellen.

Bei genauer Betrachtung ruht dieser Anspruch auf Weltgeltung allerdings auf einem wackeligen Fundament. Von Theodore Roosevelt stammt die Weisheit, man solle sanft sprechen, aber immer einen großen Stock mit sich führen, dann komme man weit im Leben. Die gegenwärtige russische Außenpolitik hat dieses Prinzip umgedreht. Sie schreit durchs Megaphon, weil sie nicht ganz so mächtig ist, wie sie sich und anderen einzureden versucht. Das macht ein Blick auf die Wirtschaft des Landes deutlich.

Grundlage des russischen Wiedererstarkens war der Anstieg der Öl- und Gaspreise in den vergangenen zehn Jahren. Bei Putins Amtsantritt kostete das Fass Öl 15 Dollar. Als er aus dem Präsidentenamt ausschied, waren es 120 Dollar. Welchen Geldsegen das für die Moskauer Kassen bedeutete, lässt sich an den Devisenreserven ablesen. Die russische Regierung konnte mit den Erlösen aus den Energieexporten nicht nur sämtliche ausländischen Altschulden der Sowjetunion begleichen. Sie steigerte auch ihre Devisenreserven von 12 Milliarden Dollar im Jahr 1999 auf sage und schreibe 470 Milliarden Dollar im Jahr 2007. Das waren die drittgrößten Vorräte an Fremdwährung auf der Welt.

Auf die russische Elite wirkte das wie ein weltpolitischer Jungbrunnen. Sie begriff den Rohstoffreichtum nicht nur als Einnahmequelle, sondern vor allem als geopolitischen Hebel. Die Macht des Landes werde nicht mehr in Sprengköpfen oder Kilotonnen gemessen, schrieb kürzlich eine Moskauer Fachzeitschrift, sondern in Barrel und Kubikmeter. Ganz offen plädierten russische Think

Tanks für eine »Energiedoktrin«, um den Export von Öl und Gas zum Erreichen von außenpolitischen Zielen einzusetzen. Ein gängiger Vorschlag lautete, Russland möge in anderen Ländern im Austausch für billige Energieträger »strategisches Eigentum« aufkaufen. Das kann von Stromkonzernen bis zu Rüstungsfirmen so ziemlich alles sein, was Einfluss auf die Politik des betreffenden Kunden verspricht. Unter anderem gegenüber Deutschland kam dieser Ansatz zum Tragen. Das staatliche Gasunternehmen Gasprom, die Zweitarmee des Kreml, übernahm 2006 fünfzig Prozent der Anteile (minus eine Aktie) am deutschen Energieversorger Wingas, einer Tochtergesellschaft der BASF.

Für ein Land, das über ein Drittel der globalen Gasvorkommen verfügt, scheint das eine geschickte Außenpolitik zu sein. Allerdings stellt sich bei genauer Betrachtung heraus, dass eine auf Rohstoffausfuhren gegründete Machtposition sehr anfällig ist. Zum einen sind Energiepreise von der Entwicklung des Weltmarktes abhängig. Sinken die Erlöse, etwa als Folge einer globalen Rezession oder wegen der Förderung alternativer Energien im Westen, dann kann einem Gasimperium die Puste ausgehen. Dass Russland von der Finanzkrise im Herbst 2008 besonders hart getroffen wurde, zeigte das auf eindrucksvolle Weise. Das drastische Absinken des Ölpreises und der Georgienkrieg führten zu einer so massiven Flucht ausländischer Anleger, dass der Aktienhandel an der Moskauer Börse immer wieder ausgesetzt werden musste.

Zum anderen, und das ist noch gravierender, kann sich im Fall Russlands die Gaswaffe gegen ihren Besitzer richten. In Europa herrscht ein ungutes Gefühl von Abhängigkeit, weil wir schon heute etwa 40 Prozent unserer Gasimporte aus Russland beziehen. 2030 könnten es nach einer Schätzung der EU-Kommission mehr als 60 Prozent sein; später sogar bis zu 80 Prozent. Tatsächlich ist die Abhängigkeit auf russischer Seite keinen Deut geringer. Im Jahr 2007 machten Gas, Öl, Metalle und Holz 80 Prozent aller russischen Exporte aus. 30 Prozent der staatlichen Einnahmen kommen aus diesem Geschäft. Ohne sie geriete die Regierung in ernste Zahlungsschwierigkeiten. Deswegen kann sich Russland eine Politik des Gashahnzudrehens gegenüber seinen großen europäischen Kunden auf Dauer nicht leisten. Im Gegenteil: Weil die russischen Anlagen alt sind, ist Russland in den nächsten Jahren auf westliche Milliardeninvestitionen angewiesen, um überhaupt genug Rohstoffe fördern zu können. Putin weiß das ganz genau, deshalb lässt er mit Hochdruck eine neue Ölpipeline aus Sibirien an den Pazifik bauen, um die russischen Energiemärkte nach Asien zu öffnen; ein Abzweig wird nach China führen. Damit soll offenbar die Abhängigkeit von Europa gemindert werden, so dass Russland die Leitungen nach Westen leichter kappen könnte, ohne sich allzu tief ins eigene Fleisch zu schneiden. Manchen russischen Strategen ist allerdings nicht entgangen, dass China seinen Energiebedarf auch schon woanders deckt und dass Indien nur durch äußerst teure Leitungen über Pamir und den Hindukusch zu beliefern wäre. Europa werde wegen seiner Nähe, des bestehenden großen Leitungsnetzes und der hohen Preise, die dort zu erzielen seien, auf absehbare Zeit der beste Absatzmarkt für den russischen Energieexport bleiben, heißt es in etwas nachdenklicheren Papieren aus Moskau. Und schon im Kalten Krieg galt der eiserne Grundsatz der Lieferverlässlichkeit. Die sowjetische Führung verstand sehr gut, dass die gegenseitige Abhängigkeit das Gasgeschäft von sämtlichen außenpolitischen Machtspielchen ausnahm.

In Wirklichkeit hat Russland noch viel Arbeit zu leisten. Noch immer ist das Land mit den Aufräumarbeiten von siebzig Jahren Kommunismus beschäftigt, denen eine starre feudale Agrargesellschaft vorausging. Die Tiefe des Falls hinterlässt bis heute Spuren in den Statistiken der Weltbank. Die russische Bohrloch-Ökonomie brachte in den neun Jahren bis 2007 ein kräftiges Wachstum von durchschnittlich sieben Prozent hervor. Damit schaffte es Russland im Jahr 2007 aber gerade auf den Rang der elftgrößten Volkswirtschaft; das Bruttoinlandsprodukt entsprach dem von zwei großen deutschen Bundesländern. Die Sowjetunion hatte zu Beginn der achtziger Jahre trotz kommunistischer Planwirtschaft immerhin auf Platz sieben unter den Wirtschaftsmächten der Welt gelegen. Selbst die russischen Verteidigungsausgaben waren zuletzt nur etwa so groß wie die Deutschlands, das sich nun wirklich nicht als Militärmacht mit halbglobalem Aktionsradius versteht. Wir werden auf die Schwächen der russischen Streitkräfte später noch einmal zu sprechen kommen.

Ungeschminkt kommt der Zustand dieses Transformationslandes in der Gesellschaftsstatistik zum Vorschein. Die durchschnittliche Lebenserwartung der Männer ist inzwischen auf 60 Jahre gesunken. Das ist eine Folge von weitverbreitetem Alkoholismus, Drogen- und Nikotinkonsum, einer Explosion von HIV-Infektionen, Herz-Kreislauf- und Tuberkuloseerkrankungen. Das Gesundheitswesen ist völlig heruntergekommen. Besonders dramatisch ist außerdem der russische Geburtenrückgang. Es wird erwartet, dass die Bevölkerung, die im Jahr 2007 142 Millionen zählte, in den nächsten fünfzig Jahren um ein Drittel schrumpft. Das wird unter anderem gravierende Auswirkungen auf Armee und Produktion haben. Es gibt Schätzungen, dass die für beide Bereiche so wichtige Bevölkerungsgruppe der Fünfzehn- bis Vierundzwanzigjährigen schon bis 2025 um 45 Prozent kleiner sein wird. Das liest sich nicht wie das Empfehlungsschreiben einer künftigen Weltmacht, vor allem nicht, wenn man Russland mit Asien vergleicht. Natürlich gehören Probleme in der Gesundheitsversorgung auch in China oder Indien noch zum Alltag. Aber in diesen Ländern wurden solche Dinge zuletzt besser, nicht schlechter. Bleiben die Verhältnisse so, dann wird Russland eine Art Saudi-Arabien mit Atomwaffen. Das wäre ein Land, das von Energieexporten lebt und im Wesentlichen am Erhalt des internationalen Status quo interessiert ist. Rentier-Staaten nennt man solche Rohstoffländer in der Theorie der internationalen Beziehungen, weil sie wie ein Vermieter oder Aktienbesitzer ihr Einkommen erhalten, ohne etwas leisten zu müssen. Sie haben die Tendenz, träge und unbeweglich zu werden, in der Innen- wie in der Außenpolitik. In der Regel entsteht ein großer, ineffizienter und korrupter Staatssektor, was sich in Russland schon abzeichnet. Nach einer Berechnung der russischen Akademie der Wissenschaften bestand die russische Mittelklasse in den vergangenen Jahren zu etwa 45 Prozent aus öffentlichen Angestellten. Diese Leute machten keine Schlagzeilen, weil sie westliche Kleinwagen kauften, nicht Fußballclubs. Aber sie machten Urlaub in der Türkei, und diesen Luxus wollen sie sich sicherlich weiterhin gönnen. Auf Dauer könnten sie eine beharrende, auf Ausgleich bedachte Mentalität in die russische Politik bringen, so wie jede Beamtenschaft. Die größte Gefahr, die von so einem Russland ausgehen würde, wäre wohl, dass es auf seine Atomwaffen nicht achtgibt.

Das ist sicher nicht, was Putin und Medwedjew im Sinne haben. Die Regierung hat in den vergangenen Jahren die Steuern gesenkt, staatliche Investmentfonds aufgelegt und Sonderwirtschaftszonen eingerichtet. Das sind bewährte Rezepte aus Asien, auch wenn es ausländische Investoren in Russland mit viel Bürokratie und staatlichen Monopolen zu tun haben. Es gibt immer noch tausende Staatsbetriebe, von denen viele zum verarbeitenden Gewerbe gehören. Immerhin zeigte das Land kürzlich, dass es nicht nur im Rohstoffhandel wachsen kann. Der Bausektor vergrößerte sich 2007 um 22 Prozent; Einzelhandel, Banken, Versicherungen, Transport und Kommunikation legten 10 Prozent zu. Das waren Zahlen wie aus fernöstlichen Boomländern, weshalb Russland grundsätzlich eine Chance hat, seine gesamte Wirtschaft zu modernisieren. In der Finanzkrise hat die Regierung allerdings erhebliche Teile des Devisenschatzes zur Stützung des Rubels und der Industrie verwenden müssen. Sobald es die Lage der globalen Finanzwirtschaft wieder erlaubt, wird sie deshalb mehr für ausländische Investitionen tun müssen, will sie die teilweise völlig veraltete Industrie auf Vordermann bringen. Vor ein paar Jahren lockte Singapur, das eigentlich nur eine Stadt ist, noch mehr ausländisches Kapital an als ganz Russland.

Ein wirtschaftlich erblühtes Russland würde es wegen seiner demographischen Schwierigkeiten wahrscheinlich nicht an die Spitze der Weltwirtschaft schaffen. Das Land könnte sich auf lange Sicht eher zu den großen europäischen Volkswirtschaften gesellen, schließlich wird es deren Bevölkerungsgröße näher sein als der großer asiatischer Länder. Ein Russland, dessen Stärke sich aus vielen Sektoren speist, wäre nicht nur wohlhabend genug, um eine ordentliche Armee zu unterhalten, sondern vor allem auch flexibler in der Wahl seiner diplomatischen Mittel. Jedes Volk, das wir hier betrachten, hat sein Schicksal selbst in der Hand. Für Russland gilt das vielleicht mehr als für jede andere potentielle Macht des 21. Jahrhunderts.

Brasilien

An deutschen Universitäten war in den neunziger Jahren das halb ernst gemeinte Bonmot verbreitet, dass Pessimisten Chinesisch lernten, Optimisten Spanisch. Heute, da die Globalisierung weiter vorangeschritten ist, würde man hinzufügen, dass Realisten sich wohl beide Sprachen aneignen und am besten noch Portugiesisch dazu. Denn ein gutes Wachstum gab es in jüngster Zeit in Asien und in Lateinamerika. Zum ersten Mal seit der Unterjochung durch die Europäer hatten einige Länder südlich der Vereinigten Staaten Aussicht, aus eigener Anstrengung zu Wohlstand zu gelangen. Das betrifft vor allem Brasilien, das größte Land Lateinamerikas. BRIC heißt ein Kürzel, das die amerikanische Investmentbank Goldman Sachs erfunden hat und das allmählich auch in den Staatskanzleien geläufig wird. Es steht für die vier Schwellenländer Brasilien, Russland, Indien und China. Sie gelten langfristig als die großen Märkte, unter anderem weil vierzig Prozent der Weltbevölkerung in diesen vier Nationen leben. Etwa im Jahr 2040 könnte die zusammengerechnete Wirtschaftsleistung der BRIC-Staaten, so hat Goldman Sachs einmal geschätzt, die von Deutschland, Frankreich, Großbritannien, Italien, Japan und den Vereinigten Staaten überholen. Das wäre ein spürbarer Einschnitt, denn letztere sechs Länder sind heute die Schwergewichte der Weltwirtschaft, was ihnen auch politische Macht sichert.

Dass Brasilien zu den Aufsteigern der nächsten Jahrzehnte gehören könnte, dürfte für viele Deutsche eine überraschende Nachricht sein. Man muss schon sehr weit auf die hinteren Seiten der Wirtschaftspresse blättern, um in normalen Zeiten Artikel über dieses Land zu finden. Selbst in gebildeteren Kreisen gehört es nicht zum Allge-

meinwissen, dass die brasilianische Embraer der drittgrößte Flugzeughersteller der Welt ist. Kaum bekannter
dürfte sein, dass São Paulo mit zuletzt tausend deutschen
Unternehmen, die 250 000 Menschen beschäftigten, der
größte deutsche Industriestandort außerhalb Deutschlands ist. Das hat nicht einmal zu einer besonders auf-
merksamen Pflege der bilateralen Beziehungen geführt.
Gerhard Schröder schaffte es als Bundeskanzler nur ein
einziges Mal auf einen Staatsbesuch nach Brasilien. In
China, wo manche deutsche Firma noch auf das wirklich
große Geschäft wartet, war er dagegen sechs Mal. Auch
seine Nachfolgerin zog es nach dem Amtsantritt zunächst
nach Asien. Erst im dritten Jahr ihrer Kanzlerschaft fand
sie Zeit für eine Lateinamerikareise.

Wahrscheinlich hat das ein wenig damit zu tun, dass
Brasilien in den vergangenen Jahren nicht der landläufi-
gen Vorstellung einer Boomökonomie entsprach. Die
Armada von Baukränen, die in Südchina innerhalb weniger Jahre Wolkenkratzerstädte vom Ausmaß Londons
entstehen ließen, hat es in Brasilien nicht gegeben. Hier
leisteten sich die Metropolen bestenfalls neue Einkaufszentren, denn ihre großen Themen waren Kriminalität
und schlechte Verwaltung. Rio de Janeiro sei am schöns-
ten aus der Luft, sagt man, und das ist in diesem Fall kein
Dahergerede von verwöhnten europäischen Touristen,
denen der Strand nicht sauber genug ist. Den Morden und
der Gesetzlosigkeit in den Favelas konnte sich die brasilianische Regierung zuletzt nur durch den Einsatz von
Soldaten erwehren. Nach der Schätzung einer Nicht-
regierungsorganisation sind in den Jahren 2001 bis 2005
mehr als 200 000 Menschen in Brasilien Opfer einer
Gewaltkriminalität geworden, die vor allem der Drogen-
handel hervorbrachte. Das würde man unter anderen Umständen einen Bürgerkrieg nennen. Wenn es einen Markt

gab, der in Brasilien zuletzt mit asiatischen Wachstumsraten expandierte, dann war es der für Sicherheitstechnik und Wachpersonal. Hier wurden jährliche Zuwachsraten von 15 Prozent erreicht. In São Paulo, so besagt eine Faustregel, entfallen etwa zwanzig Prozent der monatlichen Aufwendungen fürs Wohnen auf Alarmanlagen und andere Schutzeinrichtungen.

Trotzdem dürfte Brasilien ein Land der Zukunft sein, wie Stefan Zweig schon in den vierziger Jahren feststellte. Die Volkswirtschaft erreichte 2007 eine Größe von etwa 1,3 Billionen Dollar, mehr als im oft stärker beachteten Indien. Brasilien war sogar deutlich leistungsfähiger, weil seine Wirtschaftskraft von 192 Millionen Einwohnern erbracht wird, während in Indien das Bruttoinlandsprodukt auf 1,1 Milliarden Menschen entfällt. Allerdings war das Wachstum in Brasilien in letzter Zeit oft geringer als in vielen asiatischen Ländern. 2007 betrug es 4,5 Prozent, im Vorjahr war es sogar deutlich weniger.

Nur im Außenhandel wurden zweistellige Zuwächse erreicht, vor allem bei Rohstoffen. Brasilien verdiente gutes Geld mit Eisenerz, Soja oder Zucker. Nordamerika und Europa waren lange die wichtigsten Ausfuhrmärkte, dann kauften die nimmersatten Chinesen auf, was die Minen und Felder des Landes hergaben. China wurde zum viertgrößten Handelspartner, weshalb sich die Brasilianer, wie andere Südamerikaner auch, bei Ausbruch der jüngsten Finanzkrise bang fragten, ob wohl die Nachfrage aus China halbwegs halten werde. Denn den weltweiten Rückgang der Agrarpreise und der Stahlproduktion bekamen die brasilianischen Exporteure schnell zu spüren.

Für die Zukunft setzt die Regierung ihre besondere Hoffnung auf Ethanol. Der aus Zuckerrohr gewonnene Treibstoff soll der nächste Exportschlager werden. In Brasilien wurde ein Motor gebaut, in dem Benzin und Ethanol gemischt werden können. Achtzig Prozent aller Neuwagen im Lande sind bereits damit ausgestattet. Die globale Klimaschutzpolitik könnte diesem Geschäft einen großen Schub verleihen, unter anderem weil Ethanol aus Zuckerrohr billiger ist als die Variante aus Mais, die in den Vereinigten Staaten hergestellt wird. Hinzu kommen jüngst riesige Ölfunde vor der Küste, weshalb die Regierung davon träumt, dass Brasilien bald ein Ölexporteur von der Bedeutung Nigerias, Venezuelas oder gar der arabischen Staaten wird. Brasilien ist allerdings nicht nur eine Rohstoffökonomie. Ein Drittel des Bruttoinlandsprodukts entfällt auf die Industrie. Große Autofirmen haben hier Fabriken aufgebaut, unter ihnen die Volkswagen AG, die vier Werke im Land unterhält. VW betreibt in Brasilien sogar die einzige Autoentwicklungsabteilung Südamerikas. Der Kleinwagen Fox wurde hier konzipiert und zuerst gebaut. Auch Dienstleistungen, von der Telekommunikation über Banken bis zum IT-Wesen, spielen eine bedeutende Rolle in der brasilianischen Volkswirtschaft. Die letzten Regierungen, auch die unter dem Arbeiterführer Luiz Inácio Lula da Silva, haben eine liberale Reformpolitik betrieben, mit den üblichen Steuer- und Investitionspaketen. Die Steuerlast lag aber immer noch höher als in anderen Schwellenländern, und das Land leistet sich ein großzügiges Arbeitsrecht, das jährlich zu mehr als zwei Millionen Gerichtsverfahren führt. In den Vereinigten Staaten sind das im Jahr 75 000 Prozesse, in Japan gar nur 2500. Dass Brasilianer mit 55 Jahren in Rente gehen, dürfte auf einem Weltmarkt, auf dem immer wieder Akkordarbeiter in Asien die Preise vorgeben, auch nicht auf Dauer zu halten sein.

Sollte Brasilien auf lange Sicht stetig wachsen, dann könnte es in einigen Jahrzehnten durchaus die wirtschaftliche Stärke von Japan erreichen, schon alleine weil es eine deutlich größere Bevölkerung als die alte asiatische Industrienation hat. Das vermuten zumindest Ökonomen, die sich mit solchen Rechenmodellen befassen. Das wäre ein gewaltiger Sprung für ein Land aus Lateinamerika. Brasilien würde mit einer der ganz großen etablierten Industrienationen gleichziehen, die heute noch ein Abonnement auf den Status der zweitgrößten Volkswirtschaft zu haben scheint.

Eines gibt es allerdings nicht in dem Land: einen pränatalen Großmachtdiskurs, wie ihn die Eliten in Asien führen. Oscar Niemeyer, der damals hundert Jahre alte Erbauer der Reißbretthauptstadt Brasilia, kündigte 2007 an, er werde in der venezolanischen Hauptstadt Caracas ein Denkmal für Simón Bolívar errichten, in Form eines abstrakten Dreiecks, das in Richtung Vereinigte Staaten weist. Das war als Geschenk für den dortigen Angeberpräsidenten Hugo Chávez gedacht, der Lateinamerika seit langem mit seinen Tiraden gegen die Vereinigten Staaten und seinem Gerede über eine neue bolívarische Revolution polarisiert. So ein Bauprojekt ist mehr als ein politisches Manifest eines greisen sozialistischen Architekten. Es umreißt sehr genau die außenpolitische Gedankenwelt, in der die Elite Brasiliens und anderer lateinamerikanischer Länder lebt. Man befasst sich vornehmlich mit panamerikanischen Ideen und den ungeliebten Vereinigten Staaten. Europa ist weit weg, Asien liegt schon fast auf einem anderen Planeten. Während Nordamerikaner und Europäer nach dem 11. September 2001 Kriege in der islamischen Welt führten, beschäftigten sich die Lateinamerikaner vor allem weiter mit ihrem Kontinent. Zu den großen Fragen der Diplomatie gehörte hier, ob die regionalen Handelsbeziehungen mit oder ohne die Vereinigten Staaten, inner- oder außerhalb der südamerikanischen Wirtschaftsgemeinschaft Mercosur zu organisieren seien.

Es wäre voreilig, daraus den Schluss zu ziehen, dass Brasilien bestenfalls eine Art Hauswart Südamerikas würde, wenn es sich weiter entwickelt. Mit Wachstum ändert sich meist auch die Weltsicht. Schon heute nimmt das Land selbstbewusst seine Interessen auf der Weltbühne wahr, wenn es das für nötig hält. Europäer und Amerikaner rieben sich verwundert die Augen, als die Brasilianer vor ein paar Jahren bei den Welthandelsgesprächen als Sprecher der Schwellenländer auftraten, um vor allem beim Handel mit landwirtschaftlichen Produkten Zugeständnisse von den etablierten Mächten zu verlangen. Und mit großer Selbstverständlichkeit hat sich Brasilien in der Diskussion über eine Reform des UN-Sicherheitsrats als Kandidat Lateinamerikas ins Spiel gebracht. Die Aussichten des Landes sind nicht schlecht. Wir werden darauf später noch einmal zu sprechen kommen.

Brasilien verfügt außerdem über technologische Fertigkeiten, die noch einmal von entscheidender Bedeutung für seine Rolle in der Weltpolitik sein könnten. Es hat leistungsfähige Kernkraftwerke und konnte in der Vergangenheit erste Erfahrungen mit dem Bau von Atombomben sammeln. Während der Militärdiktatur betrieben die Brasilianer in den siebziger Jahren neben einem zivilen Atomprogramm, das von Deutschland unterstützt wurde, auch ein geheimes Militärprojekt. Es wurden Schächte für Nukleartests ausgehoben sowie Pläne für den Bau von Raketen und Atom-U-Booten entworfen. Es soll sogar Kontakte in den Irak gegeben haben, um gemeinsam eine Atombombe zu bauen. Mit der Rückkehr des Landes zur Demokratie wurde all das beendet. Brasilien schrieb als erstes Land in seiner Verfassung fest, dass die Kernenergie nur zu zivilen Zwecken zu nutzen sei.

Das Ausland wurde aber jüngst daran erinnert, dass die Brasilianer immer noch an Schlüsseltechnologien arbeiten, die sowohl für die Stromerzeugung als auch für die Gewinnung von nuklearem Sprengstoff geeignet sind. Im Jahr 2004 verweigerten sie der Internationalen Atomenergiebehörde den Zugang zu den Zentrifugen einer Urananreicherungsanlage, angeblich um Industriespionage zu verhindern. Die Sache führte zu keinen größeren Verwicklungen, weil niemand dieses demokratische Land auf eine Stufe mit Nordkorea oder Iran stellen wollte. Der Vorgang zeigte aber, dass Brasilien zu den wenigen Ländern gehört, die den gesamten nuklearen Brennstoffkreislauf beherrschen. Das ist, sollte eine entsprechende politische Entscheidung fallen, eine Grundvoraussetzung für den Bau von Atomwaffen. Das brasilianische Militär hat auch das Projekt des atomgetriebenen U-Bootes nicht aufgegeben. Der zuständige Vizeadmiral beschwerte sich einmal darüber, es werde noch hundert Jahre dauern, bis das Boot endlich fertig sei. Danach wurden die Haushaltsmittel erhöht, mit Frankreich über eine mögliche Zusammenarbeit gesprochen. Auch in Brasilien weiß man, dass zu einer hervorgehobenen internationalen Rolle eine starke Armee gehört.

Japan

Die Beschäftigung mit der Zukunft Chinas und Indiens lässt ein wenig aus dem Blick geraten, dass es in Asien schon heute ein wirklich mächtiges Land gibt. Japan hat so ziemlich alles, was man braucht, um im 21. Jahrhundert eine führende Rolle zu spielen: eine Spitzenindustrie, gut ausgebildete und fleißige Arbeitnehmer, eine ausgezeichnete Infrastruktur und ein stabiles Staatswesen.

Nur die Staatsschuld ist sehr hoch, weil die Regierung schon in den neunziger Jahren mit großen Konjunkturprogrammen gegen eine lange Wachstumsschwäche ankämpfte.

Dass Japan auf dem Papier eine Großmacht ist, hat bisher niemand so richtig zu spüren bekommen. Japan marschiert nicht in andere Länder ein, führt keine Handelskriege, hält sich ans Völkerrecht und erlaubt sich höchstens ein paar nationalistische Parolen. In Europa schafft es das Land meist nur in die Schlagzeilen, wenn es wieder auf Walfang geht. Einen harmloseren Riesen kann man sich nicht vorstellen, die Wissenschaft spricht von einer »Zivilmacht«. Japans sanftes Auftreten dürfte einer der wichtigsten Gründe dafür sein, dass sich in Deutschland hartnäckig die Einschätzung hält, ein weiteres Erstarken Asiens werde primär wirtschaftliche, nicht politische Folgen haben. Japans Aufstieg hat der deutschen Unterhaltungselektronik den Garaus gemacht und den Autoherstellern Teile des Kleinwagensegments geraubt. Aber auf die Fragen von Krieg und Frieden haben die Japaner nach 1945 keinen Einfluss gehabt.

Das hat allerdings nur einen einzigen Grund. Nach der Niederlage im Zweiten Weltkrieg musste sich Japan zwangsweise aus der Weltpolitik abmelden. Im Hafen von Tokio unterzeichnete ein hinkender japanischer Außenminister in Frack und Zylinder am 2. September 1945 an Bord des amerikanischen Schlachtschiffs »USS Missouri« die bedingungslose Kapitulation. Damit lag das Schicksal seines Volkes für die nächsten sechs Jahre in den Händen eines amerikanischen Ausnahmeoffiziers. General Douglas MacArthur, der eitel, abgehoben und anmaßend auftrat, aber große Verwaltungsqualitäten bewies, führte bis 1951 die alliierte Militärregierung in Japan, die das Land von einem imperialistischen Kaiserreich zu einer liberalen

Demokratie umbaute. Der Tenno musste öffentlich seiner Göttlichkeit entsagen, der Premierminister aus der Kriegszeit wurde gehängt, der Großgrundbesitz zerschlagen. MacArthur schrieb den Japanern außerdem eine neue Verfassung, die einen pazifistischen Artikel 9 enthielt. Darin wurde festgelegt, dass Japan für immer auf Krieg als souveränes Recht der Nation verzichte und niemals Land-, See- und Luftstreitkräfte unterhalten werde. Diese Verfassung, die am 3. Mai 1947 in Kraft trat, ist bis zum heutigen Tag nicht geändert worden. Sie wurde allenfalls großzügig ausgelegt. Während des Koreakrieges begannen die Amerikaner Japan als asiatisches Bollwerk gegen den Kommunismus zu sehen und setzten eine Wiederbewaffnung durch. Daraus gingen die sogenannten japanischen Selbstverteidigungskräfte hervor, die heute etwa 240.000 Soldaten umfassen. Da die Amerikaner im Rahmen eines bilateralen Sicherheitsabkommens seit 1960 jedoch die Verteidigung Japans (mit Atomwaffen) garantieren, kamen diese Streitkräfte nie in die Not, wirklich für den Schutz des eigenen Landes einstehen zu müssen. Zu einer richtig schlagkräftigen Armee wurde die Truppe bisher nicht, vor allem fehlt ihr die Ausrüstung für größere Operationen.

Mit großer Leidenschaft lehnt das japanische Volk insbesondere eine Nuklearbewaffnung ab. Auch sechzig Jahre nach Hiroshima und Nagasaki sprechen sich in Umfragen regelmäßig bis zu achtzig Prozent der Japaner gegen den Erwerb von Kernwaffen aus. Wie emotional aufgeladen dieses Thema immer noch ist, musste 2007 erst wieder der damalige Verteidigungsminister erfahren. Er versuchte, einen etwas weniger pazifistischen Grundton in die Sicherheitsdebatte zu bringen, indem er historisch zutreffend bemerkte, den Japanern sei durch das von den Atombomben erzwungene Kriegsende zumindest eine

Besetzung durch sowjetische Truppen erspart geblieben. Nach heftigen Protesten musste er zurücktreten. Trotzdem wäre es falsch, Japan ein für allemal von der Liste der großen Mächte zu streichen. Die Japaner sind vor allem pazifistisch, weil sie es sich leisten können. Das Bündnis mit den Vereinigten Staaten hat sie lange von den großen Dramen abgeschirmt, die ihr Kontinent in den vergangenen Jahrzehnten durchlitten hat. Die Revolution in China, die Teilung Koreas, der Krieg in Vietnam – all das erlebten die Japaner wie Außenstehende, weil sie sich darauf verlassen konnten, dass die Amerikaner etwaige Gefahren, die von diesen Schauplätzen ausgingen, für sie abwehren würden. Wenn sich die Gewichte in Asien (und auf der Welt) in den nächsten Jahrzehnten verändern, dann kann es gut passieren, dass die Japaner ihre Interessen eines Tages anders definieren als die Amerikaner. In Asien ist man sich seit langem bewusst, dass das keine Kleinigkeit wäre. Der frühere indonesische Außenminister Ali Alatas hielt schon vor mehr als zehn Jahren fest: »Die größte Bedrohung für die regionale Machtbalance wäre, wenn Japan sagt, es kündigt den Vertrag mit Amerika und verändert seine Friedensverfassung, so dass es eine Macht aus eigener Kraft wird.« Im Zeitalter der Globalisierung, so ist zu ergänzen, wäre das nicht nur in Asien zu spüren.

Tatsächlich gibt es schon heute Bestrebungen, Japan von den Fesseln der Nachkriegsverfassung zu befreien. Anfang der neunziger Jahre verabschiedete das Parlament ein Gesetz, das japanischen Truppen die Teilnahme an UN-Friedensmissionen ermöglicht. In Kambodscha kamen dann 1992 zum ersten Mal seit dem Zweiten Weltkrieg wieder japanische Soldaten im Ausland zum Einsatz. Und nach dem Sturz Saddam Husseins schickte Tokio sogar für zwei Jahre ein Heeresbataillon in den Irak, sorgte nach dessen Abzug weiterhin von Kuweit aus für den Lufttransporte der multinationalen Truppen im Irak und unterstützte die internationale Antiterroroperation »Enduring Freedom« im Indischen Ozean mit Treibstoffnachschub. Das sind keine militärischen Großtaten, sie entspringen aber, ähnlich wie in Deutschland, einem wachsenden Willen der Elite, sich international mit Soldaten zu engagieren. Das hatte zunächst einmal einen ganz praktischen, aktuellen Anlass. Die Japaner reagierten äußerst empfindlich auf die Raketentests und Atomwaffenspiele, mit denen der nordkoreanische Diktator Kim jong-il in den neunziger Jahren begann, die Welt zu erpressen. Seit die erste nordkoreanische Rakete über japanisches Territorium flog, suchte Tokio so eng wie möglich an der Seite des amerikanischen Schutzpatrons zu marschieren, selbst wenn das in unangenehmes Terrain wie den Irak führte. Außerdem verfolgen die Japaner den Aufstieg Chinas mit großem Argwohn. In ihren Weißbüchern wurden die steigenden Militärausgaben des Nachbarn in jüngster Zeit offen als potentielles Sicherheitsrisiko benannt.

Hinzu kommt eine tiefer gehende, aufs Langfristige angelegte Strömung im außenpolitischen Denken Japans. Mehrere Regierungen haben in den vergangenen Jahren versucht, das pazifistische Erbe zu schleifen, weil es von vielen in der Elite als überholt angesehen wird. Amtierende Ministerpräsidenten redeten in ihren Regierungserklärungen davon, dass es an der Zeit für Japan sei, eine »selbstbewusstere Diplomatie« zu verfolgen. Pensionierte Regierungschefs erinnerten daran, dass die Verfassung des Landes »nun wirklich nicht von der eigenen Hand des japanischen Volkes« verfasst wurde. Am unbefangensten mit der Vergangenheit ging der unkonventionelle und stets etwas spitzbübisch-rebellisch wirkende Junichiro

Koizumi um, der das Land von 2001 bis 2006 regierte. Koizumi brachte halb Asien mit jährlichen Besuchen am Yasukuni-Schrein auf, einem shintoistischen Denkmal, in das seit 1869 die Seelen gefallener japanischer Helden »eingeladen« werden. Zu den 2,5 Millionen »göttlichen Geistern«, die in dem Schrein angebetet werden, zählen auch hingerichtete Kriegsverbrecher aus dem Zweiten Weltkrieg. Koizumis Pilgerfahrten an diesen Ort wären in etwa mit regelmäßigen Besuchen eines deutschen Kanzlers auf einem SS-Soldatenfriedhof zu vergleichen. Vor allem in China und Südkorea, den Hauptopfern des japanischen Militarismus, riefen diese Ausflüge ein gewaltiges negatives Echo hervor.

In der Substanz hat sich allerdings noch nicht allzu viel an den heimischen Bedingungen der japanischen Außenpolitik verändert. Der bisher größte Schritt war die Umbenennung des »Selbstverteidigungsamtes« in »Verteidigungsministerium«, die 2007 vom Parlament beschlossen wurde. Der Leiter des Amtes saß ohnehin schon im Kabinett, jetzt darf er sich Minister nennen. Es gibt auch immer wieder Initiativen zur Änderung von Artikel 9 der Verfassung, um dem Militär nicht nur die Teilnahme an Friedensmissionen, sondern auch an internationalen Kampfeinsätzen zu ermöglichen. Bisher ist daraus nichts geworden. Auf Dauer dürfte aber entscheidender sein, dass sich das strategische Denken in Tokio immer stärker mit Szenarien befasst, in denen der amerikanische Schutz ausfällt. Im Jahr 2004 empfahl eine Beratergruppe des Ministerpräsidenten, Japan möge »nach einer eingehenden Prüfung der Glaubwürdigkeit der amerikanischen Abschreckung« über die Anschaffung eigener Angriffswaffen gegen Raketenbasen im Ausland nachdenken. Andere Planspiele kreisen um mögliche Kriege mit China um Inseln oder Energievorkommen im Ostchinesischen Meer.

Wie eine erste Vorbereitung auf eine Zeit, in der Amerika als Verbündeter nicht mehr ausreicht, wirkte da, dass Japan kürzlich ein Militärabkommen mit Australien einging. Die Mittel für eine eigenständige Rolle in Asien und in der Welt hätte Japan allemal. Im Jahr 2007 gehörten die japanischen Militärausgaben mit 43,6 Milliarden Dollar schon zu den höchsten der Welt. Selbst Kernwaffen dürften das reiche Land, das mit 55 Kraftwerken eine der leistungsfähigsten zivilen Atomindustrien betreibt, vor keine größeren Schwierigkeiten stellen. Fachleute schätzen, dass die Japaner ohne auswärtige Hilfe innerhalb von sechs Monaten eine Atombombe bauen könnten, wenn sie denn wollten.

Südostasien

Es gibt noch ein anderes Kraftzentrum in Asien, das im Westen meist übersehen wird. Die Länder Südostasiens sind beliebt als exotische Urlaubsziele (Thailand), attraktiv als Einkaufsstädte (Singapur) oder verschrien als Militärdiktaturen (Burma). Als mögliche Akteure der Weltpolitik gelten sie nicht. Das hat viel mit der Asienkrise von 1997 zu tun, die von Thailand ausging und das Modethema Tigerökonomien rasch aus den westlichen Medien verschwinden ließ. »Nach uns die Asiaten?« hatte eine deutsche Wochenzeitung 1995 in einer Sonderpublikation bang gefragt, als noch Quartal für Quartal zweistellige Wachstumsraten aus Südostasien gemeldet wurden. Nach dem Einbruch rutschten die Artikel über diese Länder schnell wieder in die Reise- und Kochbeilagen, deutsche Politiker ersparten sich weitere Besuche im tropischen Asien.

Das war sicher voreilig, denn Südostasien ist alles andere als eine große Wellness-Farm. Die Region bewies innerhalb kurzer Zeit, dass sie nach Krisen wieder wachsen kann, auch wenn die Zuwachsraten in den vergangenen Jahren eher bei fünf, sechs Prozent im Jahr lagen. Thailand wurde ein wichtiger Produktionsstandort für die japanische Autoindustrie, vor allem für Pick-ups, und vermarktete sich als »Detroit Asiens«. Der kleine Stadtstaat Singapur übertraf dank seines günstig gelegenen Hafens, einer effektiven Verwaltung und einer disziplinierten Arbeitnehmerschaft die Wirtschaftsleistung vieler wesentlich größerer Länder und erfreute sich einer starken Chemie- und Elektroindustrie. Malaysia hat seit seiner Unabhängigkeit im Jahr 1957 eine der erfolgreichsten Volkswirtschaften Asiens und gehörte zuletzt zu den weltweit führenden Exporteuren von Halbleitern, Elektroartikeln, IT- und Kommunikationstechnologie. In diesem für asiatische Verhältnisse kleinen Staat von 26 Millionen Einwohnern ließ sich in jüngster Zeit beobachten, wie Exportwachstum das Wohlstandsniveau eines ganzen Volkes heben kann. Auf einer Autofahrt durch Malaysia wird man immer wieder von schmucken Städtchen oder Vororten überrascht, in denen die Mittelschicht in neuen Reihenhaussiedlungen lebt, alle paar Jahre einen anderen Wagen kauft und Urlaub am Strand macht. Das ist ein Lebensstandard, der sich kaum vom westlichen unterscheidet. Auf die jüngste Finanzkrise reagierte man ohne Panik, weil die Banken diesmal im Westen kollabierten, nicht in Südostasien. Als die Exporte einbrachen, ging allerdings auch das Wachstum zurück.

Nun werden die Geschicke der Menschheit sicher nicht nachhaltig von diesen drei Musterökonomien beeinflusst werden, dafür sind sie einfach zu klein. Selbst Thailand hat »nur« eine Bevölkerung von 64 Millionen und neigt außerdem zu politischer Instabilität, was auf Dauer in etwa der Position Italiens entsprechen dürfte. Die Bedeutung Südostasiens entspringt zwei anderen Faktoren. Zu dieser dynamischen Region zählt nämlich auch Indonesien, ein Land, das nach Fläche und Einwohnerzahl ein natürlicher Anwärter für die Königsliga der internationalen Politik ist. Und in Südostasien gibt es eine erfolgreiche Regionalorganisation, die Asean, die das Zeug dazu hat, zur EU Asiens zu werden.

Indonesien hat mit 226 Millionen Einwohnern die viertgrößte Bevölkerung der Welt und steht in der Rangliste der größten Staatsgebiete auf Platz 15. Wie viele Dritte-Welt-Staaten war es nach der Unabhängigkeit zunächst ein Agrarland. Devisen kamen jahrzehntelang fast nur durch Ölexporte ins Land, vor allem nach 1965, seit das Militär die Politik dominierte. Erst in den achtziger Jahren machte sich die Regierung an die Deregulierung, um die anderen Teile der Volkswirtschaft voranzubringen. Indonesien erreichte bald die in der Nachbarschaft üblichen Wachstumsraten, wurde dann aber von der Asienkrise weit zurückgeworfen. Kein anderer Staat Südostasiens wurde damals so stark getroffen von der Flucht westlicher Investoren. Das Bruttoinlandsprodukt ging 1998 um dreizehn Prozent zurück, Firmen und Bürger gingen reihenweise pleite. Die Regierung musste viele faule Kredite übernehmen, um insbesondere den Banken wieder auf die Beine zu helfen. Aber auch Indonesien erholte sich wieder, das Wachstum lag 2007 bei 6,3 Prozent.

Besonders bemerkenswert ist, dass die Indonesier in der Stunde der wirtschaftlichen Not nicht Zuflucht zu autoritärer Führung nahmen, sondern ihren vom Militär gestützten Präsidentenübervater Suharto davonjagten, der mehr als dreißig Jahre an der Macht war. Indonesien, das lange wie eine Großkaserne regiert wurde, mauserte sich zum demokratischen Vorzeigestaat Südostasiens, in dem die Amtszeit des Präsidenten auf zwei Wahlperioden beschränkt ist und die Presse schreiben kann, was sie will. Zugleich hat das mehrheitlich muslimische Land eine erstaunliche Standfestigkeit im Umgang mit Islamisten gezeigt. Die (überlebenden) Attentäter von Bali wurden gefasst und später hingerichtet; die örtlichen Ableger von Al Qaida sind deutlich geschwächt. Im Alltag geht es züchtiger zu als früher, aber bei weitem nicht so sittenstreng wie in Arabien oder selbst im Nachbarland Malaysia. Den neuen demokratischen Regierungen ist es sogar gelungen, die beiden ärgsten Separationskonflikte zu lösen, ohne dass der riesige multiethnische Inselstaat auseinandergebrochen wäre. Osttimor wurde nach langem blutigen Kampf in die Unabhängigkeit entlassen, Aceh durch mehr Autonomie befriedet.

Auch Indonesien dürfte den weiteren Folgen der Finanzkrise nicht entgehen und wieder schwerere Zeiten erleben. Aber wenn das Land langfristig auf dem Wachstumspfad bleibt, dann könnte seine Volkswirtschaft nach Meinung der Ökonomen in dreißig oder vierzig Jahren in die Gewichtsklasse Brasiliens oder Japans aufsteigen. Die Stimme einer solchen Wirtschaftsmacht hätte man in der Weltpolitik ohne Zweifel zu berücksichtigen. Indonesien ist aber noch dazu die Vormacht der Asean, einer der wenigen erfolgreichen und funktionierenden Regionalorganisationen außerhalb Europas. Dieser »Verband Südostasiatischer Nationen« wurde 1967 von Indonesien, Malaysia, den Philippinen, Singapur und Thailand gegründet; später kamen das winzige Sultanat Brunei, Vietnam, Kambodscha, Laos und Burma hinzu, so dass heute alle zehn Länder der Region Mitglied sind. Die Asean will in den nächsten Jahren eine Freihandelszone und eine Wirtschaftsgemeinschaft aufbauen, wenn auch vorerst ohne gemeinsame Währung. Deshalb lohnt es sich, die Wirtschaftsleistung ihrer Mitgliedstaaten zusammenzuzählen. Die 576 Millionen Einwohner der zehn Länder erarbeiteten 2007 ein Bruttoinlandsprodukt von 1,28 Billionen Dollar. Das war sogar ein wenig mehr als Indien. Da nichts dafür spricht, dass langfristig nur Indien seine Potentiale nutzen kann, ist es durchaus möglich, dass die Asean einmal zu den bedeutenden internationalen Spielern zählt, sofern ihr der Schritt zum gemeinsamen Wirtschaftsraum gelingt.

Merkwürdigerweise tun sich gerade die Europäer schwer mit dieser Vorstellung, obwohl sie ihren globalen Geltungsanspruch selbst auf einen Binnenmarkt stützen. Die Entwicklung der Asean wird seit Jahrzehnten von mäkelnden westlichen Publikationen begleitet, in denen der südostasiatische Verband als schwach, krisenanfällig und einflussarm dargestellt wird. Solche Literatur stammt in der Regel von wissenschaftlichen Regionalexperten, die manchmal sogar die eine oder andere Sprache ihres Untersuchungsgebietes studiert haben. Diese Gelehrten bekommen nicht aus dem Kopf, dass eine Regionalorganisation der EU gleichen müsse, um als relevant eingestuft zu werden. Und da werden sie bei der Asean in der Tat nicht fündig. Ein Gegenstück zur Europäischen Kommission gibt es in Südostasien nicht, auch kein regionales Parlament oder einen Außenbeauftragten. Die Asean begnügt sich mit einem kleinen Sekretariat in Jakarta, das ausdrücklich nicht die Größe von Tomaten vorschreiben soll. Politische Abmachungen kommen hier nicht als monströse Richtlinien und Verordnungen daher, sondern werden vom Führungspersonal per Handschlag vereinbart, am liebsten auf dem Golfplatz. Das entspricht ganz der politischen Kultur der Region, in der persönliche

Kontakte von jeher mehr zählen als Gesetzestexte und im Zweifelsfall auch belastbarer sind.

Mit dieser Methode ist die Asean bisher gut gefahren. Sie hat ernste (Grenz-)Streitigkeiten zwischen ihren Mitgliedern entschärft, die Ausweitung von regionalen Krisenherden verhindert (dritter Indochinakrieg) und den großen Nachbarn China durch Einbindung in ein Netz von Dialogforen geschickt zu Wohlverhalten bewegt. Auch mit den großen internen Unterschieden – kommunistische Marktwirtschaft in Vietnam, Putsche in Thailand, Staatspaternalismus in Singapur, Operettendemokratie auf den Philippinen – hat diese Gemeinschaft immer wieder umzugehen gewusst. Die unappetitliche Junta in Burma wird dann eben als schwarzes Schaf der Familie geduldet. Wenn Regionalorganisationen im 21. Jahrhundert eine Rolle in der Weltpolitik zu spielen haben, dann dürfte die Asean ganz vorne mit dabei sein.

Dass Südostasien selbstbewusst genug ist, um in der globalen Arena aufzutreten, war schon Anfang der neunziger Jahre zu beobachten. Die Debatte über asiatische Werte, die damals von Malaysia und Singapur losgetreten wurde, ist im Westen weitgehend vergessen. Dabei war sie ein früher Verwandter des jüngsten Großmachtdiskurses in China und Indien, ein erster Versuch einer asiatischen Selbstfindung in Abgrenzung von den alten Kolonialmächten. Eine Gruppe von gut ausgebildeten und gut bezahlten asiatischen Beamten erklärte dem Westen in provozierend geschriebenen Aufsätzen, er sei selbstverliebt, dekadent und faul. Die Asiaten dagegen seien gemeinschaftsorientiert, fleißig und sparsam. Hinter dieser Philippika gegen den westlichen Individualismus stand natürlich das Bedürfnis, die autoritären Regierungen der Region zu rechtfertigen. Sie brachte aber auch den Willen zum Ausdruck, das eigene Schicksal selbst zu gestalten, anstatt die Empfehlungen in den Leitartikeln des »Asian Wall Street Journal« zu übernehmen, wie ein kluger malaysischer Intellektueller einmal bemerkte. Die kulturellen Unterschiede zwischen den alten und den neuen Mächten dürften für die Weltpolitik noch einmal sehr bedeutsam werden. Davon später mehr.

Die Erosion der westlichen Herrschaft

Wer in Asien einen General besucht, der wird an der Wand des Büros oft eine Weltkarte sehen, in der Europa am äußersten linken Rand liegt. China und Südostasien sind in der Mitte eingezeichnet, Amerika findet sich rechts. Eigentlich ist das eine ganz einleuchtende Darstellung. Warum sollte ein Chinese eine der bei uns gebräuchlichen Karten benutzen, in denen Europa (mit Afrika) in der Mitte liegt? Von Peking aus gesehen sind die Vereinigten Staaten der ferne Osten, das sollte eine asiatische Karte schon wiedergeben. Trotzdem nimmt der westliche Besucher solchen Wandschmuck mit Zwiespalt auf. Die eurozentrische Weltkarte, die uns seit Jahrhunderten vertraut ist, war immer auch eine politische Topographie. Europa bestimmte den Lauf des Weltgeschehens, deshalb zeichneten wir unseren Kontinent selbstverständlich in der Mitte ein. Die asiatische Karte führt uns dagegen eine Welt vor Augen, in denen wir uns in einer Randlage befinden. Der Atlantik, der große Ozean, den der Westen zum Symbol seiner Allianz machte, ist hier gar nicht zu sehen.

Die asiatische Karte ist eine Ansicht der Welt von morgen. Setzt sich der Aufstieg Asiens fort, dann verschiebt sich auch der Schwerpunkt der Weltpolitik. Neben die alten Pole Nordamerika, Europa und Russland tritt ein neues großes Machtzentrum um die beiden Schwergewichte China und Indien. In Lateinamerika könnte sich mit Brasilien, wie wir gesehen haben, ein weiteres Kraftfeld in dieser Weltordnung bilden, die kein historisches

Vorbild kennt. Ein Neben- oder Gegeneinander von mehreren Großreichen hat es in der Geschichte immer wieder gegeben. Aber wenn sie auf verschiedenen Kontinenten beheimatet waren, dann wussten oder wollten sie oft wenig voneinander. Im 21. Jahrhundert wird die Menschheit erstmals in einer Welt leben, in der es eine Handvoll von Aspiranten auf eine Vormachtrolle gibt, die womöglich alle über die militärischen und wirtschaftlichen Mittel verfügen, um global zu agieren. Die Situation ähnelt am ehesten derjenigen Europas im 19. Jahrhundert mit seiner Machtbalancepolitik zwischen vier, fünf großen Spielern – allerdings vergrößert auf den Weltmaßstab.

Die nie um eine Theorie verlegene Begriffsmaschine der Politologie kennt dafür seit langem einen Fachausdruck. Multipolarität nennen die Professoren es, wenn in der Diplomatie nicht ein Staat, sondern mehrere das Sagen haben. Während des Irakkriegs erfuhr dieser unschuldige akademische Begriff in Europa eine Blitzkarriere als außenpolitischer Heilsbringer. Vor allem in Frankreich wünschten sich viele eine internationale Ordnung, in der die amerikanische Macht durch Europa, aber auch durch Aufsteiger wie China oder Indien beschnitten würde. Die Philosophen Jürgen Habermas und Jacques Derrida schrieben stellvertretend für viele französische, aber auch deutsche Intellektuelle, als sie eine Gegenmachtbildung eines postnationalen, pazifistischen und wohlfahrtsstaatlichen Europas gegen Amerika vorschlugen.

In Wirklichkeit wäre das Leben in einer multipolaren Welt kein Honigschlecken, für die Europäer genauso wenig wie für die Amerikaner. Es ist unmöglich vorherzusagen, welche aktuellen Themen die Weltpolitik in zwanzig oder vierzig Jahren bestimmen werden. Wer hätte 1961 oder 1981 schon vermutet, dass einmal eine Hand-

voll Araber Flugzeuge in einen New Yorker Wolken-
kratzer steuern könnten, was zwei lange Kriege in der
muslimischen Welt nach sich ziehen würde? Aber eines
lässt sich heute schon erkennen. Die tiefe Struktur der
Weltpolitik ist bereits in Bewegung geraten, die ersten
Spielregeln werden neu geschrieben. Nirgends wird
das deutlicher als in der Nuklearrüstung. Das Monopol
des Westens auf die gewaltigste Waffe aller Zeiten ist
gebrochen.

Nukleare Mauern

Im Januar 2008 war der damalige pakistanische Präsident
Pervez Musharraf auf Staatsbesuch in Brüssel. Er stieg im
feinen Hotel Conrad ab, dem ersten Haus am Platze, in
dem auch deutsche Minister untergebracht werden, wenn
sie bei der EU zu tun haben. Im Fall Musharrafs spielte
sich dort eine ungewöhnliche Szene ab. In der Eingangs-
halle des Hotels bildete sich frühmorgens eine lange
Schlange von gut gekleideten Damen und Herren, die
geduldig eine einstündige Sicherheitskontrolle über sich
ergehen ließen, um einer Rede Musharrafs zu lauschen.
Die ausgewählte Gesellschaft, die mit dem Präsidenten
frühstücken durfte, bestand aus hohen Diplomaten,
reichen Geschäftsleuten und ein paar Journalisten. Alles
in allem kamen etwa hundertfünfzig Leute. Selbst viele
europäische Staatschefs würden es in Brüssel nicht schaffen, so viel Spitzenpersonal montags um acht Uhr für sich
antreten zu lassen.

Was Musharraf die große Aufmerksamkeit verschaffte,
wurde gegen Ende der etwa einstündigen Veranstaltung
klar. Nachdem der Präsident, der als General 1999 mit
einem Putsch an die Macht gekommen war, brav ver-

sichert hatte, dass es in seinem Land gerade wirtschaftlich bergauf gehe und man nur ein wenig Zeit brauche, um zu einer echten Demokratie zu gelangen, meldete sich ein Herr an einem der hinteren Tische. Er wolle wissen, ob Pakistan sicher sei. Bestehe nicht die Gefahr, dass die Atombomben des Landes in die Hände von muslimischen Fanatikern fielen? Im Saal wurde es mucksmäuschenstill, nachdem diese Frage gestellt war. Selbst Musharrafs bullige Leibwächter schienen für einen Augenblick den Atem anzuhalten. Der Präsident sah den Fragenden fest an und beschied ihn in ernstem Ton: »Das wäre nur möglich, wenn die Islamisten die pakistanische Armee in ihrer gesamten Struktur besiegen könnten.«

Diese kleine Begebenheit zeigt, welchen Unterschied es macht, ob ein Land Atomwaffen besitzt oder nicht. Wenn in Brüssel der Staatschef eines armen Entwicklungslandes vorspricht, dann kann er seine Besucher in der Regel bequem in der Hotelsuite empfangen. Außer ein paar Vertretern von Hilfsorganisationen werden nicht viele kommen. Handelt es sich aber um jemanden, der Kernwaffen zu Hause hat, dann gibt sich die Crème de la crème des diplomatischen Korps die Ehre. Wer die Bombe hat, gilt als gefährlich, was in der Weltpolitik oft ein Synonym für mächtig ist.

Dieser Umstand ist jedem Menschen bewusst, der einmal ein Land regiert hat. Deshalb war es ein frommer Selbstbetrug, dass so viele im Westen, vor allem in Europa, nach dem Kalten Krieg glaubten, die Nuklearrüstung sei mit der Blockkonfrontation untergegangen. Die Kasachen, Ukrainer und Weißrussen konnte man zu Beginn der neunziger Jahre noch dazu bewegen, die Atomwaffen abzugeben, die sie beim Zerfall der Sowjetunion geerbt hatten. Danach hat sich nie wieder ein Land freiwillig auf so etwas eingelassen. Denn für die überwiegende Mehrzahl der Staaten bedeutete das Ende des Ost-West-Konflikts, dass sie sich erstmals selbst um ihre Sicherheit kümmern mussten. In den fünfzig Jahren nach dem Zweiten Weltkrieg musste sich kaum ein Potentat in der Dritten Welt ernsthaft Gedanken über die Landesverteidigung machen. Man erklärte sich zum Subunternehmer der kommunistischen oder kapitalistischen Sache und erhielt damit automatisch Unterschlupf unter dem nuklearen Schirm des jeweiligen Lagers. Das ging nicht immer gut, weil die Zentralen in Washington und Moskau manchmal Krieg auf dem Territorium ihrer Klienten führen ließen. Aber der Handel war immer der gleiche. Eine Supermacht sorgte für Schutz vor Nachbarländern, die heimische Regierung konnte sich auf Bürgerkriege oder andere innere Probleme konzentrieren.

Mit dem Fall der Berliner Mauer war dieses Arrangement hinfällig. Das wurde besonders rasch in den beiden konfliktreichsten Weltgegenden deutlich, in Asien und in Nahost. Mahatma Gandhi sagte einmal, Nationen mit Atomwaffen würden selbst von ihren Freunden gefürchtet. Das scheint man sich in seiner Heimat zu Herzen genommen zu haben, denn Indien war das Land, das den neuen nuklearen Reigen 1998 mit zwei unterirdischen Testserien in Pokhran, einem Ort in der Wüste von Rajasthan, begann. Die offizielle Erklärung der indischen Regierung brachte nicht zum Ausdruck, was für ein gewaltiger Schritt das war. »Ich gratuliere den Wissenschaftlern und Ingenieuren wärmstens, die diesen Test erfolgreich ausgeführt haben«, ließ der damalige Premierminister Atal Behari Vajpayee knapp mitteilen. Tatsächlich waren die Tests das Ende eines mehr als dreißig Jahre währenden Weges zur Atombombe.

Das indische Nuklearwaffenprogramm begann schon

in den sechziger Jahren, als Reaktion auf den ersten chinesischen Atombombentest im Jahr 1964. Der Bauplan für einen Sprengkopf war 1971 entwickelt, danach gab Premierministerin Indira Gandhi die Konstruktion der Waffe in Auftrag. Es gab immer wieder technische Probleme, aber 1974 gelang den Indern der erste Test, der bereits damals in Rajasthan vorgenommen wurde. Die Regierung beließ es aber bei der Demonstration ihrer Fähigkeiten, sprach von einem »friedlichen Test« und verzichtete zunächst auf eine Waffenproduktion. Die schmerzhaften internationalen Sanktionen, die trotzdem gegen Indien verhängt wurden, führten dazu, dass das Land die nächsten Jahrzehnte eine Politik der »nuklearen Uneindeutigkeit« verfolgte, wie man das in Delhi zu nennen pflegte. Indien erklärte sich nicht zur Atommacht und hatte nach Einschätzung der CIA bis 1993 auch keine Waffe gebaut. Das Land schuf in all der Zeit aber die nötige technische Infrastruktur, und das weitgehend aus eigener Kraft. Es betreibt heute 17 Kernkraftwerke, baut weitere sechs und beherrscht den gesamten Brennstoffkreislauf. Das ist, wie wir bereits erwähnt haben, eine wichtige Voraussetzung zum Bau einer Atombombe, denn ohne Ingenieurswissen und ausgereifte Nuklearanlagen sind die nötigen anspruchsvollen Verfahren nicht zu meistern.

Mehr als vielleicht jedes andere Entwicklungsland bereitete sich Indien außerdem geistig auf den Besitz der Bombe vor. Ein Zeugnis dieser intellektuellen Aufrüstung ist ein kleiner Sammelband, der im September 1998 in Neu-Delhi erschien, gerade einmal vier Monate nach den Tests in Pokhran. Herausgeber war Kommodore Jasjit Singh, ein würdevoller ehemaliger Offizier der indischen Luftwaffe, der zu der Zeit das einflussreichste verteidigungspolitische Forschungsinstitut in Delhi leitete. In dem

Buch mit dem schlichten Titel »Nukleares Indien« findet sich eine zweiseitige Tabelle, in der 47 weltpolitische Ereignisse der vergangenen sechzig Jahre aufgezählt werden, bei denen mit dem Einsatz von Atombomben gedroht wurde. Die Liste reicht von der Berlin-Krise 1948 über den Koreakrieg, die Kubakrise, den Vietnamkrieg, den Jom-Kippur-Krieg bis zu den taiwanischen Wahlen 1996. Solche Studien betreiben nur Leute, die genau wissen wollen, welchen Wert die Aneignung von Kernwaffen im Alltag für sie hat. Nach westlichen Schätzungen besaß Indien 2008 zwischen 60 und 70 einsatzfähige Sprengköpfe. Die pakistanische Reaktion ließ nicht lange auf sich warten. Zwei Wochen nach den Indern, am 27. Mai 1998, unternahm das Nachbarland seinen eigenen Test. »Da die Inder ihr Nuklearprogramm waffenfähig gemacht haben, war Pakistan verpflichtet, die nukleare Option auszuüben«, teilte Premierminister Nawaz Sharif kühl mit. Das erinnerte die Welt daran, dass sich da gerade zwei Erzfeinde, die schon drei Kriege gegeneinander geführt hatten, die größte aller Massenvernichtungswaffen zulegten. Gleich im Jahr darauf lieferten sich die beiden Länder in den eisigen Höhen des Himalaya ausgedehnte Scharmützel um einen Bergkamm, was im Ausland große Besorgnis hervorrief. Musharraf, damals Vorsitzender der Stabschefs der pakistanischen Armee, schrieb später in seinen Memoiren, dass die Pakistaner zu der Zeit allerdings noch gar nicht zu einem Nuklearschlag in der Lage gewesen wären, weil man noch dabei gewesen sei, die operationellen Voraussetzungen für den tatsächlichen Einsatz von Kernwaffen zu schaffen. Bei den Indern dürfte das ähnlich gewesen sein. Diese sogenannte Kargil-Krise konnte am Ende durch amerikanische Bemühungen beigelegt werden. Im Jahr 2008 hatte Pakistan wahrscheinlich 60 Sprengköpfe.

Auch die Pakistaner waren nicht von heute auf morgen in den Besitz der Bombe gelangt. Genau wie die Inder hatten sie sich Jahrzehnte auf diesen Schritt vorbereitet. Die ewige Rivalität zwischen den beiden Kindern Britisch-Indiens dürfte sogar der wichtigste Grund gewesen sein, warum sie ihre Nuklearforschung immer wieder fortführten. Jeder Fortschritt des anderen wurde registriert und mit einer Vergrößerung der eigenen Anstrengungen beantwortet. Im Falle Pakistans erhielt allerdings ein äußerst problematischer Mann die technische Verantwortung. Nach dem ersten indischen Test in den siebziger Jahren wurde die Leitung des pakistanischen Nuklearwaffenprogramms einem ehrgeizigen Metallurgen anvertraut, der schon früh in seiner Karriere durch Skrupellosigkeit aufgefallen war. Abdul Qadir Khan studierte in Europa, unter anderem an der Technischen Universität Berlin, und arbeitete dann in den Niederlanden bei der Firma Urenco, einem Unternehmen, das Nuklearbrennstoff für Kraftwerke in Deutschland, Großbritannien und den Niederlanden herstellt. Dort entwendete er Anleitungen zum Bau von Gaszentrifugen, was den Grundstein für das pakistanische Atomwaffenprogramm legte. In einem nach Khan benannten Forschungslabor in Kahuta wurde mit Hilfe der Urenco-Blaupausen das hochangereicherte Uran hergestellt, mit dem das Land seine erste Atombombe zündete. Khan wurde ein Volksheld wie vor ihm nur der Landesgründer Mohammed Jinnah.

Ein paar Jahre später kam ans Licht, warum dieser Mann, der offiziell nur ein bei der Regierung angestellter Wissenschaftler war, auf einmal über großen persönlichen Reichtum verfügte. Khan, inzwischen überaus selbstbewusst und öffentlichkeitsverliebt, betrieb jahrelang ein geheimes Netzwerk, mit dem er Technologie zum Bau von Atomwaffen in andere Länder verschob. Zu seinen

Kunden gehörten Libyen, Nordkorea und Iran. Als das Ausmaß dieses Schmuggelrings 2004 bekannt wurde, erhielten deutsche Zeitungsredaktionen ein paar Wochen lang ungewöhnliche Besuche. Jeder Journalist, der je einmal über Pakistan und dessen Atomwaffen berichtet hatte, wurde persönlich von einem Diplomaten der pakistanischen Botschaft in Berlin aufgesucht, um versichert zu bekommen, dass die Regierung in Islamabad nichts, aber auch gar nichts von den dunklen Geschäften des Herrn Khan gewusst habe. Das ist schwer vorstellbar, aber Beweise für das Gegenteil gibt es bis heute nicht. Musharraf verzieh dem »Vater der pakistanischen Bombe« rasch öffentlich, womit die Sache für die Regierung erledigt war.

Der Fall Khan führte der Welt vor Augen, was geschehen kann, wenn Kernwaffen sich außerhalb des westlichen Kulturkreises verbreiten. Die demokratischen Inder, in deren Staatsgefüge viele gute britische Traditionen überlebt haben, kann man noch zu der Kategorie von Ländern zählen, in denen die politische Aufsicht und die zivile Öffentlichkeit stark genug sind, um einen behutsamen Umgang mit der Atombombe zu gewährleisten. Pakistan dagegen ist ein unruhiges Wespennest, das sich seit der Staatsgründung immer wieder selbst in Frage stellt. Politische Gewalt, himmelschreiende Armut, eine unvorstellbare Korruption und radikale religiöse Strömungen prägen diese neue Atommacht. Auf einer kleinen Überlandfahrt kann jeder Besucher in kurzer Zeit erkennen, wie Pakistan funktioniert. Glanz und Ordnung wird man nur beim Blick auf Kasernentore sehen, weite Teile des Landes sind ein selbst für südasiatische Verhältnisse äußerst unansehnlicher Großslum. Die Armee hält Pakistan zusammen, sie ist die einzige starke gesellschaftliche Institution. Diese Lage hat der Menschheit eine nicht zu unterschätzende Gefahr beschert: dass nämlich Atommaterial, gar eine ganze Bombe, nicht an andere Länder, sondern an Terroristen weitergegeben wird. Es gibt genug Freunde der Taliban im pakistanischen Staatsapparat, nicht zuletzt beim Geheimdienst. Noch schlimmer wäre, wenn Fundamentalisten in Islamabad an die Macht kämen. Dann gäbe es nämlich nicht mehr nur eine islamische, sondern eine islamistische Bombe.

Ein Stück weiter östlich spielt sich das nächste Proliferationsdrama ab. Nordkorea ist ein bizarrer Staat, eine Art schwarzes Loch der globalisierten Welt. Hier hat der Stalinismus in der ungewöhnlichen Form einer Familiendynastie überlebt. Während der Rest Ostasiens um die Jahrhundertwende zu Wohlstand gekommen ist, wurde das Reich des Kim Jong Il immer wieder von Hungersnöten geplagt. Die Bauern äßen sogar Gras, wurde vor ein paar Jahren aus diesem völlig isolierten Land gemeldet, neben dem Kuba wie eine offene Gesellschaft wirkt. Skurril ist vor allem der Führerkult, mit dem die 23 Millionen Einwohner in Unmündigkeit gehalten werden. Der Staatsgründer Kim Il Sung war der »Große Führer«, posthum wurde ihm der Titel des »Ewigen Präsidenten« verliehen, weshalb sein Sohn formal nur Vorsitzender des Nationalen Verteidigungsausschusses ist. Als »Geliebter Führer« erhielt Kim Jong Il aber trotzdem alle Macht, einschließlich der, seinen Lebenslauf umzuschreiben. Er sei 1941 am heiligen Berg Paektu zur Welt gekommen, die Wolken hätten sich bei seiner Geburt aufgetan, lautet die offizielle Version. In Wirklichkeit wurde Kim in einem sibirischen Dorf geboren, Gunstbezeugungen der Götter sind nicht überliefert.

Dieser Kim, der angeblich schnelle Autos und französische Weine schätzt, wirkt in westlichen Augen fast komisch. Seine grauen Arbeiteranzüge sehen aus wie eingegangene Trainingsanzüge der NVA, seine Plateau-schuhe und seine Sturmfrisur entsprechen auch nicht gerade dem Bild eines gewandten Staatenlenkers. Trotzdem führte der Mann den Westen und seinen asiatischen Nachbarn immer wieder vor wie kleine Schuljungs. Schon sein Vater hatte erkannt, dass die Drohung mit einer Nuklearbewaffnung benutzt werden kann, um Geld, Öl und moderne Reaktoren vom Ausland zu erpressen. Kim jong-il setzte das konsequent fort und spielte mit den Mächtigen Katz und Maus. Mal bot er gegen Bezahlung Inspektionen von verdächtigen Erdarbeiten an, mal testete er Raketen, mal trat er aus dem Nichtverbrei-tungsvertrag aus, mal warf er die Inspekteure der Internationalen Atomenergiebehörde aus dem Land. Dann nahm er wieder an Verhandlungen teil, meist solchen im sogenannten Sechser-Format, das heißt mit den Vereinigten Staaten, Russland, China, Japan und Südkorea. Wirklich interessiert war Kim aber immer nur an den Amerikanern. Denn die begriff er als einzige reale Bedrohung für seine 1,2 Millionen Soldaten starke Armee, die zwar in großen Teilen veraltet, aber immerhin die viertgrößte der Welt ist.

Grundlage für diese Politik war eine Nuklearanlage in Yongbyon in der Mitte des Landes. Dort entstanden in den sechziger Jahren mit sowjetischer Hilfe erste Nuklear-einrichtungen. Von Bedeutung war vor allem ein 5-Mega-watt-Forschungsreaktor, aus dessen abgebrannten Brenn-stäben die Nordkoreaner Plutonium abzweigten, um es als Sprengstoff für Atomwaffen zu benutzen. Einen Höhe-punkt erreichte die Sache im Oktober 2006, als Kim erst-mals einen Atombombentest vornehmen ließ. Die Explo-sion war so klein, dass man sich im Ausland gar nicht sicher war, ob es sich nicht um einen Bluff handelte und nur ein großer konventioneller Sprengsatz gezündet worden war. Letztlich glaubten die maßgeblichen Regierungen, vor allem die in Washington, dem Diktator in Pjöngjang aber. So kam es wieder zu einer längeren Runde von Verhandlungen, die im Oktober 2007 ein Papier hervorbrachten, in dem sich Nordkorea zur Aufgabe seines Atomprogramms bereit erklärte. Im Gegenzug erhielt das Land wie üblich Heizöl und Essen. Ausschlaggebend war diesmal, dass die Amerikaner eine Bank in Macao, über die das Land sich Devisen beschaffte, mit Sanktionen belegt hatten, wodurch Kim der Zugang zu westlicher Währung abgeschnitten wurde. Kenner scherzten, dass dieser kaltschnäuzige Mann erst eingeknickt sei, als er an einer wirklich verwundbaren Stelle getroffen war. Er hatte kein Geld mehr, um Cognac zu kaufen.

Der Abrüstungsprozess kam aber trotzdem nur holprig voran. Im darauffolgenden Sommer sprengten die Nordkoreaner den (maroden) Kühlturm in Yongbyon und legten eine Inventarliste ihrer Nukleareinrichtungen vor. Sie enthielt die Angabe, dass in dem Reaktor 37 Kilogramm Plutonium produziert worden war, was für vier bis sechs Bomben reichen würde. Als das Land dann aber nicht so schnell von der amerikanischen Liste der Terrorismusunterstützer gestrichen wurde, wie Kim sich das wohl vorgestellt hatte, drohte Nordkorea im Herbst 2008 mit der Wiederinbetriebnahme des Reaktors und kündigte die Zusammenarbeit mit der Atomenergiebehörde wieder einmal auf. Zur gleichen Zeit machten Gerüchte die Runde, der Diktator habe einen Schlaganfall erlitten oder sei tot. Bush lenkte rasch ein, was aber nichts daran änderte, dass die Nordkoreaner einen letzten Trumpf im Ärmel behielten. Was mit ihren bereits existierenden Atombomben geschehen solle, war nie geregelt worden.

Dass diese Geschichte mehr nach Gangsterroman als nach Weltpolitik klingt, sollte nicht den Blick für zwei bitterernste Aspekte verstellen, die mit ihr verbunden sind. Zum einen hat es Nordkorea zu einer gewissen Meisterschaft in der Herstellung von ballistischen Raketen gebracht, was seinen nuklearen Tüfteleien Bedeutung über Asien hinaus verleiht. Die Reichweiten der Raketen, die Weiterentwicklungen der alten sowjetischen Scud-Technologie sind, wurden in den vergangenen Jahren immer größer. Erst kamen sie 300, dann 500, schließlich 700 Kilometer weit, womit Südkorea abgedeckt war. Es folgte eine Rakete, die 1000 Kilometer überwinden konnte, was Japan zu einem potentiellen Ziel machte. Schließlich bauten die Nordkoreaner je einen Typ mit 2000 und 6000 Kilometern Reichweite, womit sie bis zum amerikanischen Militärstützpunkt Guam im Pazifik oder sogar bis nach Alaska gelangen könnten. Bei Tests, zuletzt 2006, versagten diese beiden neuesten Modelle, und selbst die kleineren gelten als zielungenau. Aber das ändert nichts an der strategischen Richtung dieser Arbeiten. Das neue nukleare Wettrüsten in der Dritten Welt entspringt nicht nur örtlichen Rivalitäten, es ist auch gegen den Westen gerichtet. Nordkorea war der erste Staat seit Jahrzehnten, der sich Interkontinentalraketen zulegte, mit denen zumindest theoretisch ein Nuklearschlag gegen amerikanisches Territorium zu führen ist.

Zum anderen nutzte Kim die Fertigkeiten seiner Ingenieure hemmungslos, um die klamme Staatskasse aufzufüllen. Als einziges Land bietet Nordkorea auf dem Weltmarkt vollständige Flugkörper und Komponenten an. Interessierte Regierungen können in Pjöngjang auch Bauanleitungen, Schulung und Personal bestellen. Zu den bekannten Kunden zählen Syrien und Iran. Deren Umtriebe können in Europa niemanden kaltlassen, wie wir gleich sehen werden. An Syrien verkaufte Kim sogar heikle Nukleartechnologie.

Tatsächlich braut sich im Nahen Osten Ähnliches zusammen, auch wenn die Entwicklung langsamer vorangeht. Das hat vor allem damit zu tun, dass die Vereinigten Staaten und Israel, die einzige existierende Atommacht in der Region, nicht vor Gewalt zurückschreckten, um nukleare Aufrüstungsversuche zu vereiteln. Schon im Jahr 1981 zerstörte die israelische Luftwaffe einen Atomreaktor im Irak, der kurz vor der Fertigstellung stand. Zehn Jahre später, nach der irakischen Niederlage im Golfkrieg, stellten die Vereinten Nationen fest, dass Saddam Hussein in den achtziger Jahren tatsächlich ein aktives Atomwaffenprogramm betrieben hatte. Vermutlich hätten seine Wissenschaftler noch ein Jahr gebraucht, um eine Bombe zu bauen. Große Teile des irakischen Nuklearprogramms wurden unter Aufsicht der UN vernichtet.

Was danach geschah, ist immer noch Gegenstand heftiger und leidenschaftlicher politischer Auseinandersetzungen im Westen. Vieles ist bis heute nicht geklärt, aber so viel lässt sich nach Lektüre der einschlägigen Untersuchungen doch sagen. Das Interesse des Bagdader Diktators an Massenvernichtungswaffen ließ auch in den neunziger Jahren nicht nach. Er versuchte die Sanktionen gegen sein Land zu unterlaufen und behinderte die Arbeit von UN-Inspekteuren, die den Auftrag hatten, im Irak Atomanlagen und Einrichtungen für die biologische und chemische Forschung zu kontrollieren. Das erschien vielen westlichen Regierungen äußerst verdächtig, nicht nur der amerikanischen. In den Jahren 2001 oder 2002 wurden auch vom Bundesnachrichtendienst, der in Nahost traditionell über gute eigene Quellen verfügt, Berichte verfasst, in denen von auffälligen Vorgängen im Irak berichtet wurde. Ein damals häufig genanntes Beispiel war der Umstand, dass der Irak über Chemieanlagen verfügte, deren Kapazität teilweise zur Deckung des Weltmarktbedarfs ausgereicht hätte. Wofür, so fragten sich in Berlin viele Fachleute, brauchte ein Wüstenland solche Geräte, wenn nicht zur Herstellung von Waffen? Einige deutsche Erkenntnisse wurden später von den Amerikanern zur öffentlichen Begründung des Irakkriegs benutzt. Man muss dem BND allerdings zugutehalten, dass er, anders als die Amerikaner, nie behauptete, Beweise für die Existenz von Massenvernichtungswaffen im Irak zu besitzen, sondern immer nur von fragwürdigen Vorgängen sprach. Nach dem Sturz Saddams stellte sich heraus, dass die Iraker ihre Waffenprogramme in Wirklichkeit nur noch rudimentär fortgesetzt hatten, unter anderem aus Angst vor den UN-Inspekteuren. Offenbar gaukelten korrupte Wissenschaftler dem Diktator aber immer wieder vor, sie hätten große Fortschritte erzielt, was zu Fehleinschätzungen über die Potentiale des Iraks führte, bei Saddam selbst wie auch im Westen.

Die verheerenden Folgen des Irakkriegs für das Land und seine Bevölkerung sind bekannt. Allerdings hat der Sturz Saddam Husseins auch die regionale Sicherheitsarchitektur verändert, was außerhalb von Fachkreisen selten zur Kenntnis genommen wird. Hier fällt die Bilanz gemischt aus. Der Irak, dessen Waffenprogramme die Staatengemeinschaft immerhin mehr als zwanzig Jahre beschäftigten, wird fürs Erste kein potentieller Aggressor und Proliferationsstaat mehr sein. Das ist sicher eine gute Nachricht, vor allem für die Nachbarn am Golf und für Israel. Auch hatte der Irakkrieg eine spürbare Abschreckungswirkung auf Libyen, einen anderen notorischen Störenfried der Weltpolitik. Gaddafi hatte schon früher erkennen lassen, dass er die Isolation überwinden will, in die er sein Land mit der jahrzehntelangen Förderung des Terrorismus gebracht hatte. Der klägliche Untergang

Saddams scheint ihn dann endgültig von den Vorzügen eines solchen Strategiewechsels überzeugt zu haben. Brav lieferte er im Jahr 2003 sein Material zum Bau von Atombomben in Washington ab, wozu unter anderem mehrere Zentrifugen gehörten, jene Geräte, die man zur Herstellung von nuklearem Sprengstoff braucht. Als Belohnung wurden Gaddafi normale Beziehungen zu Amerika und später auch zu Europa gewährt. An diesem Beispiel lässt sich sehen, dass es auf manche Leute durchaus Eindruck macht, wenn ein Despotenkollege, der eben noch in prunkvollen Palästen das große Wort führte, von amerikanischen Soldaten aus einem Erdloch gezogen wird.

In zwei anderen Staaten hatte man stärkere Nerven, reagierte mit Störversuchen auf die amerikanische Präsenz im Irak. Iran wurde nach 2003 der größte Gegenspieler des Westens in Nahost, mit Syrien als Zuarbeiter. Die beiden Länder unterstützten den Aufstand im Irak und halfen der Hizbullah im Sommer 2006 im Libanonkrieg gegen Israel. Das ist klassische Machtbalancepolitik. Wenn man zu schwach ist, einen Gegner, der sich im eigenen Hinterland festgesetzt hat, selbst zu bekämpfen, dann macht man ihm das Leben schwer, indem man dessen Feinde fördert, und sei es an mittelbaren Fronten. Aber auch hier spielte wieder die Atomrüstung eine Rolle, was der Sache eine langfristige und überregionale Bedeutung verleiht.

Syrien, von dem bis dato nur ein Chemiewaffenprogramm bekannt war, wurde im September 2007 Ziel eines zunächst geheim gehaltenen israelischen Luftangriffs. Er richtete sich gegen eine Anlage elf Kilometer nördlich der Stadt Tibni am rechten Ufer des Euphrat. Dort befand sich offenbar ein fast fertiggestellter Atomreaktor. Satellitenbilder belegen, dass die Israelis einen Würfelbau zerstörten, der jenem Reaktor in Yongbyon, aus dem Nordkorea den Sprengstoff für sein Atomwaffenprogramm gewann, bis ins Detail glich. Dass zwischen Nordkorea und Syrien eine Zusammenarbeit im Raketenbau bestand, wusste man in den westlichen Außenämtern. Dass es auch Atomgeschäfte gab, war für viele eine böse Überraschung. Die CIA gab später die Einschätzung bekannt, dass der Reaktor Plutonium für ein bis zwei Atombomben im Jahr hätte liefern können. Wesentlich umfangreicher ist das iranische Atomprogramm. Der jahrelange Streit des Landes mit der Internationalen Atomenergiebehörde hat wesentliche Elemente ans Licht gebracht, obwohl die Iraner vieles zu verheimlichen suchten. Kurz gefasst ist Iran dabei, eine Atomindustrie aufzubauen, die sämtliche Teile der Uran- und Plutoniumwirtschaft umfasst. Das ist ein äußerst teures und ungewöhnliches Vorgehen für ein Entwicklungsland. Zu diesem Zweck entstanden in Iran viele Fabriken, Labors, Fachabteilungen und Projekte. Zu den wichtigsten zählen ein von Russland erbauter Leichtwasserreaktor in Buschehr, Arbeiten an einer Fabrik für schweres Wasser in Arak und eine bereits laufende Urananreicherungsanlage in Natanz. Das Kraftwerk in Buschehr, dessen Bau vor langer Zeit einmal von Siemens begonnen wurde, gilt noch als das geringste Problem. Die Russen haben vereinbart, dass sie die Brennstäbe liefern und wieder zurücknehmen, womit im Prinzip gewährleistet sein dürfte, dass kein Material zum Bombenbau abgezweigt wird.

Problematisch sind dagegen die beiden anderen Anlagen. In Natanz hat Iran eine Kapazität zur Herstellung von angereichertem Uran aufgebaut, die theoretisch schon groß genug ist, um im Jahr Sprengstoff zum Bau mindestens einer Atombombe herzustellen. 3000 Zentrifugen braucht man dafür, und so viele hatten die Iraner in einer riesigen unterirdischen, gegen Bombenangriffe geschützten Maschinenhalle zum ersten Mal im Herbst 2007 in Betrieb. Bis zu 50 000 Zentrifugen sollen hier eines Tages laufen, das würde für eine Jahresproduktion von 15 bis 20 Kernwaffen reichen. Die Schwerwasserfabrik in Arak soll einmal einen Schwerwasserreaktor speisen, was ein zur Energiegewinnung sehr unwirtschaftliches Nuklearverfahren ist, bei dem am Ende aber Plutonium abfällt. Das ist zum Bau einer Kernwaffe sogar interessanter, weil hier geringere Mengen Sprengstoff gebraucht werden als bei Uranbomben. Die Sprengköpfe sind leichter, womit die Reichweite von ballistischen Raketen erhöht werden kann.

In diesem Streit spielen komplizierte technische Fragen eine wichtige Rolle. Die Diplomaten, die das Dossier betreuen, sind halbe Physiker. Der politische Sachstand ist einfacher. Die Iraner behaupten, sie brauchten Kernkraftwerke zur Stromerzeugung, und es konnte ihnen keine militärische Verwendung nachgewiesen werden. Die Zentrifugen in Natanz produzierten, soweit die Internationale Atomenergiebehörde das prüfen konnte, bisher nur schwach angereichertes Uran, einen Stoff, der ausschließlich zur Verbrennung in Kraftwerken geeignet ist. Der Westen, der hier meist als Koalition aus Amerika, Deutschland, Frankreich und Großbritannien auftritt, fragt sich aber, wozu ein Land Atomstrom braucht, das die viertgrößten Öl- und die drittgrößten Gasvorkommen der Welt besitzt. Außerdem sind die Iraner immer wieder beim Versuch erwischt worden, Teile ihres Atomprogramms zu verschleiern. Auch fanden sich im Land Spuren von verdächtigem Nuklearmaterial und Studien zum Bau von Atombomben. Schließlich gibt es bis heute keinen Reaktor, der den in Natanz laufend erzeugten Brennstoff überhaupt verarbeiten könnte.

Das sind Feinheiten, die in unserer öffentlichen Debatte oft untergehen. Die westliche Iranpolitik, die immerhin schon zu mehreren Sanktionsrunden gegen das Land geführt hat, beruht nicht auf ungesicherten Erkenntnissen der nachrichtendienstlichen Aufklärung. Deshalb hatte kürzlich ein von vielen als Sensation aufgefasster amerikanischer Geheimdienstbericht, in dem zu lesen stand, dass Iran ein geheimes Waffenprogramm im Herbst 2003 unterbrochen habe, wenig Einfluss auf den Gang der Dinge. Die westliche Politik entspringt vielmehr einem tiefen Misstrauen gegenüber der bekannten iranischen Infrastruktur. In den maßgeblichen Staatskanzleien weiß jeder, dass die Zentrifugen in Natanz jederzeit umgestellt werden können – auf die Produktion von hochangereichertem Uran, das zum Bau von Kernwaffen nötig ist.

Hinzu kommt, dass die Iraner einen aggressiven Raketenbau betreiben, der immer mehr Länder in ihre Reichweite geraten lässt. Alle paar Jahre zeichnen westliche Geheimdienste neue Kreise und Elipsen auf ihren Nahostkarten ein, um die Flugweite der neuesten iranischen Modelle festzuhalten. Der bisher größte Schritt war die Indienststellung der sogenannten Schahab 3 vor ein paar Jahren. Diese Rakete kommt 1300 Kilometer weit, womit sie Israel und große Gebiete des Nato-Mitglieds Türkei erreichen kann. Angeblich haben sich die Iraner mit der Möglichkeit beschäftigt, Nuklearsprengköpfe auf die Waffe zu setzen. Eine Weiterentwicklung, die Schahab 4, haben sie mehrfach getestet. Sie dürfte bis zum Territorium der EU-Mitglieder Rumänien, Bulgarien und Griechenland reichen. Bis 2015, so schätzt der amerikanische Geheimdienst, könnten die Iraner eine Rakete haben, die ganz Europa abdeckt oder sogar über den Atlantik fliegen kann. Auch wenn man sich auf diese Prognosen nicht verlassen mag, so ist doch festzuhalten, dass die Stoßrichtung des iranischen Rüstungsprogramms, wie schon in Nordkorea, eindeutig gegen den Westen zielt. Die Europäer geraten in diesem Fall sogar früher ins Visier als die Amerikaner, einfach weil sie Iran geographisch näher liegen. Das sollte niemand auf die leichte Schulter nehmen. Die Islamische Republik Iran ist keine gewöhnliche Mittelmacht, die sich ein paar Raketen zur Unterfütterung einer regionalen Herrschaftsstellung zulegt. Jeder, der einmal mit einem iranischen Botschafter oder Minister gesprochen hat, kennt den Stolz und Geltungsanspruch dieses Volkes, das sich als Erbe der persischen Hochkultur versteht. Das war schon unter dem Reformpräsidenten Chatami so, der trotz aller feingeistigen Dialoge mit dem Westen in der Atomsache unbeugsam blieb. Als der Erweckungspolitiker Ahmadineschad in Teheran an die Macht kam, begann der Revolutionsstaat sogar eine offen kulturkämpferische Außenpolitik zu verfolgen. Ahmadineschad, ein Emporkömmling aus den erzislamistischen Revolutionsgarden, faselte von der Zerstörung Israels, schmiedete antiamerikanische Achsen bis nach Lateinamerika, verhöhnte den Westen als dekadent und dem Untergang geweiht. Selbst wenn die Hälfte davon Rhetorik sein mochte, so besteht in Teheran doch eine nicht zu unterschätzende Bereitschaft, Worten auch Taten folgen zu lassen, wie die iranische Unterstützung für diverse Terror- und Aufstandsbewegungen belegt. Man muss kein überspannter General sein, um sich Sorgen zu machen, wenn so ein Regime ein undurchsichtiges Atomprogramm zum Nationalheiligtum hochredet und mit weitreichenden ballistischen Raketen hantiert.

Die Tragweite dieser Vorgänge haben viele im Westen noch gar nicht richtig begriffen. Wir haben uns daran gewöhnt, Kernwaffen als großes Übel anzusehen, aber wenigstens als eines, das sich vornehmlich in unseren

Arsenalen findet. Wie wir bereits gesehen haben, war die Atombombe fünfzig Jahre lang eine Waffe, die mit Ausnahme Chinas einer Handvoll von Mächten vorbehalten war, die im weitesten Sinne dem westlichen Kulturkreis zuzurechnen sind. Das hat sich in den vergangenen zehn Jahren gründlich geändert. Die drei Neuzugänge unter den Kernwaffenstaaten sind asiatische Länder. Nutzt auch Iran seine vorhandenen Fähigkeiten zur Bewaffnung, dann bestünde der nukleare Club erstmals zur Hälfte aus Ländern, die nie zum europäisch-abendländisch geprägten Direktorium der Weltpolitik gehört haben. Man muss kein Prophet sein, um vorherzusagen, dass damit nicht Schluss wäre. Gerade die sunnitischen Herrscherhäuser am Golf werden nicht untätig zusehen, wenn sich ein schiitischer Klerikerstaat mit Hilfe der Atomwaffe zur regionalen Vormacht aufschwingt. Schon jetzt reagieren diese reichen Ölmonarchien mit eigenen Atomprogrammen auf die iranischen Umtriebe. Die Saudis, heute die wichtigste und mächtigste arabische Nation, haben früher sogar nachweislich Kontakt zum pakistanischen Nuklearhändler Khan gepflegt. Sie sollen mehrere hundert Millionen Dollar für sein Labor in Pakistan zur Verfügung gestellt haben. Dahinter schien das Kalkül zu stecken, dass es im Notfall einfacher wäre, die entsprechende Technologie in Pakistan zu kaufen, als selbst den mühsamen Weg der Bombenentwicklung zu gehen. Ägypten dürfte ebenfalls genau darauf achten, was in Iran geschieht; das nationale Nuklearprogramm wurde bereits wiederbelebt. Und in der Türkei sagen viele Politiker hinter vorgehaltener Hand, dass ihr Land selbstverständlich über eigene Atomwaffen nachzudenken hätte, sollten die Iraner die Bombe bauen. Es steht also viel auf dem Spiel im Atomstreit mit Iran, gerade für Europa. Im schlimmsten Fall entstünde eine nuklear bis an die Zähne gerüstete Region direkt vor unserer südlichen Haustür.

All das ist vor allem Ausdruck eines massives Kontrollverlustes des Westens, wie er in der jüngeren Geschichte selten vorgekommen ist. Die Motive für eine nukleare Bewaffnung mögen von Fall zu Fall verschieden sein. Sie reichen von Großmachtstreben wie in Indien bis zur Erschließung von Einnahmequellen wie in Nordkorea. Auch mag die Nuklear- und Raketentechnologie heute nicht mehr ein Buch mit sieben Siegeln sein. An westlichen Universitäten können Ingenieursstudenten aus Entwicklungsländern alles lernen, was man wissen muss. Aber es fällt doch auf, wie hilflos Amerika und Europa zugesehen haben, als sich die Zahl der Atommächte nach 1998 um ein Drittel erhöhte. Früher reichten Sanktionen und starker politischer Druck gemeinhin aus, um nukleare Ambitionen in der Dritten Welt zu unterdrücken. Indien war dafür lange ein gutes Beispiel. Heute muss der Westen schon Kriege führen, um sicherzustellen, dass ein Land wie der Irak sich keine Massenvernichtungswaffen verschafft. Versucht man es auf dem diplomatischen Weg, dann blüht einem ein jahrelanges Feilschen, dessen Ausgang selbst in einem Hungerland wie Nordkorea ungewiss ist.

Das hat viel mit der sich abzeichnenden Neuordnung der globalen Machtverteilung zu tun. Obwohl wir erst am Anfang dieses Prozesses stehen, beeinflusst er schon heute die Kalküle vieler Regierungen. Besonders deutlich wurde das in jüngster Zeit in Iran. Dass die Führung in Teheran sich traute, der Staatengemeinschaft im Atomstreit über Jahre hinweg die Stirn zu bieten, hatte viel damit zu tun, dass sie glaubte, den Westen gegen Indien, China und Russland ausspielen zu können. Wie wir später noch genauer sehen werden, wollen die beiden asiatischen Riesen sich verlässliche Energielieferungen für den Ausbau ihrer Volkswirtschaften sichern. Iran köderte beide Länder deshalb mit lukrativen Öl- und Gasprojekten. Auch den Russen bot Iran immer neue Geschäftsmöglichkeiten an, von Waffenkäufen bis zur Bestellung weiterer Kraftwerke. Mit dieser Strategie fuhren die Iraner insgesamt nicht schlecht. Zwar stimmte Indien in ein paar Abstimmungen in der Internationalen Atomenergiebehörde nicht im Sinne Teherans, aber das war nicht so wichtig. Entscheidend war, dass Russland und China mehrfach verhinderten, dass im UN-Sicherheitsrat allzu scharfe Sanktionen gegen Iran beschlossen wurden. Den Amerikanern blieb dann nichts anderes übrig, als es außerhalb der UN mit Einzelmaßnahmen gegen iranische Banken und Finanzeinrichtungen zu versuchen. Hinter dem iranischen Vorgehen steckte eine Denkfigur, die wir in Zukunft häufiger beobachten dürften. Der Westen wird als geschwächt wahrgenommen, die neuen Mächte in Asien und auch wieder Russland gelten als natürliches Gegengewicht.

Was bedeutet all das für die internationale Sicherheit, für die Weltpolitik insgesamt? Bei der Vorstellung, dass eines nicht allzu fernen Tages die Zielerfassung nahöstlicher Atomraketen mit den Lagedaten von München oder Berlin gefüttert werden könnte, wird es vielen kalt den Rücken herunterlaufen. Nüchtern betrachtet wird aber die klassische Abschreckung, der wir uns auch im Kalten Krieg anvertraut haben, in den allermeisten Fällen weiter Wirkung zeigen. Die nuklearen Nachzügler in der Dritten Welt dürften das Einmaleins der Nuklearpolitik mit der Zeit genauso verstehen und verinnerlichen wie ihre Vorgänger im Westen. Auch Spielernaturen wie einem Kim Jong Il kann nicht entgehen, dass ihr Land von einem alles vernichtenden Gegenschlag getroffen würde, sollten sie eine Atomrakete auf eine amerikanische Großstadt abfeuern. Uns erscheinen viele der Leute, die jetzt ihre Hand auf Atomwaffen legen, fremd und unheimlich. Deshalb muss man ihnen aber nicht unterstellen, sie seien dumm oder unreif. In der Geschichte der Atomrüstung gibt es bisher kein Beispiel für einen leichtfertigen Umgang mit dieser gigantischen Waffe. In der Regel hat sie eine disziplinierende Wirkung auf ihre Besitzer gehabt. Die eigenen Atomwaffen bieten Amerika und Europa immer noch den verlässlichsten Schutz vor gegnerischen Nuklearschlägen.

Drei Ausnahmen gibt es allerdings, weshalb man die Umtriebe in der Dritten Welt nicht ignorieren kann. Die erste ist die bereits erwähnte Gefahr, dass Terroristen in Ländern wie Pakistan in den Besitz von Atomwaffen gelangen. Die müssen sie nicht einmal von einem sympathisierenden Offizier erhalten, sie können sie auch rauben. In Saudi-Arabien hat Al Qaida schon Angriffe auf Ölanlagen geführt; solche Operationen sind natürlich auch gegen Nukleardepots möglich. Zum anderen steigt mit der Anzahl der Atommächte die Gefahr von versehentlichen Abschüssen. Selbst die Amerikaner haben schon mehrmals Atombomben verloren; einige davon ruhen bis heute unentdeckt auf dem Grund des Ozeans. In Entwicklungsländern ist das Militär von amerikanischen Organisationsstandards weit entfernt, deshalb kann es hier leichter zu Unfällen kommen. Letztlich ist nicht ganz auszuschließen, dass in einem islamischen Land doch jemand mit Märtyrerphantasien an die Macht gelangt, der in der Vernichtung des Westens sein Lebensziel sieht, auch wenn dafür sein Land untergeht. Typen wie Mahmud Ahmadineschad haben nicht dieses Selbstmörderprofil, sie sind im Grunde Nationalisten, keine Dschihadisten. Aber ihre Ausfälle gegen Israel und den Westen zeigen, dass ein Teil der iranischen Elite in

Gedankenwelten lebt, die der Al-Qaida-Ideologie bedenklich nahekommen. Schon deshalb wird man das Land im Auge behalten müssen.

Darüber hinaus hat die Verbreitung von Kernwaffen noch eine ganz andere Folge, die oft übersehen wird, obwohl sie im Alltag der Weltpolitik eine große Rolle spielt. Je mehr Länder Atomwaffen haben, desto geringer wird die Interventionsfähigkeit des Westens. Ein Beispiel wie aus dem Lehrbuch lieferte das Verhalten Kim jong-ils am Vorabend des Irakkrieges. Heute ist fast vergessen, dass die Bush-Regierung im Jahr 2002 nicht nur Drohungen gegen Saddam Hussein ausstieß, sondern auch gegen Nordkorea. Die beiden Länder wurden zusammen mit Iran zu einer »Achse des Bösen« gerechnet. Der damalige Verteidigungsminister Rumsfeld ließ wissen, dass Amerika durchaus in der Lage sei, zwei Kriege gleichzeitig zu führen. Anfang 2003, der Truppenaufmarsch am Golf war schon in vollem Gange, überraschte der amerikanische Präsident dann aber mit der Mitteilung, er strebe mit Nordkorea eine »diplomatische«, eine »friedliche« Lösung an. Das kam völlig unerwartet, da Kim gerade die Inspekteure der Internationalen Atomenergiebehörde des Landes verwiesen hatte.

Ein hoher Beamter in Washington vertraute schließlich einer Zeitung an, was den Sinneswandel hervorgerufen hatte. Die Fähigkeiten Nordkoreas begrenzten die militärischen Optionen, sagte er. Das war eine vornehme Umschreibung für den einfachen Umstand, dass die Amerikaner zu der Auffassung gelangt waren, dass Kim im Besitz einer funktionsfähigen Kernwaffe sein konnte. Damit hatte sich das strategische Tableau grundlegend verändert. Es bestand die Möglichkeit, dass der Diktator auf einen amerikanischen Angriff mit einem atomaren Vergeltungsschlag gegen die südkoreanische Hauptstadt

Seoul (10 Millionen Einwohner) oder vielleicht sogar gegen Tokio (26 Millionen Einwohner) reagieren würde. Damit war Kim faktisch unangreifbar. Ein amerikanischer Präsident würde nicht lange zögern, ein womöglich nuklear bewaffnetes Nordkorea anzugreifen, wenn dieses seinerseits auf die Idee käme, einen Schlag gegen die Vereinigten Staaten zu führen. Aber in allen anderen Fällen wird ein demokratischer Führer vom Einsatz von Gewalt absehen. Wer will schon den Atomtod von Millionen unbeteiligten Menschen riskieren, wenn das eigene Volk gar nicht unmittelbar in Gefahr ist?

Les Aspin, Verteidigungsminister unter Bill Clinton, hat einmal anschaulich zusammengefasst, was für ein Mechanismus da zur Geltung kommt: »Kernwaffen sind immer noch die großen Gleichmacher. Aber heute sind die Vereinigten Staaten nicht der Gleichmacher, sondern der Gleichgemachte.« In der Tat gewinnen Entwicklungsländer durch die nukleare Bewaffnung einen Handlungsspielraum in der Weltpolitik, wie ihn sonst nur Großmächte kennen. Normalerweise wüssten die meisten westlichen Politiker nicht einmal, wo ein Land wie Nordkorea auf der Karte zu finden ist. Da Kim aber mit gefährlicher Atomtechnologie spielte, genoss er Aufmerksamkeit in allen wichtigen Hauptstädten und konnte auf die Erfüllung von Forderungen hoffen, von denen andere Despoten nur träumen. Das ist langfristig der am stärksten wirkende Effekt der Proliferation. Sie führt zu einem gewaltigen Einflussverlust der etablierten westlichen Mächte, weil sie schwächeren Staaten nicht mehr mit Einmarsch und Sturz der Regierung drohen können.

Das ist eine Entwicklung, die unserem außenpolitischen Selbstverständnis in erheblichem Maße die Grundlage entzieht. Seit den neunziger Jahren mischen wir uns im Namen von Menschenrechten oder materiellen Interessen

massiv in die Geschicke armer Länder ein. Irak,
Somalia, Bosnien, Kosovo, Afghanistan, wieder Irak –
schon die Fälle, in denen gegen den Willen der Betroffenen militärisch interveniert wurde, ergeben eine stolze
Liste. Hinzu kommen viele große und kleine Friedensmissionen, denen auch nicht jedes betroffene Land ganz
freiwillig zugestimmt hat. Ein Staat, der Atomwaffen besitzt, muss solchen Besuch nicht fürchten. Das verkleinert
den Spielraum für unsere Außenpolitik, je weiter die Proliferation fortschreitet. Kernwaffen errichten Mauern um
Länder, hinter denen ihre Regierungen tun können, was
sie wollen.

Aufrüstung in Asien

Im April 2003, kurz nach der Niederlage Saddam Husseins, sagte der britische Oberbefehlshaber im Irak voraus, dass Militärhistoriker und Strategen diesen Krieg
noch über Jahre hinaus studieren würden. Luftmarschall
Brian Burridge, mit Abschlüssen in Physik und Betriebs-
wirtschaft mehr ein Akademikeroffizier als ein Haudegen,
behielt recht. Die Operation »Irakische Freiheit« mag
heute in der breiten Öffentlichkeit als Misserfolg gelten,
weil die Amerikaner das Land durch eine weitgehend ver-
fehlte Besatzungspolitik in ein lang anhaltendes Unglück
stürzten. Der Einmarsch selbst aber setzte Maßstäbe für
die konventionelle Kriegführung. In jeder ernstzuneh-
menden Militärakademie dürfte seither gelehrt werden,
mit welchen Waffen und mit welcher Strategie Amerikaner und Briten ein Land von der Größe Frankreichs in gerade einmal 26 Tagen überrannten.

Besonders fleißig wurde der Irakkrieg in China ausge-
wertet. Die elektronische Kriegführung, die Logistik, die

psychologische Taktik, die Spezialkräfte und die gemeinsamen Operationen der Teilstreitkräfte – all das untersuchte das chinesische Militär aufmerksam und offenbar mit einiger Bewunderung. In chinesischen Publikationen wurde vor allem auf die moderne Waffentechnik der Amerikaner hingewiesen, der die Iraker nichts entgegenzusetzen hatten. Xiong Guangkai, ein General der Volksbefreiungsarmee, schrieb kurz nach dem Ende der Hauptkampfhandlungen, dieser Waffengang sei ein »ausführlicher Test der neuesten Transformation des amerikanischen Militärs« gewesen, aus dem China wichtige Schlüsse für die Modernisierung des eigenen Militärs ziehen könne.

Die Bemerkung des Generals zeigt, dass hinter den chinesischen Analysen keine gelehrte Neugier steckte, sondern handfestes Eigeninteresse. China will von Amerika lernen, will sich abgucken, wie man heutzutage konventionelle Kriege führt. So wie die Chinesen die westliche Industrie ausspionieren, so kopieren sie auch das Militär der mächtigen Staaten. In Amerika wurden von 2000 bis 2006 mehr als 400 Verfahren wegen illegaler Waffenausfuhr nach China eingeleitet. Ein typischer Fall war der eines kalifornischen Geschäftsmannes chinesischer Herkunft, der im Dezember 2007 zu zwei Jahren Haft verurteilt wurde, weil er Technologie für Nachtsichtgeräte nach China verkauft hatte. Für das moderne Militär sind das hochwichtige Hilfsmittel. Eine Armee, die in der Dunkelheit operieren kann, hat unschätzbare Vorteile gegenüber jedem Gegner, der keine Nachtsichtfähigkeit hat. Gerade die Amerikaner haben sich das immer wieder bei Einsätzen in der Dritten Welt zunutze gemacht.

China war unter den potentiellen neuen Großmächten in jüngster Zeit am eifrigsten darum bemüht, in der konventionellen Rüstung aufzuholen. Im Jahr 2007 hatte das Land schon die dritthöchsten Verteidigungsausgaben der Welt, nach Amerika und Großbritannien. Aber auch Japan auf Platz fünf, Russland auf Platz sieben und Indien auf Platz zehn gehörten zu den zehn Ländern mit den größten Militärbudgets. Brasilien lag in dem Jahr auf Rang zwölf. Auf dieser Liste der großen Militärmächte finden sich sonst fast nur westliche Länder. Die konventionelle Rüstung ist etwas anderes als ihr nukleares Pendant. Mit Atombomben macht man sich unangreifbar, sie werden in der Praxis nie eingesetzt. Konventionelle Waffen sind dagegen bis zum heutigen Tag die Waffen, mit denen Kriege tatsächlich geführt werden. Wer hier gut gerüstet ist, der kann seinen Willen gegen andere mit Gewalt durchsetzen. Das gilt vor allem für Interventionskriege fernab der Heimat. Macht und Größe eines Landes werden in der Weltpolitik zunehmend an der Fähigkeit gemessen, technisch überlegene Expeditionstruppen in weit entfernte Einsatzgebiete schicken zu können.

Um das besser zu verstehen, müssen wir uns vergegenwärtigen, wie sehr sich die Kriegführung verändert hat. Der letzte große Krieg, den Europa erlebt hat, der Zweite Weltkrieg, war noch eine echte Schlacht des Industriezeitalters. Da wurden riesige Armeen aufgeboten, gewaltige Mengen an Stahl bewegt, massive Schläge geführt, auch gegen die Zivilbevölkerung. Im Kern war das ein klassischer Abnutzungskrieg, wie ihn schon Napoleon kannte. Meist entschied nicht strategische Brillanz über Sieg oder Niederlage, sondern das Gewicht der Zahlen. Wer mehr Soldaten, Panzer, Bomber und Zerstörer hatte, der setzte sich in der Regel durch. Die Kriege dauerten Jahre und wurden von hohen Verlusten begleitet. Heute regt sich die amerikanische Öffentlichkeit über 4000 im Irak gefallene

Soldaten in fünf Jahren auf. Im Zweiten Weltkrieg waren es hundert mal so viele.

Im 21. Jahrhundert werden Kriege anders geführt. Die Nato hat sogar ein besonderes Hauptquartier eingerichtet, um die Veränderungen zu bewältigen, die das Informationszeitalter dem Militär bringt. Es liegt in Norfolk im amerikanischen Bundesstaat Virginia, wo auch der größte Stützpunkt der amerikanischen Marine untergebracht ist. Dieses »Alliierte Kommando Transformation« ist ein Ort, der nicht einmal von Ferne an eine Kaserne erinnert. Die Büros sehen aus wie Programmierstuben von Disney, die Generale sagen, ihr Einsatzgebiet sei die Zukunft. In dieser riesigen militärischen Denkfabrik werden unter Leitung eines amerikanischen Generals Schlachtpläne entworfen, in denen der Umgang mit Information genauso wichtig ist wie Feuerkraft. Etwas vereinfacht gesagt, meldete früher die Aufklärung dem Kommandeur am Morgen, wo die feindlichen Truppen standen. Der gab dann den Offizieren im Feld den Tagesbefehl für den jeweiligen Angriff. Heute sind Befehlshaber über Computernetze ständig miteinander verbunden und erhalten in Echtzeit Erkenntnisse über den Gegner, so dass sie Operationen laufend überprüfen und verändern können.

Im Fachjargon heißt das vernetzte Kriegführung, und diese Neuerung hat viel in Frage gestellt, was noch bis zum Vietnamkrieg üblich war. Der größte konzeptionelle Wandel besteht darin, dass heute nicht mehr die möglichst vollständige Zerstörung des Feindes und all seiner Infrastruktur angestrebt wird. Der Gegner wird vielmehr als »System von Systemen« betrachtet. Er ist ein Widersacher mit einer Armee, einem Stromnetz, einem Bankwesen, einer Industrie. Angegriffen werden jeweils nur Ziele, deren Zerstörung ganz bestimmte, politisch-psychologisch erwünschte Wirkungen erwarten lässt. Die Militärs reden nicht mehr vom Schlachtfeld, sondern vom Schlachtraum, weil sie mehr im Visier haben als nur die feindlichen Streitkräfte. So erkannte die Nato im Kosovokrieg recht bald, dass der Beschuss von serbischen Panzern Milošević nicht zum Einlenken brachte. Also zerstörte man die Stromversorgung, um den erwünschten zermürbenden Effekt zu erzielen. Im Irakkrieg achteten die amerikanischen Kommandeure darauf, dass die Postämter des Landes nicht getroffen wurden, weil bekannt war, dass viele Iraker dort ihre Grundbuchauszüge aufheben. Deren Beschädigung hätte zu einem Chaos in Eigentumsfragen geführt und den Irakern kaum den Eindruck vermittelt, der Krieg richte sich nicht gegen die Bevölkerung, sondern gegen das Regime.

Der Feldzug zum Sturz Saddam Husseins war ein Krieg, in dem diese strategische Neuausrichtung wie im Lehrbuch zum Tragen kam. Amerikaner und Briten überwältigten in nur gut drei Wochen eine Armee, die ihnen im Verhältnis zwei zu eins überlegen war. Die irakischen Streitkräfte zählten damals 450 000 Soldaten. Die beiden westlichen Länder hatten 250 000 Mann am Golf im Einsatz, von denen aber zu keinem Zeitpunkt mehr als Hunderttausend auf irakischem Boden operierten. Selbst wenn man berücksichtigt, dass die irakische Armee durch jahrelange Sanktionen geschwächt war, so sprach dieses Kräfteverhältnis nicht von vornherein für eine schnelle Niederlage der Iraker. Aber sogar die Republikanische Garde, eine gut ausgerüstete Sondereinheit Saddam Husseins, wurde vor den Toren Bagdads in wenigen Tagen aufgerieben. Soweit bekannt ist, gelang es den Irakern nicht einmal, den Angreifern einen einzigen Luftkampf zu bereiten. Nur drei amerikanische Panzer wurden außer Gefecht gesetzt.

Dieser Ausgang zeigte den Streitkräfteplanern in aller Welt, dass das Zeitalter der Massenheere unwiederbringlich zu Ende geht. Die Amerikaner konnten im Irak trotz deutlicher Unterzahl gewinnen, weil sie sämtliche Möglichkeiten der neuen Kriegführung nutzten. Eine der einschneidendsten Veränderungen war der umfassende Gebrauch von Präzisionsmunition. In den Bombennächten des Zweiten Weltkrieges wurden noch ganze Städte in Schutt und Asche gelegt, weil man glaubte, nur so sei der Feindeswille zu brechen und jedes wichtige Ziel zu zerstören. Heute stehen dem Militär »kluge Bomben« zur Verfügung, mit denen gegnerische Truppenteile oder auch Gebäude auf den Meter genau getroffen werden können. Da gibt es zum Beispiel elektrooptische oder Infrarotsucher, die auf Bomben angebracht werden und dem Piloten eines Kampfflugzeuges ein Bild überspielen, mit dessen Hilfe er das Ziel auswählt, das die Bombe dann automatisch ansteuert. Ein anderes Verfahren ist die Markierung eines Zieles mit Hilfe eines Laserstrahles, der einen Kegel bildet, in den sich die Bombe mit Hilfe von Flugleitwerken selbst hineinsteuert. Diese Taktik, die in Norfolk entwickelt wurde, kam zuerst in Afghanistan zum Einsatz. Als Einheimische verkleidete Spezialeinheiten suchten auf Pferden hinter den feindlichen Linien nach Zielen und markierten diese dann mit Hilfe der Laser. Andere Bomben werden mit Daten aus dem globalen Ortungssystem GPS in ihr Ziel gelenkt. Im Irakkrieg wurden in den drei Wochen der Hauptkampfhandlungen etwa 15 000 Bomben und Raketen mit Präzisionssteuerung abgefeuert, das waren gut siebzig Prozent der Munition, die von der Luftwaffe verschossen wurde. Was für eine Fortentwicklung das war, zeigt der Vergleich mit dem Golfkrieg 1991. Damals verfügten nur neun Prozent der eingesetzten amerikanischen Munition über eine Präzisionssteuerung. Hinzu kam ein Heer von Drohnen und Aufklärungsflugzeugen, das ständig im Luftraum über dem Irak im Einsatz war und den Oberbefehlshabern ein genaues und jederzeit aktuelles Lagebild über den Fortgang der Kämpfe verschaffte. Auch die Kommandeure im Felde waren über Computerbildschirme stets auf dem neuesten Stand.

All das hatte eine gewaltige Steigerung von Einsatzgeschwindigkeit, Treffergenauigkeit und Feuerkraft zur Folge, der die irakische Armee ohnmächtig gegenüberstand. In der letzten Phase versuchten die Iraker zum Beispiel immer wieder, ihre schwer getroffenen Stellungen vor Bagdad zu verstärken. Das führte aber nur zu Truppenbewegungen, die dann wieder ein leichtes Ziel für die Hochtechnologieluftwaffe der Amerikaner waren. Auf irakischer Seite gingen ganze Divisionen unter, die Tausende Soldaten zählten. Die Verluste der Amerikaner lagen nach Ende der Hauptkampfhandlungen bei gerade einmal 130 Mann, Unfälle und versehentlichen Beschuss durch eigene Truppen mitgerechnet. Für die amerikanische Armee sei das eigentlich eher eine Großübung gewesen, sagten einige Offiziere hinterher. Es fiel nicht einmal ins Gewicht, dass die Türkei ihr Staatsgebiet nicht für einen Einmarsch von Norden her zur Verfügung stellte, so dass der Vorstoß am Boden nur von Süden, von Kuweit aus, erfolgen konnte. Die technologische Überlegenheit der Angreifer war so groß, dass sie ohne Eröffnung einer zweiten Front auskamen.

Die Amerikaner konnten diesen Erfolg nicht recht nutzen, weil sie völlig falsch einschätzten, was nach dem Zusammenbruch des Saddam-Regimes im Irak geschehen würde. Auf einen Bürgerkrieg war ihre IT-Armee nicht vorbereitet. Erst als der Heeresgeneral David Petraeus, Verfasser eines neuen Feldhandbuchs zur Aufstandsbekämpfung, im Februar 2007 den Oberbefehl im Irak übernahm, wurde die Lage besser. Aber das ist für uns hier nicht von Bedeutung. Entscheidend ist, dass der Irakkrieg für eine neue Ära in der Militärgeschichte steht. Er zeigte die Standards für Ausrüstung, Ausbildung und Strategie, die jeder zu beachten hat, der künftig in der Weltpolitik ein gewichtiges Wort mitreden will. Nirgends hat man das besser verstanden als in Peking. Schon aus dem Golfkrieg 1991 hatten die Chinesen die Lehre gezogen, dass die Volksbefreiungsarmee den Waffen und der Doktrin der Amerikaner deutlich unterlegen sei. Für ein Entwicklungsland war das eine bemerkenswerte Weitsicht, weil damals selbst viele Nato-Staaten der »Revolution in militärischen Angelegenheiten«, die das Pentagon ausgerufen hatte, noch nicht folgten. Die chinesischen Generale sahen aber früh, dass ihre Armee, die auf Maos einfachem Konzept des Volkskrieges beruhte, im Zeitalter der Hochtechnologiewaffen von Grund auf zu erneuern war. Nach dem 11. September 2001, als die Amerikaner in Afghanistan in wenigen Wochen die Taliban zusammenschossen, erließ der chinesische Generalstab Richtlinien für die »Verjüngung« der Ausbildung, mehr Nachtübungen und die Vorbereitung auf Konflikte »ohne unmittelbare Feindberührung«. Die amerikanische Kriegführung mit Abstandswaffen war als Vorbild bereits deutlich zu erkennen. Im Januar 2007 legte der Generalstab dann in der jährlichen Überprüfung der Ausbildung fest, dass die Streitkräfte künftig auf Kämpfe unter »Informationsbedingungen« vorzubereiten seien. Es war das erste Mal, dass die IT-Kriegführung Eingang in die Schulungsleitlinien der Volksbefreiungsarmee fand.

In der Praxis bedeutete das zunächst die Verkleinerung der Streitkräfte. »Kleiner, aber gemeiner«, sagt man im Militär zu diesem Konzept, das heute allen bedeutenden

Militärreformen zugrunde liegt. Aufgeblähte Truppen zu unterhalten kostet nur viel Geld. Als wesentlich gilt der Aufbau von kleinen, mobilen, gut ausgebildeten und ausgerüsteten Einheiten. Im Fall Chinas hat das vor allem zu einem drastischen Personalabbau geführt. Die Mannschaftsstärke der Volksbefreiungsarmee sank von 3,5 Millionen Soldaten im Jahr 1990 auf etwa 2,3 Millionen im Jahr 2005. Das eingesparte Geld sollte unter anderem für Investitionen in die Informationstechnologie ausgegeben werden. Im Heer werden die Kernverbände, die bisher 40 000 bis 70 000 Mann stark waren, durch wesentlich kleinere Brigaden ersetzt, was der Struktur vieler westlicher Armeen entspricht. An Expeditionseinheiten sind drei Luftlandedivisionen, zwei Landungsdivisionen der Infanterie, zwei Brigaden der Marineinfanterie und sieben Gruppen für Spezialaufträge aufgebaut worden. Die Luftwaffe beschafft Flugzeuge, die in der Luft betankt werden können. Die Marine erhält Zerstörer sowie U-Boote, die nicht nur nukleare Interkontinentalraketen, sondern auch Marschflugkörper abfeuern können. Das sind Vorbereitungen für Kriege fernab der eigenen Heimat. Mittel zur Machtprojektion nennen Fachleute solche Waffen.

Allerdings sind das nur die ersten Schritte. Eine vollentwickelte Expeditionsstreitmacht ist die Volksbefreiungsarmee noch lange nicht. Die gesamte Marine konnte zuletzt nicht sehr viel mehr als eine Infanteriedivision von etwa 10 000 Mann in Auslandseinsätze transportieren, die Luftwaffe höchstens 5000 Fallschirmjäger auf einmal in ein Operationsgebiet bringen. Den Chinesen fehlen außerdem bis heute Flugzeugträger, jene schwimmenden Flughäfen, die für moderne Offensivoperationen in weit entfernten Gegenden unabdingbar sind. Sie haben von der Ukraine einen alten sowjetischen Flugzeugträger gekauft, der nie fertig gebaut wurde. Er liegt streng bewacht im Hafen von Dalian im Norden, ohne Antriebsreaktor und Elektronik. Im Jahresbericht des amerikanischen Verteidigungsministeriums über Chinas militärische Stärke, der besten öffentlich zugänglichen Studie über die Rüstungspolitik des Landes, hieß es 2008, vielleicht solle das Wrack für Übungszwecke genutzt werden. In den chinesischen Medien wurde aber immer wieder darüber berichtet, dass das Land eine eigene Produktion von Flugzeugträgern aufnehmen will. Ein chinesischer General sprach im Herbst 2008 in einem Interview mit einer britischen Zeitung davon, dass der Besitz eines Trägers der Traum jeder großen Militärmacht sei.

Der Umbau von Armeen dauert immer lange, das haben auch viele westliche Verteidigungsminister schmerzlich erfahren. Da sind riesige Summen zu investieren, ganze Korps umzutrainieren, Waffen über Jahrzehnte hinweg neu zu entwickeln. Im Fall Chinas kommt hinzu, dass die Volksbefreiungsarmee zugleich den Konflikt mit Taiwan nicht vernachlässigen kann. Bis heute werden die ausgereiftesten Waffensysteme, die Peking zur Verfügung hat, gegenüber von Taiwan stationiert, von Panzern bis zur Artillerie. Von den 1,25 Millionen Soldaten des Heeres tun alleine 400.000 in den drei Militärregionen an der Taiwanstraße Dienst. Damit ist ein Drittel der chinesischen Landstreitkräfte permanent an diesem Schauplatz gebunden.

Die langfristig denkende chinesische Führung hat es aber ohnehin nicht eilig. Aus Peking ist immer wieder die Einschätzung zu hören, dass die beiden ersten Jahrzehnte des 21. Jahrhunderts eine »Periode der Möglichkeiten« darstellen. Das internationale Umfeld werde weitgehend friedlich sein, wodurch China Zeit habe, sich eine führende Rolle in Asien und Einfluss in der Welt zu verschaffen. Wohin die Reise gehen soll, ließ sich schon im Verteidigungsweißbuch 2004 nachlesen, dem dritten, das die chinesische Regierung je veröffentlichte: »In einem oder zwei Jahrzehnten wird die Volksbefreiungsarmee ein Kontingent von kommandierenden Offizieren besitzen, die in der Lage sind, Kriege unter Informationsbedingungen zu befehligen und Streitkräfte für solche Kriege aufzubauen. Sie wird ein Kontingent an Stabsoffizieren besitzen, die professionell in der Streitkräfteplanung und in militärischen Operationen sind. Sie wird ein Kontingent von Wissenschaftlern besitzen, die in der Lage sind, die Entwicklung der neuesten Waffen und Ausrüstung zu planen und zu organisieren sowie Schlüsseltechnologien zu erforschen. Sie wird ein Kontingent an technischen Spezialisten besitzen, die ein tiefes Verständnis neuer und hochtechnologischer Waffenleistung haben. Sie wird ein Kontingent an Unteroffizieren haben, die über Fachwissen im Umgang mit Waffen und Ausrüstung verfügen.«

Dass Chinas Rüstungspolitik mit solch intellektueller Schärfe und Zielstrebigkeit entworfen wird, macht sie so außergewöhnlich. Viele Entwicklungsländer kaufen sich Waffen, wenn sie zu Geld kommen. Aber oft sind das nicht mehr als Statussymbole. Thailand etwa hat vor ein paar Jahren einen Flugzeugträger erworben, ohne über die notwendigen Begleitschiffe zu verfügen; das macht das Schiff im Ernstfall unbrauchbar. China aber verfolgt ein auf Jahrzehnte angelegtes Rüstungsprogramm, das Schritt für Schritt einen militärischen Aktionsradius hervorbringen soll, wie ihn nur eine ehrgeizige Großmacht braucht.

Wie ernst es dem Land mit diesem Vorhaben ist, ließ sich in den vergangenen Jahren am Anstieg der Verteidigungsausgaben ablesen. Die genaue Höhe des Budgets ist strittig, da in der chinesischen Statistik entscheidende Posten wie die Nuklearstreitkräfte, Waffenkäufe im Ausland oder die militärische Forschung nicht berücksichtigt werden. Deshalb traut niemand, der etwas von der Sache versteht, den Zahlen aus Peking. Für das Jahr 2007 etwa lag der Verteidigungshaushalt offiziell bei 46 Milliarden Dollar. Das schwedische Forschungsinstitut SIPRI schätzte, dass es in Wirklichkeit 58 Milliarden waren, das amerikanische Verteidigungsministerium ging von 97 bis 139 Milliarden aus. Selbst nach der niedrigen Pentagon-Schätzung wäre das doppelt so viel, wie Russland und Japan für Rüstung ausgaben, und viermal so viel wie Indien. Und auch die offiziellen Zahlen können nicht verbergen, wie stark die Zuwächse waren. Der offizielle Verteidigungshaushalt der Volksrepublik wuchs von 1996 bis 2006 um jährlich durchschnittlich 11,8 Prozent. Das war sogar mehr als der Anstieg des Wirtschaftswachstums.

Die chinesische Führung, die in Rüstungsfragen noch weniger auskunftsfreudig ist als in anderen Bereichen der öffentlichen Politik, spielt diese Entwicklung gerne herunter. Die Soldaten müssten besser bezahlt und verpflegt werden, hieß es immer wieder zur Begründung der Ausgabensteigerungen. Außerdem koste der Umbau einer Armee, in der früher auch Motoren gebaut und Schweine gezüchtet wurden, nun einmal Geld. Die meisten westlichen Fachleute sagen, dass tatsächlich ein höherer Sold gezahlt werde. Aber das ist bei weitem nicht so harmlos, wie es klingt. Eine bessere Entlohnung ist nämlich eine Begleiterscheinung der Kampfkraftstärkung, an der China so verbissen arbeitet. Eine moderne Armee braucht Spezialisten und motivierte Mannschaften, deshalb muss sie gut zahlen. Außerdem gab der chinesische Staat seine schönen neuen Steuereinnahmen natürlich auch für Waffen aus. Aus Russland, bis heute Hauptlieferant der Volksbefreiungsarmee, kamen Kampfflugzeuge, Präzisionswaffen, Lenkwaffenzerstörer, Fregatten und Landungsboote. In heimischer Produktion fertigten die Chinesen neue ballistische Raketen, ein Allzweckkampfflugzeug und U-Boote. Und das ist wahrscheinlich nur das, was die westliche Aufklärung mitbekam. Chinas Verteidigungshaushalt wird auch wieder durch magere Jahre gehen müssen, aber die langfristige Zielrichtung dürfte sich nicht ändern: Die chinesische Führung rüstet sich für den modernen Krieg, umfassender und systematischer als jedes andere Schwellenland. Andere potentielle Großmächte waren allerdings nicht untätig, zuvorderst in Asien. Wie bereits erwähnt, gehören Japan und Indien zu den zehn Ländern mit den höchsten Verteidigungsausgaben der Welt. Die Inder haben durch Kriege gegen Pakistan und China sowie Interventionen in Sri Lanka mehr Kampferfahrung als viele westliche Länder. In jüngster Zeit machten sie sich daran, ihre Armee auch technologisch auf den neuesten Stand zu bringen. Die neunziger Jahre galten in Delhi als verlorenes Jahrzehnt für die Rüstungspolitik, weil die Verteidigungsausgaben lange stagnierten. Danach besorgte sich aber auch das zweite große Land Asiens immer mehr Waffensysteme, mit denen Einsätze in großer Entfernung vom Heimatland zu leisten sind. Von Russland kaufte Delhi einen Flugzeugträger, von Frankreich Mirage-Kampfflugzeuge, auch neue U-Boote standen auf den Beschaffungslisten des Verteidigungsministeriums. Und natürlich werden die Streitkräfte auf die vernetzte Kriegführung umgestellt.

Die Japaner wiederum haben sich eine Kriegsmarine aufgebaut, die mit 119 Schiffen, darunter zwanzig dieselgetriebenen U-Booten, derzeit dreimal, bald wohl sogar viermal größer ist als die britische. Auch wenn Großbritannien schon lange keine Großmacht mehr ist, so ist das ein Vorgang von großer Symbolik. Die britische

Flotte, einst der Stolz der Weltmeere, ist heute deutlich schwächer als die Marine einer asiatischen Industriemacht, die sich immer noch als pazifistisch versteht.

Diese Veränderung der maritimen Machtbalance in Asien ist der Beginn eines militärischen Einflussverlustes des Westens, wie es ihn seit der Kolonialzeit nicht gegeben hat. Robert Kaplan, ein Professor an der amerikanischen Marineakademie, hat kürzlich festgestellt, dass der Pazifik in den vergangenen sechzig Jahren praktisch ein amerikanischer See war, weil die amerikanische Marine allen anderen Flotten drückend überlegen war. Im Grunde gilt das auch für den Indischen Ozean und andere asiatische Meere. Noch zu Zeiten der Clinton-Regierung reichte es, einen Flugzeugträger in die Taiwanstraße zu entsenden, um eine Krise zwischen China und Taiwan zu entschärfen. Heute bereiten sich chinesische Marineplaner darauf vor, fremde Schiffe bis zur sogenannten »zweiten Inselkette« vor dem Festland anzugreifen. Das sind Gewässer weit östlich von Japan und den Philippinen. Offenbar streben die Chinesen eine Schlagfähigkeit bis oder über Guam hinaus an, den zentralen amerikanischen Stützpunkt im Westpazifik. Und Indien könnte in ein paar Jahren die drittgrößte Marine der Welt haben, die nicht nur im gesamten Indischen Ozean, sondern auch bis zur Straße von Malakka operieren kann, einer der am dichtesten befahrenen Handelsrouten der Welt.

Das ist keine Kleinigkeit. Mit jedem Yuan und jeder Rupie, die in Asien in die Rüstung investiert wurden, verliert der Westen an Interventionsfähigkeit in einer Zentralregion der Weltwirtschaft. Im Jahr 2007 gingen 65 Prozent der deutschen Ausfuhren in andere Mitgliedstaaten der EU. Danach kam aber sofort Asien mit 11 Prozent als zweitwichtigster Handelspartner deutscher Exporteure. Die deutschen Importe stammten in dem Jahr sogar zu 16 Prozent aus dieser Region. Das heißt nichts anderes, als dass die politische Stabilität Asiens inzwischen Teil des wirtschaftlichen Interesses Deutschlands ist. Ein Krieg oder eine schwere zwischenstaatliche Krise, die einen Wachstumseinbruch zur Folge hat, kann unsere Volkswirtschaft genauso treffen wie eine herkömmliche Rezession oder eine Finanzkrise in Asien.

Anlässe für ernsthafte Konfrontationen gibt es leider genug. Neben der ständig auf kleiner Flamme köchelnden Taiwanfrage sind es gerade eine Handvoll von maritimen Territorialkonflikten, die immer wieder Spannungen in eine Region tragen, in der viele neue Kriegsschiffe vom Stapel gelaufen sind. China und Japan streiten sich um ein paar Inseln im Chinesischen Meer, ebenso Japan und Südkorea, des Weiteren China und mehrere Asean-Staaten um Hunderte Eilande und Riffe im Südchinesischen Meer. Das mutet für Europäer oft nebensächlich an, weil wir Grenzstreitigkeiten heute nicht mehr als casus belli begreifen. Im nationalistischen Asien können solche Konflikte aber ganze Völker in Wallung versetzen. Besonders gefährlich wird es, wenn in der Umgebung der Streitobjekte große Öl- oder Gasvorkommen vermutet werden, wie im Südchinesischen Meer.

Und natürlich wissen auch die Asiaten, welche strategische Bedeutung ihre Wasserwege haben. Durch das Südchinesische Meer etwa wird ein Viertel des per Schiff transportierten Welthandels abgewickelt, achtzig Prozent der japanischen Ölimporte passieren diese Gewässer. Der Indische Ozean ist von ähnlicher Bedeutung, weil hier die Tanker verkehren, die Öl vom Persischen Golf nach China und Indien schaffen. Wir werden uns im nächsten Kapitel noch genauer mit der Rohstoffrivalität befassen, die sich in Arabien zwischen dem Westen und Asien anbahnt.

Hier genügt der Hinweis, dass die beiden asiatischen Vormächte sich natürlich auch deshalb an den Ausbau ihrer Marine machten, weil sie die Seewege für ihren lebenswichtigen Energienachschub kontrollieren wollen. Die Chinesen finanzierten in Pakistan den Bau eines Tiefwasserhafens, der nur 400 Seemeilen von der für den Ölexport überragend wichtigen Straße von Hormus entfernt liegt. Durch diese Meerenge fließt der gesamte Tankerverkehr aus dem Persischen Golf. In Burma wollten sie einen weiteren Hafen am Golf von Bengalen errichten. Außerdem haben sie angeboten, an der Landenge von Kra in Thailand den Bau eines Kanals zu bezahlen, womit eine neue, schnelle Verbindung zwischen dem Indischen Ozean und dem Pazifik entstünde. Da rammt eine Großmacht strategische Pfeiler in ihren Vorhof ein. China will eine militärische Infrastruktur aufbauen, die es ihm erlauben würde, seine Versorgungswege gegen Einflussnahme von dritter Seite abzuschirmen. Der Westen, sprich: Amerika könnte in zehn oder zwanzig Jahren nur noch einer von mehreren, vielleicht nicht einmal der mächtigste Spieler auf den stark befahrenen Meeren Asiens sein.

Die Chinesen stießen aber noch an ganz andere Fronten vor. Im Januar 2007 verblüfften sie die Welt mit dem Abschuss eines ausrangierten Wettersatelliten, der funktionsuntüchtig im niedrigen Orbit kreiste. Das überraschte viele westliche Politiker, da Rüstung im Weltall bisher eigentlich ein Tabu war. Soweit bekannt ist, unterhält derzeit kein Land Waffensysteme außerhalb der Erdatmosphäre. Die Chinesen bewiesen hier aber wieder einmal großes strategisches Denkvermögen, weil dem All in den nächsten Jahrzehnten tatsächlich eine überragende Bedeutung zukommen wird, zivil wie militärisch. Ortungssysteme für den Straßenverkehr lassen sich ohne Satelliten genauso wenig nutzen wie Präzisionsbomben oder vernetzte Kommandozentralen. Wer Satelliten ausschalten kann, der kann Hochtechnologiearmeen erheblich schwächen.

Das ist gerade für ein Land wie China, das sich noch im Aufstieg befindet, ein entscheidender Punkt. Kein chinesischer General bildet sich ein, dass die Volksbefreiungsarmee heute eine direkte Auseinandersetzung mit den amerikanischen Streitkräften gewinnen kann. Deshalb zielen viele chinesische Rüstungsprojekte darauf ab, sich fürs erste einfache Mittel zu verschaffen, um feindliche (lies: amerikanische) Operationen zu stören. Anti-Satelliten-Waffen sind, genauso wie Computerviren, besonders gut geeignet für diese gehobene Art der Guerillakriegführung. Mit relativ geringem Aufwand lässt sich da einem Gegner Schaden zufügen. Den alten Wettersatelliten holten die Chinesen mit einer herkömmlichen ballistischen Rakete vom Himmel. Sie arbeiten aber auch an Hochleistungslasern, Störsendern und elektromagnetischen Impulswaffen, um feindliche Satelliten auszuschalten.

Das zeigt nicht nur, dass Chinas Rüstung westliche Kommunikationsinteressen schon heute direkt berührt, sondern ist auch wieder ein Beleg dafür, wie fortgeschritten das konzeptionelle Denken der chinesischen Militärplaner ist. Die Zerstörung von Raumfahrzeugen hatten vor China nur zwei Länder erprobt. Die Sowjetunion und die Vereinigten Staaten unternahmen im Kalten Krieg einige Tests; die Amerikaner schossen dann im Februar 2008 einen ihrer Spionagesatelliten ab, der abzustürzen drohte. Eine umfassende Beschäftigung mit Sicherheitsbedrohungen im All findet außer in China heute vor allem in Amerika statt. Präsident Bush stellte im August 2006 eine nationale Weltraumpolitik vor, in der sich die Regierung das Recht vorbehielt, zur Wahrung nationaler

Interessen gegnerischen Staaten auch im All entgegenzu-
treten. Das Pentagon arbeitet angeblich an einer boden-
gestützten Laserwaffe zum Abschuss feindlicher Satelliten. Die Inder wachten allerdings rasch auf und kündigten
zwei Wochen nach dem chinesischen Test die Gründung
eines militärischen Oberkommandos für die Raumfahrt
an, um ihre eigenen Satelliten im All zu schützen.
In Europa dagegen hat man sich noch nie ernsthaft mit
diesem Problem auseinandergesetzt. In der humanitären
Welt, in der sich ein Großteil unserer Verteidigungspolitiker gedanklich bewegt, kommt der Fall nicht vor,
dass lebensnotwendige Kommunikationswege im Weltall
gestört werden könnten. So trennt sich die Spreu vom
Weizen. Mit der Militarisierung des Weltraums, einem der
großen sicherheitspolitischen Zukunftsthemen, befassen
sich nur die geschäftsführende Weltmacht und ihre potentiellen Nachfolger.
Ein Sonderfall ist Russland. Der Krieg in Georgien im
Sommer 2008 sah zumindest im Fernsehen so aus, als ob
die russischen Streitkräfte zu den ganz Großen dieser Welt
gehören. In nur fünf Tagen brachten sie die georgische
Armee an den Rand der Auflösung, besetzten Teile des
Landes und zerstörten seine wesentliche militärische
Infrastruktur. Das erweckte aber einen falschen Eindruck
von der russischen Schlagkraft. Zum einen waren die
Georgier alles andere als ein ebenbürtiger Gegner. Die
Armee des Landes ist sehr klein, die stärkste Brigade war
bei Ausbruch der Kämpfe noch dazu im Irak. Den Soldaten
fehlten Ausbildung und Erfahrung in der Landesverteidigung. Kommandeure waren blutjunge Offiziere, die bis
dahin vor allem geübt hatten, Straßenkontrollen in Auslandseinsätzen zu unterhalten. Der älteste Befehlshaber der
Georgier war 44 Jahre alt. Brigaden wurden von Leuten
geführt, denen im Westen nur wesentlich kleinere Verbände

anvertraut worden wären. Diese im Aufbau befindliche Truppe musste gegen die 58. russische Armee antreten, eine durch den Tschetschenienkrieg gestählte Einheit.

Zum anderen wählten die Russen eine Strategie, die nicht auf modernen Konzepten der Kriegführung beruhte, sondern auf dem alten sowjetischen Bewegungskrieg. Die Georgier wurden mit einer massiven Feuerwalze zurückgeworfen, der russische Sieg durch eine gewaltige numerische Überlegenheit an Soldaten und Gerät erkämpft, nicht durch neue Präzisionswaffen. Bei der Auswertung des Waffengangs kam man im Westen zu dem Schluss, dass die russische Armee zwar heute einsatzfähiger sei als in den neunziger Jahren, aber in einer großen Feldschlacht gegen zeitgemäß gerüstete Widersacher vermutlich erhebliche Schwierigkeiten hätte.

Auch hier spielen Öl und Gas eine Rolle. Nach dem Zusammenbruch der Sowjetunion war die einstmals so stolze Rote Armee nur noch ein Schatten ihrer selbst. Noch Ende der neunziger Jahre galt die Hälfte der russischen Luftwaffe als nicht einsatzfähig. Im Heer musste Übung um Übung abgesagt werden, weil das Geld für Treibstoff fehlte. Erst mit den jüngsten Einnahmen aus den Energieexporten wurde das besser. Die Russen konnten ihre Langstreckenbomber wieder auf längere Ausflüge schicken, was sie unter anderem dazu nutzten, die Nato mit kleinen Mätzchen vor dem westlichen Luftraum zu ärgern. Außerdem wurden neue Waffen beschafft und der viel zu niedrige Sold erhöht, wodurch die Moral der Truppe offenbar gehoben werden konnte.

Trotzdem hat die russische Armee bis heute Probleme, die sich eine Möchtegerngroßmacht eigentlich nicht erlauben kann. Die Disziplin gilt als schwach, die Wehrpflichtigen als ungebildet, noch dazu werden sie oft brutal misshandelt. Schwere ansteckende Krankheiten sind in der Truppe noch wesentlich verbreiteter als in der Zivil-bevölkerung, es blühen Diebstahl und Betrug. Außerdem kommt die Umwandlung in eine Berufsarmee nur schlep-pend voran, und die militärische Führung ist weiterhin sehr auf die Nuklearstreitkräfte fixiert. Russland ist das einzige Land, das andere ständig mit dem Einsatz von Atomwaffen bedroht. Wer mit Kanonen auf Spatzen zielen muss, der gesteht ein, dass er in der Welt der IT-Armeen nicht mithalten kann. China ist da deutlich wei-ter. Es gab in den vergangenen Jahren Schätzungen, wo-nach der Ausrüstungsstand der Volksbefreiungsarmee dreimal höher lag als der Russlands.

Aber selbst das Rüsten in Asien verblasst, wenn man sich den Wehretat der Vereinigten Staaten vor Augen hält. Im Jahr 2007 betrug er 547 Milliarden Dollar, die Auf-wendungen für die Kriege im Irak und in Afghanistan mit-gerechnet. Das waren 45 Prozent der weltweiten Militär-ausgaben. Das heißt, die Vereinigten Staaten gaben alleine fast so viel Geld für Rüstung aus wie alle anderen Länder zusammen. Großbritannien, China, Frankreich und Ja-pan, die auf den nächsten Plätzen der globalen Rüstungs-statistik folgten, kamen nur auf je vier bis fünf Prozent. Wir hatten am Beispiel des chinesischen Haushalts bereits gesehen, dass solche Zahlen mit Vorsicht zu behandeln sind. Aber die Größenordnung stimmt schon. Amerika ließ sich sein Militär nicht nur ein bisschen, sondern dra-matisch viel mehr Geld kosten als alle anderen Mächte, die ihm Konkurrenz machen wollen. Vor allem nach dem 11. September 2001 schnellten die Rüstungsausgaben in die Höhe. Gerade für Forschung, Entwicklung und Er-probung neuer Waffensysteme stellte der Kongress immer mehr Mittel zur Verfügung. Zwischen 2001 und 2006 wuchs allein dieser Posten um 58 Prozent, mehr als jeder andere Teilhaushalt. So erwarben die amerikanischen

Streitkräfte die technologische Überlegenheit, die sie im Irak so kühl ausspielten.

Es wäre allerdings völlig falsch, daraus den Schluss zu ziehen, dass die Vereinigten Staaten auch in Zukunft stark genug sein werden, um die westlichen Interessen gegen die nachrüstenden Mächte in der Dritten Welt durchzusetzen. Amerikas Vorsprung dürfte in den nächsten Jahrzehnten in dem Maße dahinschmelzen, in dem andere Volkswirtschaften wachsen. Sofern die Globalisierung nicht zusammenbricht, sollten sich Länder wie China oder Indien langfristig Militärhaushalte leisten können, die an den der westlichen Führungsmacht heranreichen. Es mag sein, dass Amerika dann immer noch das größte Verteidigungsbudget hat. Wenn aber zwei oder drei Länder ihre Streitkräfte ähnlich gut ausstatten können, dann könnte sich in der konventionellen Rüstung ein globaler Gleichstand herausbilden.

Befördert wird diese Tendenz auch durch inneramerikanische Entwicklungen. Die Bush-Regierung hat die immense Steigerung der Rüstungsausgaben zu großen Teilen durch staatliche Kreditaufnahme finanziert. Da könnten schon die Folgen der Finanzkrise bremsend wirken, sollten sie den Bundeshaushalt weiter stark belasten. Langfristig wird außerdem der demographische Wandel einschneidende Folgen haben. Mit dem Fiskaljahr 2008 beginnen in Amerika allmählich die sogenannten Babyboomer in Ruhestand zu gehen, jene geburtenstarke Generation, die nach dem Zweiten Weltkrieg geboren wurde. Ab dem Jahr 2011 kommen dann die ersten großen Verrentungswellen dieser Altersgruppe, was dem amerikanischen Staat gewaltige Gesundheits- und Pensionszahlungen aufbürden wird. Der Rechnungshof des Landes hat vor einiger Zeit festgestellt, dass das steigende Ungleichgewicht zwischen Steuereinnahmen und voraussichtlichen Staatsausgaben zu »unhaltbaren Defiziten und Schulden der Bundesregierung führen wird, die eine Bedrohung für die künftige nationale Sicherheit und den Lebensstandard des amerikanischen Volkes darstellen«. Der einzige Ausweg wären Steuererhöhungen. Aber es ist schwer vorstellbar, dass die amerikanischen Wähler, die selbst nach der Verwundung durch den 11. September ihren »Krieg gegen den Terror« nur auf Pump finanzieren wollten, sich jahrzehntelang auf höhere Abgaben einlassen, um einer zunächst eher theoretisch anmutenden Rüstungskonkurrenz in Fernost zu begegnen.

Lücken im westlichen Arsenal werden die Europäer sicher nicht auffüllen können. Das liegt nicht nur daran, dass auch Europa demographische Probleme hat. Viel entscheidender ist, dass in Europa kaum Bereitschaft zum Aufbau und Unterhalt von global einsatzfähigen Streitkräften zu erkennen ist. Unser Kontinent hat sich seit nunmehr zwei Jahrzehnten von den internationale Rüstungstrends abgekoppelt. In den Jahren 1988 bis 2006 sind die Militärausgaben in Asien um 81 Prozent, in Nahost um 80 Prozent, in Afrika um 28 Prozent und in den Amerikas um 9 Prozent gestiegen. Einen Rückgang gab es nur in Europa – und zwar um sage und schreibe 40 Prozent. Ein Großteil davon geht zurück auf Einsparungen in den früher kommunistischen Ländern Osteuropas, in denen die Rüstungsausgaben um 82 Prozent sanken. Aber selbst in Westeuropa, das die europäischen Kernarmeen in der Nato stellt, wird heute neun Prozent weniger für die Verteidigung ausgegeben als 1988, am Ende des Kalten Krieges. Das Ergebnis ist ernüchternd. Die EU-Staaten kamen 2007 zusammen auf Verteidigungsausgaben von etwa 257 Milliarden Dollar. Damit gaben die Amerikaner für eine Armee mehr als zweimal so viel aus wie die Europäer für 27 Armeen.

Nun sagt die Höhe der Militärausgaben noch nicht alles über die militärische Schlagkraft eines Landes. Wichtiger ist, wofür das Geld ausgegeben wird. Für Hochtechnologiekriege kommt es auf die Beschaffung moderner Waffen an. Aber auch hier sind die Europäer zögerlich. Im Jahr 2006 entfielen in Amerika 29 Prozent der Verteidigungsausgaben auf die Rubrik Investitionen, worunter Waffenkäufe, Forschung und Entwicklung zu verstehen sind. Für Personal wandte das Pentagon nur 20 Prozent seiner Mittel auf. In den Mitgliedstaaten der EU lag der Anteil der Investitionen bei 19 Prozent, auf das Personal wurden 55 Prozent verwandt.

Diese Zahlen beschreiben ungeschminkt das Hauptmerkmal europäischer Verteidigungspolitik. Das meiste Geld wird für den Unterhalt von Soldaten ausgegeben, das wenigste für die Entwicklung und Beschaffung zeitgemäßer Waffensysteme. Europa unterhält etwa zwei Millionen Soldaten, eine halbe Million mehr als die Vereinigten Staaten. Aber siebzig Prozent der Landstreitkräfte sind nicht in der Lage, außerhalb ihres Staatsgebietes zu operieren. Im Grunde sind die europäischen Armeen immer noch auf den unwahrscheinlichsten Krieg vorbereitet, die große Völkerschlacht zur Verteidigung des Heimatlandes nämlich. Nur sehr langsam und zäh geht bei uns der Aufbau moderner Expeditionsstreitkräfte voran, die in die ganze Welt entsandt werden können. Die wachsende Zahl von Auslandseinsätzen hatte da paradoxerweise sogar einen negativen Effekt, zumindest in Deutschland. Da die Missionen in Afghanistan, auf dem Balkan und anderswo aus dem laufenden Haushalt bezahlt werden, bleibt weniger Geld für die Modernisierung der Bundeswehr übrig. Wenn die Stimme Europas in der Weltpolitik nicht untergehen soll, dann wird man hier etwas ändern müssen. Wir werden darauf noch einmal zurückkommen.

Das Nach-, Um- und Aufrüsten der Aufsteigermächte bedeutet einen tiefgreifenden Umbruch der Weltpolitik. Eine asiatische Macht, die global agieren konnte, gab es noch nie. Jetzt haben gleich mehrere Staaten im bevölkerungsreichsten Kontinent mit dem Aufbau von Armeen begonnen, die weit von ihren Landesgrenzen entfernt eingesetzt werden können. Gelingt ihnen das, dann wird die militärische Überlegenheit des Westens Stück für Stück zurückgedrängt – erst in Asien, dann in anderen Weltregionen. Wir haben uns daran gewöhnt, dass Expeditionskriege immer nur vom Westen ausgehen. Soldaten aus Entwicklungsländern nehmen am internationalen Geschehen bisher nur als Fußvolk von UN-Friedensmissionen teil. Das dürfte sich ändern. In den nächsten Jahrzehnten werden auch chinesische, indische und andere Generale lernen, Irakkriege zu führen. Militärische Interventionen zur Wahrung eigener Interessen waren dann die längste Zeit ein Vorrecht des Westens. Im 21. Jahrhundert könnten sie zum Schwert aller Großmächte werden. Damit verlöre der Westen eines seiner ältesten und wichtigsten Herrschaftsinstrumente.

Wettlauf um Rohstoffe und Märkte

In Lissabon gibt es ein spektakuläres neues Stadtviertel, das für die Weltausstellung 1998 gebaut wurde. Es ist eine riesige Schaufläche zeitgenössischer Architektur, vollgestopft mit mutigen Glas- und Stahlbetonbauten. Den Kern bildet ein 145 Meter hoher Aussichtsturm, der aussieht wie das Segel einer Karavelle. Dieser Vasco-da-Gama-Turm soll an die großen portugiesischen Seefahrer erinnern, die vor fünfhundert Jahren von hier aus in die weite Welt hinausfuhren.

Vor dieser Kulisse hielt die Europäische Union im Dezember 2007 ein ganz besonderes Treffen ab. In einer
Messehalle am Fuße des Turms kamen für ein Wochen-
ende fast sämtliche Staats- und Regierungschefs aus Europa und Afrika zusammen. Das waren gut achtzig Spit-
zenpolitiker nebst Begleitpersonal, alleine die Vorfahrt
dauerte zwei Stunden. Die Medien hatten hinterher vor
allem von großem Streit zwischen den beiden Nachbar-
kontinenten zu berichten. Denn am ersten Tag kam es zu
einem heftigen Krach über die Menschenrechte in Simbabwe, am zweiten zu einer scharfen Auseinandersetzung
über den Zugang der EU zu afrikanischen Märkten. Un-
freiwillig, so schien es, hatten die Europäer einen sehr
symbolischen Veranstaltungsort gewählt. Der Umgang
miteinander wird immer noch von den Verwerfungen geprägt, die zu Vasco da Gamas Zeiten begannen.
  Die meisten europäischen Delegationen reisten trotzdem zufrieden ab. Denn auf dem EU-Afrika-Gipfel wurde
nicht nur gestritten, sondern auch ein dicker Stapel an
Verträgen unterschrieben. Die beiden Kontinente versprachen einander, in Zukunft auf acht zentralen Feldern
zusammenzuarbeiten: Handel, Sicherheit, Migration,
gute Regierungsführung, Energie, Klimaschutz, Wissenschaft und Entwicklungshilfe. Damit hatte die EU ein
wichtiges Ziel erreicht, das Kommissionspräsident Bar-
roso in die Worte kleidete, Europa und Afrika müssten
endlich über eine »Geber-Nehmer-Beziehung« hinaus-
kommen. Etwas zugespitzt ausgedrückt: Afrika war lange
genug Almosenempfänger, in Zukunft wird man auch
übers Geschäft reden.
  Tatsächlich war die Konferenz in Lissabon ein Versuch
der EU, wieder Einfluss auf einem Kontinent zu gewinnen, der traditionell Europas strategischer Vorgarten war.
Die Diplomaten, die aus Brüssel anreisten, hatten im

Handgepäck eine kleine Statistik der Kommission, die mehr über den Zustand des heutigen Afrika sagt als viele dicke Handbücher. Bis zum Jahr 2006 haben achthundert chinesische Firmen insgesamt eine Milliarde Dollar auf dem Kontinent investiert. Es wurden 480 chinesisch-afrikanische Gemeinschaftsunternehmen gegründet, 78 000 chinesische Arbeiter entsandt. China wurde in den vergangenen Jahren zum großen neuen Spieler in Afrika, es durchkämmte den zweitgrößten Kontinent nach Rohstoffen und Absatzmärkten. Weil in Peking im Jahr 2006 ein großer Afrikagipfel stattfand, zu dem fast fünfzig Staats- und Regierungschefs kamen, beeilten sich die Europäer, ihr eigenes Stelldichein mit den afrikanischen Machthabern zu organisieren.

Dieses Buhlen um die Gunst eines ganzen Kontinents zeigt, wie sehr sich die Weltpolitik verändert. Bisher hat immer nur der Westen seine Interessen in anderen Regionen geltend gemacht. Vor zwanzig Jahren gab es eine amerikanische Afrikapolitik, eine britische oder eine französische. Eine chinesische gab es nicht, zumindest keine, die man hätte ernst nehmen müssen. China war ein Entwicklungsland, so wie die Staaten Afrikas auch. Über ein paar solidarische Worte auf Dritte-Welt-Treffen und in den Vereinten Nationen kamen die Beziehungen nicht hinaus. Pekings neue Afrikapolitik folgt dagegen strengem wirtschaftlichem Kalkül, sie ist auf Profitmaximierung und langfristige Einflussnahme angelegt. Das ist eine Veränderung in der internationalen Politik, wie es sie seit Jahrhunderten nicht gegeben hat. Der Westen verliert seine letzten postkolonialen Zugriffsräume. In den strategisch wichtigen Weltgegenden entsteht eine erbitterte Rivalität mit den neuen Mächten.

Afrika war der erste Schauplatz dieses globalen Wettlaufs um Rohstoffe und Märkte. In so gut wie jedem afrikanischen Land, dessen Erde mit Öl, Gas oder seltenen Metallen gesegnet ist, traf man in jüngster Zeit chinesische Geschäftsleute auf den Flughäfen. Meist arbeiteten sie für große Staatskonzerne wie die »China National Petroleum Corporation« oder die »China National Offshore Oil Corporation«. Das sind riesige Unternehmen mit Zehntausenden Mitarbeitern und Geschäftsbeziehungen in Dutzende von Ländern. In Afrika hatten sie einen Auftrag, der lebenswichtig ist für die Zukunft des rohstoffarmen China. Sie mussten Nachschub für den mit dem Wachstum gestiegenen Energiehunger der chinesischen Industrie beschaffen. Im Jahr 2006 bezog China schon knapp dreißig Prozent seiner Öleinfuhren aus Afrika.

Mit welchem Geschick die Chinesen sich Zugang zu afrikanischen Bodenschätzen verschafften, lässt sich am Beispiel Nigerias studieren. In keinem anderen Land des Kontinents gibt es mehr Öl, die nigerianischen Vorkommen sind die elfgrößten auf der Welt. Den chinesischen Ölkonzernen gelang es auf Versteigerungen neuer Ölfelder immer wieder, sich ein Drittel oder gar die Hälfte der ausgeschriebenen Ölblöcke zu sichern, weil sie den Nigerianern zugleich interessante Nebengeschäfte anbieten konnten. Sie versprachen, Kraftwerke, Straßen oder ein Schienennetz zu bauen, und stellten zur Finanzierung gleich noch günstige Kredite in Milliardenhöhe zur Verfügung. Ölkäufer, Bauinvestor und Bankier in einem – mit solchen lukrativen Paketen hatten die Chinesen auch in vielen anderen Ländern Erfolg.

Dabei ließen sie sich nicht von moralischen Bedenken quälen. Angola, zweitgrößter Ölproduzent des Kontinents und ein anderer Hauptlieferant Chinas, erhielt in Peking kürzlich einen Kredit über mehr als zwei Milliarden Dollar. Weltbank und Internationaler Währungsfonds gaben dem in dreißig Jahren Bürgerkrieg völlig heruntergekommenen Land wegen der allgegenwärtigen Korruption kein Geld. Und im Sudan, der wegen der Darfur-Krise ständig am Pranger der westlichen Öffentlichkeit steht, dominieren chinesische Ölfirmen die Förderung. China wurde zum größten Abnehmer sudanischen Öls; bei der Erschließung neuer Felder kamen praktisch nur noch chinesische Unternehmen zum Zug. Peking schickte sogar Tausende Mann Schutzpersonal zur Bewachung seiner Anlagen in die Fördergebiete. Der einzige chinesische Beitrag zur Eindämmung des Völkermordes im Westsudan bestand darin, der Einsetzung einer internationalen Friedenstruppe im UN-Sicherheitsrat zuzustimmen. Sanktionen oder andere Zwangsmaßnahmen gegen die Regierung in Khartum wusste China aber immer wieder zu verhindern.

Nach diesem Muster griff die Macht aus Asien auch nach den Metallen und Erzen Afrikas. Egal, ob es um Kupfer und Kobalt (Kongo), Platin (Simbabwe), Steinkohle und Eisenerz (Südafrika, Gabun, Mauretanien) ging – die Chinesen kauften auf, was sie für ihre heimische Produktion bekommen konnten. Und sie taten etwas, was der Westen seit der Kolonialzeit nicht mehr getan hat: Sie überschwemmten Afrika mit billiger Fertigware. Dazu nutzten sie Marktlücken, die westliche Manager vermutlich gar nicht sehen würden. Die Firma Hisense aus Qingdao erkannte zum Beispiel in den neunziger Jahren, dass unter den Armen in Südafrika eine große Nachfrage nach Schwarzweißfernsehern bestand. Sie baute eine Fabrik in Johannesburg, wo zuletzt 200 000 Fernseher im Jahr hergestellt wurden, darunter auch Farbgeräte. Mit der Uralttechnologie aus den Anfangstagen des Rundfunks öffnete sich Hisense den Zugang zum südafrikanischen Konsumgütermarkt. Das Unternehmen betrieb 2400 Verkaufsfilialen im Land und lieferte seine Waren in zehn benachbarte Staaten. Auch die Kleidermärkte auf dem Kontinent wurden von Mode »Made in China« beherrscht.

Das veränderte die afrikanische Handelsbilanz stärker als alle westliche Entwicklungshilfe zusammen. China verdrängte die frühere Kolonialmacht Großbritannien vom dritten Platz der Handelspartner Afrikas. Nur Amerika und Frankreich machten hier noch mehr Geschäfte. Enorm war vor allem die Geschwindigkeit, mit der das chinesische Engagement zunahm. In den neunziger Jahren stieg das Handelsvolumen um siebenhundert Prozent, danach kam es immer wieder zu jährlichen Verdoppelungen. Das war eine strategische Umarmung, wie sie Afrika seit der Kolonialzeit nicht mehr erlebt hat.

Es ist noch nicht ganz abzusehen, welche Folgen das für die betroffenen Volkswirtschaften hat. Ganz sicher trug das chinesische Vorgehen merkantilistische Züge, weil die Chinesen stets darauf achteten, dass ihre eigenen Firmen den Löwenanteil von öffentlichen Aufträgen erhielten, wenn sie in Afrika Kredite vergaben. Auch brachten sie ihre Arbeiter in der Regel mit, statt heimische Kräfte einzustellen. In Süd- und Westafrika gingen die letzten Textilunternehmen zugrunde, weil sie mit den niedrigen Preisen der chinesischen Hersteller nicht konkurrieren konnten. Auf der anderen Seite brachte China natürlich Investitionen nach Afrika und kaufte dort Waren. Das haben im Spenderwesten viele aufgegeben. Dass Afrika in den vergangenen Jahren erstmals ein Wachstum von fünf Prozent erreichte, wurde nicht zuletzt auf die chinesische Ölnachfrage zurückgeführt. Außerdem ermöglichten die Chinesen vielen afrikanischen Ländern den Zugang zu moderner Technologie. Für Nigeria baute ein chinesisches Konsortium den ersten Kommunikationssatelliten Afrikas, in Uganda wurde mit chinesischer Hilfe das Internet ausgebaut, in Ghana der Mobilfunk. Das könnte mancher afrikanischen Gesellschaft auf Dauer mehr nützen als die westliche Brunnenbohrpolitik. Aber um das Wohl der Einheimischen ging es in diesem großen strategischen Spiel ohnehin nur am Rande. Chinas Griff nach Afrika wurde lange nicht bemerkt. Dann versuchten aber auch andere, sich ein Stück vom Kuchen zu sichern. Die Inder waren die Nächsten, die den Afrikanern einen Gipfel aufdrängten. Er fand im April 2008 in Delhi statt, war allerdings nicht so gut besucht wie die Veranstaltungen der Chinesen und der Europäer. Acht Staatschefs und vierzehn Delegationen aus afrikanischen Ländern reisten in die indische Hauptstadt. Aber da kam nur zum Ausdruck, dass Indien in der geopolitischen Neuordnung der Weltpolitik ein Nachzügler ist. Da die Inder ihre Wirtschaft gut zwei Jahrzehnte später öffneten als die Chinesen, waren auch ihre Geschäfte mit Afrika noch nicht so entwickelt. Im Fiskaljahr 2007/2008 lag das Handelsvolumen bei 30 Milliarden Dollar, China kam auf 55 Milliarden. Aber der Zuwachs war genauso beeindruckend wie im Fall des chinesischen Afrikahandels. Im Jahr 1991, als Indien mit der wirtschaftlichen Liberalisierung begann, war der jährliche Handel mit Afrika gerade einmal eine Milliarde Dollar wert.

Die Inder suchten in Afrika, was alle suchten, hatten aber auch ein paar spezielle Interessen. Auf ihrem Einkaufszettel fand sich nicht nur das übliche westafrikanische Öl, sondern auch Uran aus Gabun für die schnell wachsende indische Atomindustrie. Die Inder trieb außerdem ihr größtes politisches Prestigeprojekt auf den schwarzen Kontinent. Sie wollen unbedingt ständiges Mitglied des UN-Sicherheitsrates werden, und da kann man die Stimmen der fünfzig afrikanischen Staaten gut gebrauchen. Um all das voranzubringen, zeigte sich die indische Regierung auf ihrem Afrikagipfel äußerst spendabel. Der Premierminister kündigte am Abend vor der Eröffnung zollfreien Zugang zum indischen Markt für die ärmsten Staaten der Welt an, von denen drei Dutzend in Afrika liegen. Auch indische Darlehen und Entwicklungshilfe für den Kontinent sollen gesteigert werden. Letzteres ist besonders bemerkenswert, da die Inder selbst noch erhebliche Mittel von der Weltbank und anderen Hilfsorganisationen erhalten.

Indien hat in Afrika einen kleinen Heimvorteil, der seiner Geschichte geschuldet ist. Die chinesische Führung stützte sich bei der Eroberung des Kontinents unter anderem deshalb auf Staatsbetriebe, weil es in Afrika nur eine kleine chinesische Diaspora gibt. Das ist im Fall Indiens anders. Zur britischen Kolonialzeit kamen viele Inder als Arbeiter nach Südafrika, Kenia und in andere Länder. Auf einem Inlandsflug in Indien sitzt man immer wieder neben Juwelieren aus Ostafrika, die ihre Familien in der alten Heimat besuchen. Der Literaturnobelpreisträger V. S. Naipaul hat dieses Milieu in seinem Roman »An der Biegung des großen Flusses« wunderbar beschrieben. Deshalb kann Indien im Osten und Süden Afrikas ein Netzwerk von indischstämmigen Unternehmern nutzen, um die Kontakte auszubauen. Dass die größte Demokratie der Welt, wie sich die Inder gerne selbst schmeicheln, bei ihrem strategischen Vorstoß empfindlicher ist für die Menschenrechte als China, zeichnet sich nicht ab. Auch Delhi ist im Sudan aktiv.

Der westlichen Vormacht sind diese Schachzüge ihrer heranwachsenden Wettbewerber natürlich nicht entgangen. Die Vereinigten Staaten reagierten vor allem mit der Verbesserung ihrer militärischen Einsatzstrukturen in Afrika. Nach dem Desaster in Somalia hatten die Amerikaner ihr militärisches Engagement in den neunziger Jahren auf ein Minimum zurückgefahren und im Wesentlichen den Aufbau afrikanischer Friedenstruppen gefördert. Diese Politik revidierte das Pentagon im Frühjahr 2007, indem es die Gründung eines eigenen Oberkommandos für amerikanische Operationen in Afrika anordnete. Um die Tragweite dieser Entwicklung zu verstehen, muss man sich die historisch gewachsene Befehlsstruktur der amerikanischen Streitkräfte ins Bewusstsein rufen. Diese Armee kennt kein einheitliches Oberkommando, sondern hat die Welt in sogenannte Vereinte Kampfkommandos aufgeteilt. Da gibt es eines für Europa, für den Pazifik, für Nord- und für Südamerika sowie für die sogenannte Zentralregion, die den Nahen Osten und Zentralasien umfasst. Für Afrika gab es nie ein eigenes Kampfkommando, was zeigt, dass der Kontinent als Ganzes nie wichtig genug war, um in den militärischen Planungen der Amerikaner eine Rolle zu spielen. Die Verantwortung für Einsätze in Afrika teilten sich die Befehlshaber des Zentralkommandos, des Pazifikkommandos und des Europakommandos. Jeder dieser drei Generale war für ein paar afrikanische Länder zuständig.

Das ist nun Vergangenheit, denn in Stuttgart gibt es seit Oktober 2008 ein Afrikakommando, Africom abgekürzt. Ursprünglich wollten die Amerikaner diese Befehlsstelle in einem afrikanischen Land ansiedeln, fanden aber keinen geeigneten Gastgeber. Das ist angesichts der modernen Kommunikationsmittel des Militärs aber nebensächlich. Das Zentralkommando, das die Einsätze im Irak und in Afghanistan führt, ist auch nicht in seinem Zuständigkeitsgebiet beheimatet, sondern in Tampa, einer Großstadt in Florida. Viel entscheidender ist, dass Africom, das den ganzen Kontinent außer Ägypten zu betreuen hat, vor allem die amerikanischen Energiebedürfnisse im Auge hat. Etwa 15 Prozent der amerikanischen Öleinfuhren stammten zuletzt aus Afrika, bis 2015 wird mit einer Steigerung auf 25 Prozent gerechnet. Deshalb verfolgt das amerikanische Militär unter anderem sehr genau, was am Golf von Guinea vor sich geht, wo noch viele unerschlossene Öl- und Gasvorkommen schlummern. Da hier viel Förderung auf hoher See betrieben wird und die Region von Amerika aus gesehen auf der anderen Seite des Atlantik liegt, ist die Versorgung einfacher zu gewährleisten als im konfliktreichen Nahen Osten. In Äquatorialguinea, das jüngst zum drittgrößten Ölproduzenten südlich der Sahara aufstieg, sind vornehmlich amerikanische Ölfirmen an der Erschließung der auf 1,1 Milliarden Barrel geschätzten Vorkommen beteiligt.

Von solchen strategischen Würfen sind die Europäer weit entfernt. Ein Gipfel macht nicht wett, dass der überwiegende Teil der EU-Länder Afrika über Jahrzehnte hinweg nur als Aufmarschgebiet für Entwicklungshelfer gesehen hat. Wie hilflos da manche agieren, zeigte ein Besuch Gerhard Schröders in Ghana im Jahr 2004. Die deutsche Bauindustrie hatte Interesse an einem Autobahnprojekt in dem Land, weshalb das Kanzleramt auf die Idee kam, der ghanaischen Führung zwanzig VW Phaeton zu schenken. Die Autos werden heute in der Hauptstadt Accra zur Beförderung ausländischer Staatsgäste eingesetzt, der Auftrag aber ging nach China. Denn ein paar deutsche Oberklassewagen waren natürlich nur Glasperlen gegen die millionenschweren Gesamtpakete, die Peking für afrikanische Herrscher feilhielt. Selbst Großbritannien, das es als frühere Kolonialmacht eigentlich besser wissen müsste, ließ die Afrikapolitik unter Tony Blair zur großen Armenhilfe verkommen, sekundiert und getrieben von geltungssüchtigen Rockstars, die Entwicklungshilfe zum modernen Ablasshandel für Konzertbesucher umfunktionierten. Allein Frankreich hat sich stets um politischen Einfluss in Afrika bemüht, zumindest in seinen früheren Kolonien. Aber die Franzosen mussten Militärstützpunkte auf dem Kontinent schließen und als Ordnungsmacht herbe Niederlagen hinnehmen, zuletzt in der Elfenbeinküste.

Das bedeutet nicht, dass Europa in Afrika keine Interessen hätte. Auch wir sind auf Öl und Gas aus dieser und anderen Weltregionen dringend angewiesen, wie wir gleich noch einmal genauer sehen werden. Und auch unsere Industrie lebt von den Bodenschätzen, die in afrikanischen Bergwerken gefördert werden. Besonders hoch ist der europäische Bedarf bei seltenen Metallen wie Gold, Tantal und Kobalt. Die deutsche Wirtschaft hat schmerzlich feststellen müssen, dass die Konkurrenz aus Asien die Weltmarktpreise hier in Boomphasen genauso in die Höhe treiben kann wie bei den fossilen Brennstoffen. Eisenerz und Stahlschrott verteuerten sich zwischen 2003 und 2006 um hundert Prozent, Nichteisenmetalle um 128 Prozent, davon einzelne um mehr als 500 Prozent. Europäische Firmen, die das Aktionärswohl im Auge haben, erlebten immer wieder, dass sie gegen politisch gestützte Staatsunternehmen aus China geringe Chancen hatten, vor allem wenn die sich direkt an Bergbauunternehmen in den Förderländern beteiligten.»Es ist damit zu rechnen, dass in Zukunft Primärrohstoffe am Weltmarkt vorbei direkt nach China gelenkt werden«, heißt es in einer Studie, die der Bundesverband der Deutschen Industrie 2007 veröffentlichte.

Immerhin beginnen die Europäer zu verstehen, dass sie auf diesem Kontinent nicht weit kommen, wenn jedes Land alleine auftritt. Zum sichtbarsten Zeichen einer gemeinsamen europäischen Afrikapolitik sind in den vergangenen Jahren die Militäroperationen der EU geworden. In der kurzen Geschichte der sogenannten »Europäischen Sicherheits- und Verteidigungspolitik« spielt Afrika eine viel prominentere Rolle als der Öffentlichkeit in den Mitgliedstaaten bewusst ist. Sechs Militäreinsätze hat die EU bisher unternommen, von denen vier, mithin die Mehrheit, mit Afrika zu tun hatten: Zwei Landmissionen fanden im Kongo statt, eine weitere im Tschad; Ende 2008 kam dann ein Marineeinsatz zur Bekämpfung der Piraterie vor der somalischen Küste hinzu. Das waren keine großen strategischen Projekte, gerade die Landeinsätze waren im Westlichen humanitärer Natur. Im Kongo ging es beim ersten Mal um die Befriedung einer Unruheprovinz, danach um die Sicherung von Wahlen. Im Tschad sollten die europäischen Soldaten Flüchtlinge aus Darfur und dem Lande selbst beschützen. Aber gerade diese Mission zeigte, dass sich immer mehr Regierungen in Europa für Afrika interessieren. Frankreich stellte wieder das größte Truppenkontingent, aber nicht weniger als 14 Mitgliedstaaten schickten Kräfte ins Einsatzgebiet, 22 zumindest ins Hauptquartier. Nie zuvor hatten sich so viele, vor allem kleinere Mitgliedstaaten an einer Operation in Afrika beteiligt. Daraus könnte eine Vertrautheit mit dem afrikanischen Terrain erwachsen, die den Europäern in Zukunft hilft, auch in bedeutenderen Fragen mit einer Stimme zu sprechen.

Dass die Asiaten ihre Netze zuerst nach Afrika auswarfen, hat viel damit zu tun, dass der Kontinent wegen des langen westlichen Desinteresses strategisch brachlag. Das unangefochtene Zentrum der Weltrohstoffproduktion bleibt aber der Nahe Osten, vor allem wenn es um Erdöl geht. Hier befinden sich 62 Prozent der bekannten Vorkommen (Lateinamerika: 9,7 Prozent, Afrika: 9,5 Prozent, Russland: 6 Prozent). Fünf der sechs Länder mit den größten Ölreserven liegen am Golf: Saudi-Arabien, Iran, der Irak, Kuwait und die Vereinigten Arabischen Emirate. Noch entscheidender ist, dass nach heutigen Erkenntnissen nur in dieser Region eine kräftige Ausweitung der Förderung möglich sein wird. Im Jahr 2004 lieferte der Nahe Osten etwa 22 Millionen Fass am Tag; Russland und Afrika kamen auf knapp unter zehn, Lateinamerika auf etwa sieben. Nach einer Schätzung der Internationalen Energieagentur könnte sich die Produktion in Nahost bis zum Jahr 2030 auf etwa 44 Millionen Fass verdoppeln, während die drei anderen Förderregionen sich nur geringfügig auf je etwas mehr als zehn Millionen verbessern dürften. Zuwächse werden sonst vor allem für den kaspischen Raum erwartet, nämlich auf etwa fünf Millionen Fass.

Beim Gas ist das ähnlich, auch wenn die mit Abstand größten Vorkommen in Russland liegen. Nimmt man Iran, Qatar, Saudi-Arabien und die Vereinigten Arabischen Emirate zusammen, die großen Reserveländer in Nahost, dann entfällt auf diese Region doch wieder der größte Teil der weltweiten Reserven. 2005 waren das über 70 Billionen Kubikmeter, gut ein Drittel mehr als in Russland. Hinzu kommt, dass das nahöstliche Potential noch lange nicht ausgeschöpft ist. Während Russland schon heute kräftig fördert, hatten Iran und Qatar, die über die zweit- und drittgrößten Vorkommen verfügen, 2006 gerade einmal einen Anteil von fünf Prozent an der weltweiten Produktion. Die Vorkommen der beiden Länder bilden zusammen aber 29 Prozent der globalen Vorräte, weshalb hier noch deutliche Fördersteigerungen möglich sind. All das heißt nichts anderes, als dass die globalisierte Industriegesellschaft in den nächsten Jahrzehnten in noch viel größerem Maße von nahöstlichem Öl und Gas abhängig sein wird als in der Vergangenheit.

Geopolitisch gesehen ist dieses wertvolle Gebiet fest in

amerikanischer Hand, und das seit langem. In den dreißiger Jahren kamen die ersten Geologen aus den Vereinigten Staaten nach Saudi-Arabien, um die Suche nach Öl-
feldern voranzutreiben. Seither hat sich Washington
immer mehr in die Geschicke der Region eingemischt,
auch militärisch. Mit dem 11. September 2001 erhielten
die Beziehungen zu den arabischen Staaten allerdings
einen Dämpfer, vor allem die zu Saudi-Arabien, der Vormacht am Golf. Die Amerikaner wurden misstrauisch,
weil so viele der Attentäter aus dem verbündeten Land
kamen und weil so viele reiche Saudis an Bin Ladin
gespendet hatten. Das führte hinter den Kulissen zu heftigen Wortwechseln. Den Irakkrieg durfte Washington am
Ende nicht von Saudi-Arabien aus führen, musste die
Stützpunkte im Gastland der islamischen Heiligtümer
schließen. Das änderte aber nichts an der amerikanischen
Hegemonialstellung in der Region. Etwas verschämt, so
dass es ihre Bevölkerungen nicht mitbekamen, öffneten
die kleineren Emire und Könige am Golf ihre Flugplätze
und Häfen für die amerikanischen Streitkräfte, weil sie
Angst vor Iran haben. Und der Irak stand den Amerikanern, trotz aller Schwierigkeiten, natürlich als Basislager
für den gesamten Golf zur Verfügung.

Das hat China nicht daran gehindert, seine Fühler in
die Region auszustrecken. Zuletzt kam bereits die Hälfte
aller chinesischen Ölimporte vom Golf, davon wiederum
das meiste aus Saudi-Arabien. Die Pekinger Führung,
die mit einem Anwachsen des chinesischen Fuhrparks
von 23 Millionen Autos (2005) auf 130 Millionen (2030)
rechnet, aber keine eigenen Ölreserven hat, kämpfte
um jeden Liter Benzin. Im Januar 2006 wurde König
Abdullah als erster saudischer Herrscher überhaupt in
Peking empfangen. Während seines dreitägigen Aufent-
haltes wurden fünf Verträge unterzeichnet, darunter ei-

ner über den Ausbau der Öl- und Gasgeschäfte zwischen den beiden Ländern. Einzelheiten wurden nicht bekannt, aber öffentliche Äußerungen machten deutlich, was beide Seiten einander in die Arme trieb:»China ist einer der wichtigsten Märkte für Öl und Saudi-Arabien eine der wichtigsten Energiequellen für China«, sagte der saudische Außenminister. Die Chinesen nutzten ihr enormes Kaufpotential schon im Jahr 2004 geschickt, um sich eine Konzession für Erdgasbohrungen in Saudi-Arabien zu sichern. Das war sehr ungewöhnlich, da die Saudis bei der Ölförderung keine ausländischen Beteiligungen gestatten. Aber China hatte schon früh eine solide Grundlage für langfristige Beziehungen geschaffen. Den verwöhnten Golfarabern kann man keine Billigkleidung verkaufen, deshalb verschafften sich die Chinesen das strategische Entree in diesem Fall mit Waffen. Ende der achtziger Jahre lieferte Peking etwa fünfzig Mittelstreckenraketen vom Typ Dongfeng an Saudi-Arabien. Das sind Waffen, die mit einem Nuklearsprengkopf ausgerüstet werden können und eine Reichweite von stattlichen 2800 Kilometern haben. Die Amerikaner hatten sich stets geweigert, ihren saudischen Freunden solches Gerät zu überlassen. China rüstete die Raketen vor dem Verkauf zwar um, so dass sie nur noch konventionelle Sprengköpfe tragen konnten, lieferte den Saudis damit aber trotzdem ein hochwillkommenes Abschreckungsmittel gegen Iran. Noch heute werden die Abschussbasen von chinesischen Fachleuten gewartet. Die Kaltschnäuzigkeit, mit der sich China einen politischen Zugang zum größten Ölproduzenten der Welt verschaffte, zeugt von noch mehr strategischer Weitsicht als Pekings Marsch durch Afrika. Im Jahr 1987, als der Raketenhandel zustande kam, hielt man China im Westen noch für ein armes Entwicklungsland. In Wirklichkeit betrieb die kluge chinesische Führung da schon die Ressourcenpolitik einer global aufgestellten Großmacht.

Iran ist das andere große Förderland am Golf, auf das sich in jüngster Zeit die Begehrlichkeiten Asiens richten. Dreißig lange Jahre amerikanischer Sanktionen haben dazu geführt, dass die Öl- und Gasausbeute in der Islamischen Republik weit hinter ihrem Potential zurückgeblieben ist. In viele Ölfelder muss dringend investiert werden, ohne technische Hilfe aus dem Ausland droht an etlichen Bohrlöchern ein Versiegen. Der iranische Ölminister stellte vor einiger Zeit fest, dass das Land innerhalb von zehn Jahren die Fähigkeit zum Export verlieren könnte, wenn die Kapazität nicht gesteigert werde. Wegen des Atomstreits haben aber auch europäische Firmen ihr Engagement verringert. Im Mai 2008 gab Royal Dutch Shell eine Beteiligung an der Ausbeutung des »South Pars«-Gasfeldes auf. Das ist der iranische Teil des größten Gasvorkommens der Erde, das im Persischen Golf liegt. Ein Drittel dieses gewaltigen Feldes gehört Iran, zwei Drittel befinden sich in den Hoheitsgewässern von Qatar. Allein der iranische Anteil entspricht acht Prozent der bekannten globalen Gasreserven. Dass sich Shell, einer der größten Energiekonzerne der Welt, freiwillig aus diesem Riesengeschäft zurückzog, ist nur mit massivem Druck der amerikanischen Regierung zu erklären.

In diese Lücke stießen China und Indien. Sinopec, eine der großen chinesischen Ölfirmen, erhielt schon 2004 einen Anteil von 51 Prozent an der Ausbeutung des Yadavaran-Ölfeldes, eines neuen Vorkommens an der Grenze zum Irak. Zugleich vereinbarten die Chinesen den Kauf von jährlich zehn Millionen Tonnen iranischen Flüssiggases für die nächsten 25 Jahre. Der Gesamtwert dieses Doppelgeschäftes betrug 100 Milliarden Dollar. Und die Chinesen verhandelten über eine Beteiligung an der Ausbeutung des »North Pars«-Gasfeldes, das ebenfalls im Persischen Golf liegt und zu den größten zusammenhängenden Vorkommen der Erde gehört. Auch die Inder wollen in diesen Gewässern einen dicken Fang machen. Die indische Regierung stellt sich darauf ein, dass der Energiebedarf des Landes auf lange Sicht ähnlich in die Höhe schnellen wird wie der Chinas. Es gibt Schätzungen, wonach das Land in wenigen Jahren der viertgrößte Energieverbraucher der Welt sein wird, nach Amerika, China und Japan. Bis 2030 könnte sich der Energieverbrauch Indiens, wie der Chinas, dann verdoppeln. Entscheidend ist vor allem die Versorgung mit Erdgas, das derzeit einen Anteil von vier Prozent am indischen Gesamtverbrauch hat. Es gibt heimische Vorkommen, aber die Regierung in Delhi ist sich darüber im Klaren, dass ein steigender Bedarf auf Dauer nur mit Importen befriedigt werden kann. Deshalb wurde der Bau einer direkten Gaspipeline von besagtem »South Pars«-Feld nach Indien in den vergangenen Jahren zu einem der strategischen Hauptprojekte der indischen Außenpolitik. Die Leitung wäre am besten durch Pakistan zu verlegen, was wegen des Kaschmirkonflikts lange unwahrscheinlich erschien. Als sich die beiden Länder jüngst etwas näherkamen, führten sie erste Gespräche über den Bau dieser gut 2700 Kilometer langen Pipeline. Sollte das am Ende nicht klappen, dann hätten die Inder immer noch die (teurere) Möglichkeit, eine Pipeline durchs Arabische Meer zu bauen oder das Gas mit Schiffen einzuführen.

Die Aussicht auf dieses Geschäft war es der indischen Regierung wert, den iranischen Staatspräsidenten Ahmadineschad, der sich im Westen mit seinen Ausfällen gegen Israel einen Pariastatus erredet hat, im Frühjahr 2008 zu einem offiziellen Staatsbesuch nach Delhi zu laden. Das brachte den Indern Ermahnungen und Vorhaltungen aus

Amerika ein, wovon sie sich aber völlig unbeeindruckt zeigten. Außenministerin Rice wurde bei einem Besuch in Delhi kühl beschieden, dass Indien keine Probleme mit Iran habe; und als ihr Sprecher verlangte, dass Delhi wenigstens versuchen möge, Ahmadineschad von seinem Atomprogramm abzubringen, da hieß es aus dem indischen Außenministerium, man brauche keine Anleitung aus anderen Hauptstädten. Wir hatten bereits an anderer Stelle erwähnt, dass Teheran seine Bodenschätze äußerst erfolgreich als Köder einsetzt, um die westliche Position im Atomstreit zu unterlaufen. Tatsächlich waren die Gasfelder Irans einer der ersten strategischen Jagdgründe, in denen die Rivalität zwischen den Vormächten Asiens und dem Westen offen ausgetragen wurde. Es dürfte nicht der letzte sein.

Dass Europa zu dieser Schlüsselregion ein ausgewogenes Verhältnis hat, wird man nicht sagen können. Die Geschäftsbeziehungen sind zwar in der Regel gut, gerade mit den kleineren Golfstaaten. Auch Staatsbesuche finden immer wieder statt. Aber die strategischen Beziehungen bleiben Stückwerk. Keines der drei Schlüsselländer der EU ist über kleine Einzelpartnerschaften hinausgekommen. Großbritannien hat ein Verteidigungsabkommen mit den Vereinigten Arabischen Emiraten und ein historisch enges Verhältnis zu Oman, dessen Sultan in der britischen Militärakademie Sandhurst ausgebildet wurde. Deshalb dürfen die britischen Streitkräfte gelegentlich Großübungen in der omanischen Wüste abhalten. Frankreich will in Qatar einen Stützpunkt eröffnen, es wäre der erste des Landes am Golf. Dort sollen etwa 500 Soldaten stationiert werden. Das größte militärische Engagement Deutschlands bestand bisher darin, irakischen Soldaten in den Vereinigten Arabischen Emiraten das Fahren von ausrangierten Bundeswehrlastern beizubringen.

Das sind natürlich Petitessen. Als eine französische Verteidigungsministerin vor ein paar Jahren auf einer Konferenz in Bahrain damit angeben wollte, dass die EU Schnelle Eingreiftruppen von 1500 Mann aufgestellt hat, die in 15 Tagen einsatzfähig sind, wurde ihr von einem arabischen Ministerkollegen milde bedeutet, dass in dieser Region im Ernstfall Zehntausende Soldaten benötigt würden, und zwar innerhalb von 15 Stunden. Denn der Ernstfall wäre ein Krieg gegen Iran. Deshalb zählen am Golf nur die Amerikaner. Sie unterhalten hier unter anderem ihre Fünfte Flotte, deren Heimathafen Manama ist, die Hauptstadt Bahrains. Die Flotte besteht in der Regel aus mehr als zwanzig Kriegsschiffen, darunter einer Flugzeugträgergruppe.

Nun muss man nicht unbedingt mit Panzern vorfahren, um Öl und Gas zu kaufen. Aber in einer spannungsreichen Weltgegend, für die sich viele Mächte interessieren, hilft es schon, wenn man einem potentiellen Partner mehr anzubieten hat als nur harte Euros. Dass auch die Europäer wieder mehr Rohstoffe aus dieser Region beziehen müssen, steht außer Frage. Schon im Jahr 2000 hat die Europäische Kommission ein sogenanntes »Grünbuch« über die Zukunft der europäischen Energieversorgung vorgelegt, das die EU als »Gulliver in Ketten« beschreibt, so sehr ist sie von Energieimporten abhängig. Die gesamten Ölvorkommen der EU, großteils britisches Nordseeöl, reichten damals gerade einmal, um den Eigenbedarf für acht Jahre zu decken; beim Gas, das hauptsächlich aus den Niederlanden und aus Großbritannien stammt, waren die EU-Staaten zwanzig Jahre autark. Da wir diese Ressourcen nicht schonen, sondern hemmungslos plündern, geht die Öl- und Gasproduktion in den Mitgliedsstaaten seit gut zehn Jahren stetig zurück. Deshalb wird auch das größte Energiesparprogramm nichts daran ändern, dass die EU in Zukunft noch viel stärker auf Importe angewiesen ist. Im Jahr 2030, so hat die Kommission berechnen lassen, dürfte unser Öl zu 95 Prozent aus Einfuhren stammen, unser Gas zu mehr als 80. Russland und Norwegen allein, heute die größten Lieferanten der EU, werden diesen enormen Bedarf nicht decken können. So wird den Europäern nicht viel anderes übrigbleiben, als sich wieder häufiger an den nahöstlichen Verkaufsschaltern anzustellen, die sie seit der Ölkrise in den siebziger Jahren zu meiden versuchen.

Die Kommission hat sich mit diesen Fragen früher beschäftigt als die Regierungen in den Mitgliedstaaten. Von Brüssel gehen bisher auch die meisten Impulse dafür aus, sich auf diesen Wandel einzustellen. Zu den großen europäischen Infrastrukturprojekten gehört der Bau der Gaspipeline »Nabucco«, die in wenigen Jahren von der Türkei nach Österreich führen soll. Über diese Leitung könnte eines Tages kaspisches und nahöstliches Gas nach Zentraleuropa gepumpt werden.

Besonders interessant wären natürlich die enormen Vorkommen in Iran. Es ist allerdings schwer vorstellbar, dass solche Geschäfte zustande kommen, solange der Atomstreit nicht gelöst ist. Aber die EU bemüht sich auch um andere Lieferanten. In Turkmenistan sicherte sie sich zuletzt Zusagen für zehn Milliarden Kubikmeter Gas im Jahr. Und der irakische Ministerpräsident Nuri al Maliki versprach bei einem Besuch in Brüssel im Frühjahr 2008 jährlich die Lieferung von fünf Milliarden Kubikmetern aus einem neuen Gasfeld in der Provinz Anbar. Das sind keine großen Mengen, aber sicher erste Schritte, um in diesem schwierigen Gewerbe einen Fuß in die Tür zu bekommen. Gerade beim Gas geht es oft um sehr langfristige Lieferbeziehungen, die Verträge laufen meist über Jahrzehnte.

Solche Projekte sollen natürlich auch die Abhängigkeit Europas von Russland mildern. In Moskau ist das niemandem verborgen geblieben, denn Pipelinerouten werden dort heute so eifrig studiert wie früher nukleare Einsatzplanungen. Deshalb hatte der Georgienkrieg einen ernsten energiepolitischen Hintergrund, von dem in Deutschland wenig die Rede war. Bisher ist Georgien das einzige Transitland, um Öl und Gas aus dem kaspischen Raum unter Umgehung Russlands in den Westen zu liefern. Die wichtigste Pipeline verläuft vom aserbaidschanischen Baku über das georgische Tiflis in die türkische Hafenstadt Ceyhan. BTC heißt diese Leitung nach den Anfangsbuchstaben der drei Städte. Durch sie werden täglich etwa 1,2 Millionen Barrel Öl aus den Feldern Aserbaidschans zur Verladung auf Tanker nach Ceyhan gepumpt. Sie wurde erst in den neunziger Jahren gebaut, um das russische Monopol für die Durchleitung kaspischen Öls zu brechen. Das muss den Moskauer Energiestrategen ein großer Dorn im Auge sein, denn russische Kampfflugzeuge bombardierten die Leitung im Georgienkrieg und verfehlten sie nur knapp. Auch »Nabucco« wäre auf Georgien angewiesen, denn in einem ersten Schritt soll diese Pipeline an eine gerade gebaute Gasleitung angeschlossen werden, die von Baku über Tiflis ins türkische Erzurum verläuft. Der EU-Energiekommissar Andris Piebalgs beeilte sich nach dem Krieg in die beteiligten Länder zu reisen, um deutlich zu machen, dass Europa solche Projekte nicht aufgibt, wenn Russland seine Krallen zeigt. Auch China war in jüngster Zeit sehr an Energie aus dem kaspischen Raum interessiert.

Dieses strategische Rennen dürfte in den nächsten Jahrzehnten jeden Erdwinkel erreichen, der noch in irgendeiner Weise profitabel ist. Auch in Lateinamerika bemühte sich China in den vergangenen Jahren systematisch um

Minen, Felder, Bohrlöcher und Märkte, was die EU zur Abhaltung weiterer Gipfeltreffen und die Vereinigten Staaten zur Ausweitung von Handelsangeboten an die südlichen Nachbarn veranlasste. Im Gegensatz zu anderen ausländischen Investoren zogen sich die wie stets langfristig denkenden Chinesen bei Ausbruch der jüngsten Finanzkrise nicht aus Ländern wie Chile, Peru, Brasilien, Kolumbien, Ecuador oder Venezuela zurück. In Chile, das über die größten Kupfervorräte der Welt verfügt, hat China die Vereinigten Staaten inzwischen als größten Handelspartner abgelöst, obwohl das südamerikanische Land sogar ein Freihandelsabkommen mit Washington hat. Die neuen Energiekreuzzüge machten nicht einmal vor der Arktis halt. Russland überraschte im August 2007 mit einer Tauchexpedition unter den Nordpol, bei der unter anderem in 4000 Metern Tiefe eine russische Flagge (aus Titan) aufgestellt wurde. Das sollte unterstreichen, dass die Arktis russisches Hoheitsgebiet sei. Denn nicht nur in Moskau macht man sich Hoffnungen, dass der Klimawandel das offenbar doch nicht ewige Eis so weit abschmelzen lässt, dass hier ein Riesenlager aus fossilen Brennstoffen und Edelsteinen zugänglich wird. Es gibt Vermutungen, dass unter dem Nordpolarmeer Öl- und Gasvorräte lagern, die größer sind als die Vorkommen aller Opec-Staaten zusammen. Das russische Vorpreschen wurde nicht nur von den anderen Arktis-Anrainern Amerika, Dänemark (Grönland), Norwegen, Finnland, Schweden, Island und Kanada aufmerksam registriert, sondern auch in Brüssel. Die EU veröffentlichte im März 2008 ein Strategiepapier zum Klimawandel, in dem Territorialkonflikte in den Polarmeeren zu den »ernsten Sicherheitsrisiken« der Zukunft gezählt wurden.

Eine solche globale Großkonkurrenz hat die Menschheit zuletzt in der Hochzeit des Kolonialismus erlebt. Setzt sie sich fort, dann wird das dem Westen eine größere mentale Umstellung abverlangen als den nachdrängenden Mächten der Dritten Welt. Nirgends sieht man das deutlicher als in der energiepolitischen Debatte in Deutschland. Die hat sich seit den siebziger Jahren immer nur um Gewissensfragen gedreht: Ausstieg aus der Atomenergie, kein Blut für Öl, Abkehr von fossilen Brennstoffen. Das hat eine »geradezu romantische Zuneigung« der deutschen Öffentlichkeit zu regenerativen Energieträgern hervorgebracht, wie Renate Köcher vom Allensbach-Institut treffend festgestellt hat. Auf jeden neuen Höchststand des Ölpreises reagiert die Bevölkerung mit der Erwartung, dass alternative Energien ausgebaut werden. Ende 2007 gaben in einer Umfrage 63 Prozent der Befragten an, dass die Sonnenenergie in zwanzig oder dreißig Jahren den größten Beitrag zu unserer Versorgung leisten werde. Danach kam mit fünfzig Prozent gleich die Windenergie.

Der deutsche Energiemix zeigt, dass das nicht ganz so einfach sein wird. Im Jahr 2007 war Mineralöl mit einem Anteil von 33,9 Prozent am Primärenergieverbrauch mit Abstand der wichtigste Energieträger in Deutschland. Auf Kohle entfielen 25,9 Prozent, auf Gas 22,5 Prozent, auf die Kernenergie 11 Prozent. Für alles andere, und das waren vor allem die erneuerbaren Energien, blieben magere 7,2 Prozent. Diese Verteilung hat sich seit fünfzehn Jahren wenig verändert. So sehen die ohnehin sehr ehrgeizigen Klimaschutzziele der EU auch nur vor, den Anteil der alternativen Energien bis 2020 auf 20 Prozent zu erhöhen. Das heißt nichts anderes, als dass Europa 80 Prozent seines Energiebedarfs weiter aus herkömmlichen Quellen zu decken hat. Öl und Gas mögen eines Tages ausgehen, aber dieser Tag liegt selbst nach pessimistischen Schätzungen noch Jahrzehnte entfernt. Das Bundeswirtschaftsministerium gab kürzlich eine Studie heraus, nach der auch im Jahr 2030 voraussichtlich noch mehr als vier Fünftel des weltweiten Energieverbrauchs aus fossilen Brennstoffen gedeckt werden müssen. In Deutschland werde der Anteil erneuerbarer Energien am Primärenergieverbrauch bis dahin zunehmen, zugleich aber auch der von Gas auf 32 Prozent steigen. »Mineralöl ist auch 2030 mit 38 Prozent noch der wichtigste Energieträger«, heißt es in dem Bericht, der noch von der rotgrünen Bundesregierung in Auftrag gegeben wurde. Wir werden also noch über eine lange Zeit sehen müssen, dass wir unseren Anteil am Weltmarkt sichern. Ein kaum beachtetes Unterkapitel dieser Geschichte ist die Kohleversorgung. Deutschland ist der Subventionen, die den Rest des heimischen Steinkohlebergbaus am Leben erhalten, seit langem überdrüssig. Deshalb soll 2018 die letzte Grube geschlossen werden. Von da an, so will es die Politik, soll der deutsche Kohlebedarf nur noch durch Einfuhren gedeckt werden. Da das in den meisten EU-Ländern ähnlich ist, wird in Brüssel erwartet, dass der europäische Kohleverbrauch bis 2030 zu 80 Prozent auf Importen beruht. Das ist nicht ohne Risiko. Zu den großen Förderländern gehören zwar westliche Staaten wie Amerika oder Australien. Aber auch Länder wie China und Russland verfügen über einige Marktmacht. Russland hat nach den Vereinigten Staaten sogar die zweitgrößten Vorkommen. Es war 2006 mit einem Anteil von 25,8 Prozent knapp vor Südafrika schon der größte Kohlelieferant der EU. Es ist nicht auszuschließen, dass Moskau auch diesen Energieträger eines Tages als Erpressungswerkzeug entdeckt. Und China drosselte jüngst schon seine Ausfuhren, weil es die Kohle für sich selbst brauchte. In Europa sollte man deshalb noch einmal darüber nachdenken, ob es nicht besser wäre, für alle Fälle eine eigene Grundversorgung aufrechtzuerhalten. Ein

Bergwerk, das einmal geschlossen ist, lässt sich nicht von heute auf morgen wieder aufschließen. Im Widerspruch zum Klimaschutz muss das nicht stehen, wenn die Entwicklung sauberer Kohletechnik vorankommt. Was globale Rohstoffkonkurrenz bei der Kohle bedeuten kann, darauf hat die deutsche Schwerindustrie im Jahr 2004 einen Vorgeschmack bekommen. Damals kauften chinesische Stahlwerke den Weltmarkt für Kokskohle leer, so dass deutschen Unternehmen der Nachschub bei diesem zentralen Werkstoff in der Stahlproduktion auszugehen drohte. Der Preis für eine Tonne stieg innerhalb kürzester Zeit von 80 auf 500 Dollar, den höchsten Stand seit dreißig Jahren. Da habe ein Gefühl der Ohnmacht in den Vorstandsetagen geherrscht, berichtete ein Manager später. »Die hatten Angst, sie müssten die Hochöfen stilllegen.« Die heimische Kokskohleförderung hatte Deutschland vor Jahren aufgegeben, weil auch sie als zu teuer galt. Nun hatten die Bundesregierung und die Industrie die bittere Lektion zu lernen, dass selbst zahlungskräftige Firmen nichts mehr bekommen, wenn die globale Versorgung knapp wird. Der Auftritt neuer Schwergewichte wie China nimmt den Deutschen einen ihrer letzten Trümpfe im internationalen Geschehen: den prall gefüllten Geldbeutel.

Die Revision globaler Werte

Als im Dezember 2007 auf der indonesischen Ferieninsel Bali die bis dahin größte internationale Klimakonferenz stattfand, da schickte auch die chinesische Regierung eine Delegation. Die Chinesen waren, wie das so üblich ist, alle mit dem gleichen Sprechzettel ausgerüstet. Deshalb konnte niemandem entgehen, was die Pekinger Füh-

rung zum Klimawandel zu sagen hatte. Su Wei, General-
direktor der »Nationalen Führungsgruppe zum Klimawandel«, fand folgende wohlgesetzte Worte: »Die Industrieländer, deren über lange Zeit angehäufte Emissionen
von Treibhausgasen die Hauptursache für den Klimawandel sind, sollten die Hauptverantwortung dafür
tragen, dass ihre hohen Emissionen gesenkt werden und
dass angemessene finanzielle Mittel sowie Technologie
mit niedrigem Kohlendioxidausstoß an die Entwicklungsländer geliefert werden, damit diese wirkungsvoll
zur Linderung des Klimawandels und zur Anpassung an
ihn beitragen können. Die Entwicklungsländer, die an der
Verursachung des Problems keine Schuld tragen, sind bei
weitem die größten Opfer.« China zählte Su natürlich zu
den Entwicklungsländern.

Auf die europäischen Diplomaten, die an der Konferenz teilnahmen, müssen solche Vorträge wie eine kalte
Dusche gewirkt haben. Die Chinesen traten in Bali auf,
als hätten sie mit dem Klimawandel nichts zu tun. Dabei
kennt jeder Politiker, der mit dem Thema vertraut ist, die
Statistik. Im Jahr 2005 stammten bereits 14 Prozent der
globalen Treibhausgasemissionen aus China. Das war
genauso viel wie die aller EU-Staaten zusammen. Nur die
Vereinigten Staaten trugen mit 25 Prozent noch stärker
zur Erderwärmung bei. Das Wachstum der vergangenen
Jahre hat die Volksrepublik wahrscheinlich sogar schon
zum größten Verschmutzer der Erdatmosphäre gemacht.
Es gibt Studien, nach denen das 2006 bereits der Fall gewesen sein könnte. Das hat vor allem damit zu tun, dass
Kohle bei der Stromerzeugung in China eine große Rolle
spielt. Mehr als sechzig Prozent des chinesischen Primär-
energieverbrauchs entfallen auf Kohlekraftwerke; es gibt
zehntausende Bergwerke im Land. Das Wachstum hat der
chinesischen Kohleverstromung zuletzt Zuwächse abver-

langt, die größer waren als das, was in Deutschland insgesamt zur Stromerzeugung verbrannt wurde.

Die chinesische Regierung steht ungern international am Pranger, deshalb hat sie im Juli 2007 ein nationales Programm zum Klimaschutz aufgelegt. Da sollen unter anderem der Energieverbrauch verringert und moderne Technologien genutzt werden, um den Ausstoß von Treibhausgasen zu vermindern. Allerdings erfüllt China die eigenen Vorgaben in der Regel nicht. Und auf Obergrenzen für Emissionen will sich die Pekinger Führung schon gar nicht einlassen. Sie hat sogar ein besonders geschicktes Argument gegen dieses Hauptinstrument der internationalen Klimaschutzpolitik gefunden. Chinas Industrie produziere ihre Waren doch vornehmlich für die Verbraucher in Industrieländern, weshalb im Grunde die Importstaaten für die chinesische Luftverschmutzung verantwortlich seien. »Versteckte Emissionen« nennt die chinesische Regierung dieses von ihr entdeckte Phänomen.

Dahinter steckt natürlich die Sorge, dass der Klimaschutz dem schönen chinesischen Wachstum den Garaus machen könnte. Ähnlich wie die Deutschen in den fünfziger Jahren waren die Chinesen froh darüber, dass ihre Fabrikschlote ordentlich rauchten. In Peking bestand sogar der Verdacht, dass mit dem westlichen Kampf gegen Treibhausgase in Wirklichkeit der Aufstieg von Schwellenländern vereitelt werden soll. Hohe chinesische Funktionäre haben den Klimaschutz als Versuch bezeichnet, die Entwicklung ihres Landes zu behindern.

In anderen ehrgeizigen Nationen wird das ähnlich gesehen. Die indische Regierung sagt seit langem, dass der Klimaschutz nicht auf Kosten der Wachstumsaussichten des Landes gehen dürfe. Deshalb fordert Indien in den zuständigen internationalen Gremien immer wieder das Recht für sich ein, pro Einwohner genauso viele Treibhausgase freizusetzen wie die reichen Industriestaaten. Bei der gewaltigen Bevölkerung des Landes hätte das eine Explosion der indischen Emissionen zur Folge, sollte Indien weiter wachsen. »Die Erderwärmung ist eine Herausforderung für den Westen. Diese Länder haben seit dem 19. Jahrhundert eine ungeheure Party gefeiert und diese Party ist jetzt zu Ende. Es ist der Westen, der sich nun ernsthaft um dieses Problem zu kümmern hat«, bemerkte vor einiger Zeit Pradipto Ghosh, der Hauptberater der indischen Regierung für Fragen des Klimawandels. Indien war zuletzt der viertgrößte Emittent. Es wird damit gerechnet, dass das Land demnächst auf Platz drei liegt, vor Russland. Auch in Indonesien, Brasilien und Mexiko stieg der Ausstoß.

Auf den ersten Blick sieht das aus wie ein gewöhnlicher Verteilungskonflikt. Reicher Westen und armer Osten streiten darüber, wer die Kosten zur Beseitigung eines globalen Problems zu tragen hat. Das ist aber nur ein Aspekt der internationalen Klimaschutzdebatte, noch dazu ein vordergründiger. Hier geht es auch um etwas anderes, nämlich um die Diskursmacht in der Weltpolitik. Jahrzehntelang hat der Westen die sogenannten globalen Themen bestimmt. Überbevölkerung, Armut, Aids, Rauschgift, Terrorismus – fast jede Generation von westlichen Politikern hat ein neues Politikfeld erfunden, von dem angeblich das Überleben der Menschheit abhing. In der Regel mussten dann sämtliche internationale Organisationen, von den UN bis zur OECD, Programme zur Bewältigung des gerade aktuellen Weltübels auflegen. Meist wurden auch gleich noch ein paar neue globale Behörden eingerichtet. Was da im Namen der »Staatengemeinschaft« beschlossen wurde, hatte mit den Bedürfnissen der Entwicklungsländer manchmal nicht viel zu tun. Deshalb ist der chinesische und indische Widerstand in der Klimaschutzpolitik auch ein Aufbegehren gegen die Selbstverständlichkeit, mit der maßgebliche westliche Staaten immer noch versuchen, die internationale Tagesordnung und die globalen Werte festzulegen. Tatsächlich ist die Rettung des Klimas ein zutiefst westliches Projekt. Es waren westliche Wissenschaftler, keine Chinesen oder Inder, die das Phänomen Erderwärmung entdeckten, und es waren westliche Gesellschaften, keine asiatischen, die begannen, sich deswegen Sorgen zu machen. Die ersten Arbeiten zur Klimaveränderung liegen weit zurück, aber sie entsprangen ohne Ausnahme dem westlichen Kulturkreis. Als Entdecker des Treibhauseffektes gilt der schwedische Chemiker Svante Arrhenius, der schon 1896 darauf aufmerksam machte, dass eine Verdoppelung des Kohlendioxidanteils in der Luft die Erde um fünf bis sechs Grad erwärmen würde. Er stützte sich auf Vorarbeiten der französischen Forscher Joseph Fourier (1768–1830) und Claude Pouillet (1790–1868) sowie des Briten John Tyndall (1820–1893). Seine Erkenntnisse blieben lange unbeachtet, weil die Meteorologie sich in der ersten Hälfte des 20. Jahrhunderts vor allem um die Verbesserung von Wettervorhersagen kümmerte. Erst mit dem Beginn der Raumfahrt begann eine systematische Erfassung der weltweiten Klimadaten. Unter anderem wurde 1958 auf dem Vulkan Mauna Loa auf Hawaii eine Station eingerichtet, die ständig den Kohlendioxidgehalt der Erdatmosphäre aufzeichnet. Der amerikanische Chemieprofessor Charles Keeling nahm dort grundlegende Langzeitmessungen vor, die den Anstieg des Gases in der Atmosphäre dokumentierten. Im Jahr 1957 veröffentlichten der Amerikaner Roger Revelle und der Österreicher Hans Suess vom Scripps-Institut in Kalifornien eine Studie, die zeigte, dass Kohlendioxidemissionen nicht von den Meeren aufgenommen werden, wie bis dahin angenommen wurde, sondern in der Atmosphäre verbleiben. Die nächste grundlegende Untersuchung kam wieder aus Amerika. Sie hieß »Studie über den Einfluss der Menschheit auf das Klima«, wurde 1970 vom Massachussetts Institute of Technology (MIT) herausgegeben und nannte bestimmte Gase, vor allem Kohlendioxid, als mögliche Ursache der Erderwärmung.

Zu dieser Zeit begannen sich die Vereinten Nationen für das Thema zu interessieren. 1979 fand die erste Weltklimakonferenz statt, 1988 entstand der Weltklimarat IPCC, der heute in Deutschland bekannter ist als manches Kabinettsmitglied. Diese Vereinigung von Klimaforschern beschäftigte zuletzt einen indischen Vorsitzenden, je einen Vizevorsitzenden aus Kenia, Sri Lanka und Russland sowie weitere Verantwortliche aus aller Welt. Diese Zusammensetzung war aber mehr Ausfluss des UN-typischen Proporzsystems als der tatsächlichen Forschungsleistung. Die großen Arbeiten zur Klimaveränderung kamen immer noch aus westlichen Ländern, vor allem aus den Vereinigten Staaten. Die sogenannte Hockeyschlägerkurve, die den raschen Temperaturanstieg seit der industriellen Revolution darstellt, wurde 1998 von dem Amerikaner Michael Mann vorgestellt, der heute an der Pennsylvania State University lehrt. Und ein Team um James Hansen, Direktor eines Forschungsinstituts der Nasa, wies 2005 die erhebliche Erwärmung der Weltmeere nach.

Nun bestimmt die Herkunft wissenschaftlicher Erkenntnis nicht darüber, wie diese vom Publikum aufgenommen wird. Im Fall des Klimawandels ist aber schon verblüffend, dass lange nur der Westen den Forschern zuhörte. Genauer gesagt waren es bis weit ins neue Jahrhundert hauptsächlich die Europäer, die sich für ein Problem interessierten, das nach Ansicht der Wissenschaft eigentlich die gesamte Menschheit betrifft. In Deutschland erschienen schon in den achziger Jahren Zeitschriftentitel, auf denen ein unter Wasser stehender Kölner Dom zu sehen war. Rasch war von einer »Klimakatastrophe« die Rede, ein Ausdruck, der in anderen Ländern nie geläufig wurde. Im Jahr 1987 setzte der Deutsche Bundestag eine Enquete-Kommission zur »Vorsorge zum Schutz der Erdatmosphäre« ein, die den deutschen Klimaforschern einen direkten Zugang zur Politik eröffnete. Die ließ sich rasch davon überzeugen, dass der Mensch an der Erderwärmung Schuld sei, weshalb sich in Deutschland schon Anfang der neunziger Jahre ein breiter politischer und gesellschaftlicher Konsens über die Notwendigkeit einer globalen Klimaschutzpolitik herausbildete. Wie tief dieser Konsens reicht, lässt sich vielleicht am besten daran ablesen, dass die deutsche Öffentlichkeit heute in jedem heftigen Sommergewitter ein Zeichen des Klimawandels zu erkennen glaubt.

In anderen europäischen Ländern wuchs ein ähnliches Problembewusstsein heran, so dass es 1997 vor allem europäische Staaten waren, die im sogenannten Kyoto-Protokoll Verpflichtungen zur Senkung ihrer Treibhausgasemissionen eingingen. Die Bundesregierung, die sich als Musterknabe der Klimarettung verstand, versprach eine der höchsten Einsparungen. Bis 2012 muss Deutschland seine Emissionen der wichtigsten sechs Treibhausgase (vor allem Kohlendioxid, Methan und Fluorchlorkohlenwasserstoffe) um 21 Prozent im Vergleich zu 1990 senken. Das klingt heroischer als es ist, weil sich die deutschen Emissionen durch den Zusammenbruch der DDR-Industrie von selbst erheblich verringerten. Aber trotzdem: Die EU-Staaten haben im Kyoto-Protokoll die Hauptlast übernommen, ihre gemeinsame Reduktionsverpflichtung liegt bei acht Prozent. Russland erhielt

Obergrenzen, die es ohne Anstrengung erfüllen konnte, die Entwicklungsländer überhaupt keine, die Vereinigten Staaten ratifizierten das Abkommen nicht. Der Klimaschutz war bisher vor allem eine europäische Leidenschaft. Das brachte auch die Verleihung des Friedensnobelpreises 2007 an den Weltklimarat und an den früheren amerikanischen Vizepräsidenten Al Gore sehr anschaulich zum Ausdruck. Dieser Preis versteht sich als Stimme des Weltgewissens, gibt im Grunde aber eine rein europäische, genauer: norwegische Weltsicht wieder. Er wird vom Norwegischen Nobelausschuss verliehen, einem fünfköpfigen Gremium, das auf sechs Jahre vom norwegischen Parlament gewählt wird. Ihm gehörten im Jahr 2007 der Medizinprofessor Ole Danbold Mjos, der Theologieprofessor Berge Ragnar Furre, die stellvertretende Kulturinstitutsleiterin Sissel Marie Ronbeck sowie die Politikberater Inger-Marie Ytterhorn und Kaci Kullmann Five an. Diese Leute waren alle einmal in der Politik ihres Heimatlandes aktiv, sind außerhalb Norwegens aber völlig unbekannt. Niemand käme auf die Idee, ihrer Meinung Weltgeltung zuzubilligen, würden sie sich in einem anderen Zusammenhang äußern. Deshalb war der Friedensnobelpreis auch im Jahr 2007 in erster Linie ein Versuch, einem aktuellen (nord)europäischen Leib-und-Magen-Thema zu globaler Aufmerksamkeit zu verhelfen – nicht zuletzt in Amerika, weshalb Gore für seinen Film über den Klimawandel ausgezeichnet wurde. Ein mit Asiaten besetzter Ausschuss wäre sicher auf andere Preisträger gekommen.

Es kann sein, dass sich an dieser Einseitigkeit in den nächsten Jahren etwas ändert. In den Vereinigten Staaten, wo die Thesen der Wissenschaft viel gründlicher hinterfragt wurden als in Europa, ist eine ernste politische Debatte über den Klimawandel in Gang gekommen. Präsident Barack Obama hat da große Pläne, er will Amerika zum weltweit führenden Anbieter von Umwelttechnologie machen. Er versteht das auch als Projekt zur Stärkung der nationalen Sicherheit, weil damit die Abhängigkeit des Landes von ausländischen Energielieferungen vermindert würde. Und vielleicht werden schmelzende Himalajagletscher und austrocknende Ackerflächen in China und Indien ebenfalls zu einer Neubewertung des Themas führen.

Für uns ist aber die Einsicht wichtig, dass sich die Tagesordnung der Weltpolitik nicht von selbst ergibt. Jenseits der klassischen Geo- und Machtpolitik, mit der wir uns in den vorigen Kapiteln befasst haben, sind es vor allem die gesellschaftlichen Strömungen und Werte in den mächtigsten Ländern, die darüber bestimmen, was Gegenstand internationaler Konferenzen wird und was nicht. Der Umgang mit dem Klimawandel illustriert das bestens. Europa, früher Antreiber des Weltgeschehens, ist heute ein ängstlicher und kriegsversehrter Kontinent, der über die Umweltpolitik in eine heile Welt zurückwill. Die Hiobsbotschaften der Klimaforscher fielen da auf fruchtbaren Boden. Amerika, immer noch eine junge, ehrgeizige Nation, ist viel fortschritts- und wachstumsgläubiger, weshalb die Beschränkungsrhetorik der Klimaschutzpolitik hier lange kein Gehör fand. Und in Asien herrscht eine Gier nach Aufstieg und Wohlstand, die noch weniger Platz lässt für Verzichtsappelle westlicher Wissenschaftler. Ein hoher Beamter des indischen Außenministeriums wurde in einer englischen Zeitschrift jüngst mit den Worten zitiert: »Hier verlangen Leute mit grober Fettleibigkeit von Leuten, die gerade aus der Unterernährung kommen, sie sollten eine Diät machen.«

Das führt zu einer grundsätzlichen Frage, die uns in den nächsten Jahrzehnten noch stark beschäftigen wird. Für die Zukunft der Weltpolitik ist nicht nur entscheidend, dass neue Großmächte hinzukommen, sondern auch, welche innere Verfassung diese Länder haben. Der Westen, der so lange den Ton angegeben hat, trat in den letzten fünfzig Jahren als Gemeinschaft von Demokratien auf. Die Vereinigten Staaten, Kanada und die Länder der EU sind heute ohne Ausnahme freiheitliche Gesellschaften. Das führte nicht automatisch zur gleichen Außenpolitik, wie zuletzt die Auseinandersetzungen zwischen der Bush-Regierung und Teilen Europas gezeigt haben. Aber es gibt schon einen Kanon westlicher Werte, der das internationale Streben dieser Staaten prägt. Freiheit, Bürgerrechte, Rechtsstaatlichkeit – diese Kernprinzipien der Aufklärung versucht der Westen immer wieder in der Weltpolitik durchzusetzen.

Wie weit das mittlerweile geht, lässt sich an einem eigentlich abstrakten Gegenstand sehen: der Diskussion über die Fortentwicklung des Völkerrechts. Nach den Maßgaben der UN-Charta sind die inneren Zustände eines Landes eigentlich ein Tabu für andere Staaten. Die ursprüngliche Idee des Völkerrechts bestand darin, Spielregeln für den Verkehr zwischen Nationen zu schaffen, die in der Ausgestaltung ihrer inneren Ordnung weitgehend souverän waren. Im Westen wird das aber inzwischen offen in Frage gestellt, was alles andere als eine akademische Debatte ist. Der Kosovokrieg war der erste Krieg, in dem die Nato sich über das formale Interventionsverbot des Völkerrechts mit dem Argument hinwegsetzte, es müsse eine bedrohte Minderheit beschützt werden. Seither greift der Westen immer wieder im Namen von Menschenrechten und Demokratie in Entwicklungsländern ein, auch militärisch. Die Anlässe und Motive sind oft verschieden, aber eines hat die kleinste UN-Mission auf Haiti mit den größten Kämpfen in Afghanistan und im Irak gemein: Am Ende steht immer ein Umerziehungsprojekt, mit dem die westlichen Werte in eine andere Gesellschaft verpflanzt werden sollen. Nicht ohne Grund bezeichnen wir die Menschenwürde, die freie Entfaltung der Persönlichkeit, die Gleichheit aller Menschen, die Freiheit des Glaubens und die Meinungsfreiheit als »vorstaatliche« Rechte. Wir sehen sie als universelle, unveräußerliche Rechte an, die jeder Mensch von Geburt an besitzt und die ihm seine Regierung nicht nehmen darf.

Diese Sicht wird beileibe nicht von allen Anwärtern auf eine Großmachtposition geteilt. Nur Indien, Japan und Brasilien sind vollwertige Demokratien. Hier finden faire und freie Wahlen statt, die bürgerlichen Rechte werden im Großen und Ganzen beachtet. Russland dagegen ist ein autoritärer Staat mit Scheinwahlen, China eine Einparteiendiktatur, und im zehnköpfigen Asean-Block ist Indonesien derzeit das einzige freie Land. Zählt man den südostasiatischen Staatenbund als einen Akteur, so wie das auch mit der EU meist gemacht wird, dann ist nur die Hälfte der sechs möglichen neuen Spieler in der Weltpolitik demokratisch.

Zu welchen Frontstellungen das führt, ist schon heute zu sehen. Alleine im Jahr 2008 geriet der Westen wegen der Menschenrechte dreimal mit China aneinander. Besonders heftig war der Streit über den Umgang Pekings mit den Tibetern, denn der betraf schließlich eine interne Angelegenheit des Landes. Aber typischer waren die beiden anderen Fälle. China unternahm nichts, als sich die von ihr protegierte Militärregierung in Burma weigerte, nach einer Sturmflut westliche Hilfe ins Land zu lassen. Und Peking hielt dem bedrängten simbabwischen Diktator Robert Mugabe die Stange, versuchte ihm sogar noch einmal Waffen zu liefern, als sich seine Auseinandersetzung mit der Opposition einem ersten Höhepunkt näherte. Mugabe sagte selbst einmal, nach China zu fahren sei für ihn wie nach Hause zu fahren. Da ihm der Westen so feindlich gesinnt sei, blicke er nun nach Osten. Da taucht wieder ein Grundproblem der westlichen Menschenrechtspolitik auf, das es schon im Kalten Krieg gab. Diktatoren können amerikanischem oder europäischem Druck ganz gut standhalten, wenn sie von einer anderen Großmacht gestützt werden. Deshalb dürfte ein Aufstieg Chinas dem demokratischen Missionierungsdrang des Westens neue Grenzen setzen.

Man kann die Meinung vertreten, dass einem das nicht den Schlaf rauben muss. Wenn in Burma oder Simbabwe Menschen unterdrückt werden, dann mag uns das in der Seele wehtun, letztlich hat es aber keine Folgen für unseren Alltag. Diese Länder liegen sehr weit weg von Europa, wirtschaftlich sind sie nicht sonderlich interessant. Aber was für Einzelfälle gilt, trifft nicht auf die Weltpolitik als Ganzes zu. Es liegt sehr wohl im ureigensten Interesse des Westens, dass sich der Gedanke der Freiheit weiter verbreitet. Denn eine demokratischere Welt ist auch eine friedlichere Welt.

Es gibt in der internationalen Politik eine erstaunliche Gesetzmäßigkeit, die in der breiten Öffentlichkeit kaum bekannt ist. Noch nie in der Geschichte haben zwei vollentwickelte Demokratien gegeneinander Krieg geführt. Das ist einer der ganz wenigen gesicherten empirischen Befunde in der Politikwissenschaft. Demokratische Staaten liefern sich oft erbitterte diplomatische Auseinandersetzungen, und sie führen natürlich Kriege gegen nichtdemokratische Staaten. Aber in ihrem Umgang untereinander halten sie sich an demokratische Gepflogenheiten der Konfliktlösung: Verhandlungen, Kompromisssuche, Konsensprinzip. Die Forschung ist sich noch nicht ganz einig, woran das liegt. Es mag damit zu tun haben, dass die offene Debatte, die in Demokratien über außenpolitische Fragen geführt wird, wenig Raum für Missverständnisse zwischen zwei solchen Ländern lässt. Auch halten demokratische Völker einander in der Regel für vernünftig, vertrauenswürdig und friedlich. Und die wirtschaftliche Verflechtung zwischen diesen Gesellschaften ist oft so hoch, dass ein Krieg nur Verlierer hervorbringen würde. Richtig überzeugend ist keine dieser Erklärungen, aber die Grundtatsache ist nicht zu leugnen. Die großen liberalen Demokratien, allen voran die Länder Europas, tragen ihre Meinungsverschiedenheiten am Konferenztisch aus, nicht auf dem Schlachtfeld.

Aus diesem Grund ist es mehr als nur eine Störung westlicher Wohlfühlpolitik, wenn China oder Russland Allianzen mit Despoten schmieden. Je weniger Demokratien es in einer Weltregion gibt, desto konfliktanfälliger ist sie. Selbst wenn Krisen nur innenpolitisch sind, werden ihre Folgen oft vor der Haustür des Westens abgeladen – sei es in Form von Flüchtlingen, unterbrochenen Handelsbeziehungen oder der Bildung von terroristischen Zellen.

Das gilt gerade für den Nahen Osten, ohne dessen Bodenschätze wir nicht auskommen. Dass es Bush nicht gelang, im Irak die Fundamente für eine Liberalisierung der gesamten Region zu legen, lag an den Mitteln, macht aber das Ziel nicht falsch. Eine erzwungene Demokratisierung hat bisher nur in Deutschland und Japan gut geklappt. In den meisten Fällen wird man mit westlicher Gewalt nicht viel erreichen, schon gar nicht in der muslimischen Welt. Aber der Grundgedanke, von der die amerikanische Nahostpolitik in Bushs zweiter Amtszeit getragen wurde, ist nicht von der Hand zu weisen: Ein demokratischer Naher Osten käme auch dem Westen zugute, weil er nämlich den Islamismus dämpfte, der zum größten Instabilitätsfaktor der Region geworden ist.

Die Verbrechen von Usama Bin Ladin und seiner Al-Qaida-Bande haben in den vergangenen Jahren zu dem Missverständnis geführt, hier finde ein Kulturkampf zwischen dem Islam und dem Westen statt. Intellektuelle in der islamischen Welt haben aber schon früh nach dem 11. September 2001 darauf hingewiesen, dass dieser Terrorismus in erster Linie Ausdruck eines innerislamischen Bürgerkrieges ist, eines Ringens um den rechten Weg in die globalisierte Welt. »Das Vordringen des politischen Islam bedeutet eine Reislamisierung der Gesellschaft, und zwar eher als Reaktion auf Staatsordnungen, die als unzulänglich und ungerecht, ja sogar als gottlos angesehen werden – und nicht so sehr als Abwehrhaltung gegenüber der Kultur des Modernismus«, schrieb Samir Kassir, ein kluger libanesischer Journalist und Historiker, der 2005 ermordet wurde.

In der Tat kann keine Rede davon sein, dass die islamische Welt nicht für die Errungenschaften der Moderne empfänglich wäre. Gerade in den reichen Ölgesellschaften am Golf hat sich in den vergangenen Jahren ein Lebensstil herausgebildet, der dem Alltag in Europa und Amerika erstaunlich ähnelt. Yachthäfen, Bürotürme, Gourmetrestaurants und Luxuseinkaufszentren prägen hier in vielen Staaten inzwischen genauso selbstverständlich das Stadtbild wie in New York oder London. An einigen Orten leistet man sich sogar Eissporthallen und Golfplätze, was in der Wüste wirklich ein exklusives Vergnügen ist. Damit die Golfplätze nicht von der Sonnenglut verbrannt werden, müssen täglich Millionen Liter Wasser auf das Green gesprüht werden. Besucht man in Qatar oder Dubai einen Einheimischen zu Hause, dann kann es einem durchaus passieren, dass die Tochter in Jeans und T-Shirt die Haustür öffnet. Am örtlichen Flughafen tragen diese Mädchen dann Schleier, haben aber trotzdem die neusten Mobiltelefone mit den gleichen nervtötenden Klingeltönen wie ihre westlichen Altersgenossen. In Bahrain, einem der freizügigsten Länder der Region, trifft man in Hotelbars, die von Saudi-Arabien aus gut mit dem Wagen zu erreichen sind, abends sogar betrunkene Araber.

Dieser Modernisierungsschub ist aber nicht von einer politischen Öffnung begleitet worden. Die Länder des Nahen Ostens sind zu Recht immer wieder als Stammesdynastien mit Nationalflagge bezeichnet worden. Die Macht liegt, je nach Land, in den Händen einer Familie, eines Clans, eines Offiziersjahrgangs oder anderer kleiner Zirkel. Parteien oder Verbände sind schwach, oder es gibt sie nicht, Gesetze werden missachtet. Kassir nannte dieses Regieren, das seit Jahrzehnten den Alltag so vieler Araber bestimmt, den »ständigen Ausnahmezustand«. Gerade die reichen Herrscherdynastien am Golf, die Al Saud in Saudi-Arabien, die Al Thani in Qatar, die Al Nahyan in Abu Dhabi, die Al Sabah in Kuweit oder die Al Khalifa in Bahrain, haben ihren Bürgern lange nur den Mercedes zugestanden, nie aber das Wahlrecht. Das wird dadurch begünstigt, dass im Islam die Gerechtigkeit traditionell wichtiger ist als die Freiheit. Solange der Herrscher »gerecht« regiert, ist es der Untertan zufrieden. Aber das ist natürlich nicht genug, um Gesellschaften eine Richtung zu geben, in denen Beduinen und Perlenfischer in einer Generation in den konsumfähigen Mittelstand katapultiert wurden. In fast allen Ländern des Nahen Ostens ist zu beobachten, dass die Menschen Halt in der Religion suchen, weil der Staat keinen Raum lässt, um den gesellschaftlichen Wandel zu vollziehen, der mit der Modernisierung nun einmal einhergeht. Die gleichen Manager, die in den Luxusemiraten globale Großgeschäfte tätigen, lassen ihre Frauen nicht Auto fahren und finanzieren den Dschihadismus.

Solche Wertekonflikte sind nicht in ein paar Jahren zu lösen. Das große Problem ist, dass die arabischen Machthaber fürchten, die Glut, die Bin Ladins Jünger entfacht haben, werde eines Tages auch ihre Paläste in Brand setzen. Saudi-Arabien ist deshalb gegen Al Qaida mit einer Härte vorgegangen, gegen die Guantánamo wie ein Erholungsheim wirkte. Es gibt aber auch Scheichs, die sich weniger vor der Freiheit fürchten als das wahabitische Königshaus. Sie kommen lieber dem Volk entgegen, was dem politischen Klima in der ganzen Region guttut. Während die Saudis bisher nur Kommunalwahlen unter Ausschluss der Frauen abhielten, gibt es in kleineren Golfstaaten allgemein gewählte Parlamente, die nicht nur beratende Rechte haben, weibliche Minister und weniger Zensur. Dem Westen haben einige Resultate dieser Lockerungsübungen nicht gefallen, wie etwa die parteiische Berichterstattung des qatarischen Fernsehsenders »Al Dschazira« über den Irakkrieg. Aber die Richtung stimmt schon. Eine Demokratisierung Arabiens würde vieles entkrampfen, nicht zuletzt das Verhältnis dieser Gesellschaften zu Israel. Deshalb bedeutet das Scheitern von Bushs Nahostpolitik noch lange nicht, dass es sich nicht lohnte, weiter die Liberalisierung dieser strategisch so überragend wichtigen Region zu fördern.

Die potentiellen neuen Großmächte sind natürlich selbst nicht immun gegen den Geist der Freiheit. China, Russland oder die Asean-Staaten können durchaus ins demokratische Lager wechseln, was es dem Westen noch einmal leichter machen würde. Historisch gesehen gibt es einen Trend zur Demokratisierung, der früher oder später jede Gesellschaft zu berühren scheint. Das angesehene amerikanische Forschungsinstitut »Freedom House« hat dazu in seinem Jahresbericht 2008 noch einmal die einschlägigen Zahlen veröffentlicht. Im Jahr 1977 konnte man gerade einmal

28 Prozent aller Staaten als frei bezeichnen. 31 Prozent waren damals teilweise frei, worunter Länder mit eingeschränkten politischen Rechten und schwachem Rechtsstaat verstanden werden, meist beherrscht von einer Partei. 41 Prozent der Länder waren 1977 unfrei. Dreißig Jahre später sieht das Bild schon freundlicher aus. Im Jahr 2007 waren 47 Prozent aller Länder frei, 31 Prozent teilweise frei und nur noch 22 Prozent unfrei. In dieser Statistik macht sich vor allem der Zusammenbruch des Kommunismus in Europa, das Verschwinden der Militärdiktaturen in Lateinamerika und die Liberalisierung in einigen Wachstumsländern Asiens bemerkbar.

So gesehen war es sehr voreilig, dass gerade europäische Regierungen im Umgang mit China die Menschenrechte in den vergangenen Jahren immer wieder auf dem Altar der Geschäftsbeziehungen opferten. Man muss nicht in der Pose des großen Anklägers in Peking auftreten, das dient meist nur der moralischen Selbsterbauung. Aber es lohnt sich schon, Dissidenten diskret zu helfen und der KP Anreize für politische Reformen zu bieten. Denn dass China eine Diktatur bleiben muss, ist kein Naturgesetz. Es mag viele kulturelle und wirtschaftliche Faktoren geben, die einer schnellen Übernahme westlicher Staatsideen entgegenstehen. Aber ein Blick in die Region lehrt, dass chinesische Gesellschaften durchaus in der Lage sind, sich von innen heraus zu demokratisieren. In Asien gibt es zwei weitere Länder, in denen das Staatsvolk zum überwiegenden Teil aus Chinesen besteht: Singapur und Taiwan. Beide sind reich und hochentwickelt, Taiwan ist sogar ein kleiner Flächenstaat. Aber nur die Singapurer haben einen autoritären Weg in die Moderne gewählt. Taiwan ist heute eine parlamentarische Republik, in der regelmäßig Wahlen und Regierungswechsel stattfinden. Es spricht nichts dagegen, dass auch das Festland irgendwann diese Richtung einschlägt. So totalitär wie zu Maos Zeiten ist die Volksrepublik ohnehin nicht mehr. Das jüngste Wachstum hat kleinere Auflockerungen in Gesellschaft, Politik und Justiz ermöglicht, die vor zehn oder zwanzig Jahren noch völlig ausgeschlossen schienen. Es wird sich zeigen, ob sich die Folgen der globalen Finanzkrise zu einer ernsten Herausforderung für den Herrschaftsanspruch der Partei auswachsen.

Deshalb ist das Eintreten für die Menschenrechte nicht Sonntagsredenstoff, sondern harte Sicherheitspolitik. Je freiheitlicher China ist, desto leichter wird sich der Rest der Menschheit mit dieser neuen Macht tun. Das gilt selbstredend auch für Russland. Gerhard Schröder hielt es für eine besonders raffinierte Politik, die Menschenrechte im Verkehr mit Deutschlands wichtigstem Energielieferanten auszuklammern. Gerade die Entwicklung der vergangenen Jahre zeigt aber, dass autoritäre Tendenzen eines Landes sich immer auf dessen Außenpolitik auswirken. Je fester Putin innenpolitisch die Schrauben anzog, desto härter trat er auch gegenüber dem Ausland auf. All die großen Streitereien mit dem Westen, vom Status des Kosovo über die Raketenabwehr bis zu Georgien, wurden schlimmer, je länger Putin an der Macht war. Man muss keine Hauptseminare für politische Theorie besucht haben, um zu verstehen, was da geschieht. Eine Regierung, die weder eine Opposition noch eine kritische Presse zu fürchten hat, kann in der Außenpolitik viel selbstherrlicher vorgehen als eine demokratische Führung. Leider haben viele in Deutschland diese Lektion immer noch nicht gelernt. Nicht nur Schröders Erben führten zuletzt die opportunistische Linie gegenüber Russland und China fort. Eine solche Politik nützt den herrschenden Cliquen in den beiden Ländern, nicht aber den langfristigen deutschen Interessen.

All das sind Fragen, die zeigen, dass die zunehmende wirtschaftliche Verflechtung der Welt politische Differenzen nicht beseitigt. Auf absehbare Zeit werden wir es mit einer Weltpolitik zu tun haben, deren Agenda nur den kleinsten gemeinsamen Nenner widerspiegelt. Da dürften noch mehr westliche Großprojekte auf Ablehnung stoßen als der Klimaschutz und die Menschenrechte. Auch die Abrüstung, eine andere europäische Herzensangelegenheit, war in den vergangenen Jahren kein Exportschlager. Wie wir gesehen haben, rüstete der Rest der Welt auf, nicht ab. Selbst bei so nebensächlichen Waffen wie Landminen oder Streubomben litten weltweite Verbote immer wieder daran, dass ihnen China, Indien, Russland und leider auch Amerika fernblieben. Es gibt eigentlich nur ein Thema, an dem alle wichtigen Staaten gleichermaßen interessiert sind, zumindest im Grundsatz: die Aufrechterhaltung eines offenen internationalen Güter- und Finanzverkehrs. Protektionistische Versuchungen gibt es immer wieder, gerade in wirtschaftlich schweren Zeiten. Aber im Grunde weiß heute jede Regierung, dass ohne ein Mindestmaß an Freihandel die Reichen arm und die Armen nicht reich werden. Um alles andere wird in Zukunft hart gerungen werden.

Neue Spielregeln

Der 15. November 2008 hat gute Chancen, einmal in den Geschichtsbüchern erwähnt zu werden. An diesem Tag kam in Washington die sogenannte Gruppe der Zwanzig (G-20) zusammen, um nach der jüngsten Finanzkrise über die Neuordnung des Weltfinanzsystems zu beraten. Da wurde viel Technisches besprochen, das die Banken in aller Welt stabiler machen sollte. Manchen Teilnehmern schien aber vor allem der machtpolitische Gesichtspunkt des Treffens erwähnenswert. Der brasilianische Präsident Lula da Silva sagte, nie habe er es für möglich gehalten, dass die Industriestaaten einmal Schwellenländer um Hilfe bitten würden, um als gleichberechtigte Partner an der Neugestaltung des globalen Finanzsystems mitzuwirken. Der indische Ministerpräsident Singh sprach von einem deutlichen Zeichen, »dass sich die Machtbalance zugunsten der Schwellenländer verschiebt«.

In der Tat war der Gipfel eine Revolution im oft wenig spektakulären internationalen Konferenzwesen. Der G-20-Gruppe gehören die Vereinigten Staaten, Deutschland, Frankreich, Großbritannien, Italien, Japan, Kanada, Brasilien, Indien, China, Russland, Indonesien, Mexiko, Argentinien, Saudi-Arabien, Südafrika, Australien, Südkorea, die Türkei und die Europäische Union an. Das sind die etablierten Industriemächte und die aussichtsreichsten Schwellenländer, weshalb die Gruppe als ein Zusammenschluss der wichtigsten Player der Weltwirtschaft gelten kann. Trotzdem führte sie lange ein Schattendasein. Treffen gab es nur einmal im Jahr auf der Ebene der Finanzminister und Notenbankchefs; es handelte sich ausdrücklich um eine informelle Gruppe. Der Weltfinanzgipfel in Washington war das erste Treffen seit der Gründung der G-20 im Jahr 1999, zu dem die Staats- und Regierungschefs selbst anreisten.

Das hat viel damit zu tun, dass sich die Wirtschaftsdiplomatie vor der Finanzkrise vornehmlich an einem anderen G orientierte: der sogenannten Gruppe der Acht (G-8). Über Jahrzehnte hinweg waren die Treffen der »führenden Industrienationen« eine der meistbeachteten Veranstaltungen der Weltpolitik. Der G-8 gehören die Vereinigten Staaten, Japan, Deutschland, Großbritannien, Frankreich, Italien, Kanada und Russland an. Das ist ein deutlich kleinerer Kreis, hinter dem sich eine Art Ersatzweltregierung des Westens verbirgt. Die G-8 ist aus der Epoche übriggeblieben, in der zu den Industrienationen fast nur Länder Nordamerikas und Westeuropas zählten. Als der Zusammenschluss im Jahr 1975 entstand, war Japan das einzige nichtwestliche Mitglied. Aber im Ost-West-Konflikt wurde das Land ohnehin als asiatischer Außenposten der freien Welt gezählt; Russland trat erst 1998 bei.

Dass diese Mitgliederliste nicht mehr ganz den globalen Kräfteverhältnissen entspricht, wollten die G-8-Länder lange nicht wahrhaben. Auf ihren jährlichen Gipfeln stellten sich die Staats- und Regierungschefs immer wieder wie Sonnenkönige zur Schau, nannten sich »globale Führer« und redeten nicht nur über die Weltwirtschaft, sondern auch über die großen politischen Themen, von Friedenseinsätzen in Nahost bis zu Energie- und Klimafragen. Als die Truppe 2007 in Heiligendamm zu Gast war, da rechnete die Bundesregierung noch vor, dass hier acht Staaten versammelt seien, auf die zusammen 63 Prozent des Weltinlandsprodukts und 50 Prozent des Welthandels entfielen. Mit anderen Worten: Da kam ein selbsternanntes Direktorium der Weltpolitik zusammen. Diese Staaten glaubten, dass ohne oder gegen sie nichts gehe.

Die Finanzkrise führte dazu, dass man sich auch in Berlin wieder für andere Statistiken interessierte. Die G-20 sind viel repräsentativer als die G-8, denn sie stehen für 90 Prozent des weltweiten Bruttoinlandsprodukts, für 80 Prozent des Welthandels und rund zwei Drittel der Weltbevölkerung. Deshalb dürfte dieser Zusammenschluss den alten Folkloreverein des Westens bald in den Hintergrund drängen. Der Gehalt der Papiere, die auf den G-8-Gipfeln verabschiedet wurden, war zuletzt ohnehin so dünn, dass er in keinem Verhältnis zur Spesenrechnung des diplomatischen Begleittrosses stand. Lula da Silva sprach in Washington selbstbewusst davon, dass die G-8 eine »irrelevante Organisation« geworden sei. Das ist vielleicht der wichtigste Vorbote der Epoche, auf die wir zusteuern. Dass der Westen eine hausgemachte Finanzkrise nicht mehr in seinem exklusivsten Club bewältigen kann, sondern seine künftigen Rivalen und potentiellen Nachfolger hinzubitten muss, zeigt, wie sehr die globale Hausordnung im Umbruch begriffen ist. Vom Weltfinanzgipfel ist es nicht mehr weit zu anderen großen Gremien der Weltpolitik. In den nächsten Jahrzehnten dürften China, Indien und andere aufstrebende Nationen das Sammelsurium an internationalen Organisationen und Verträgen, das dem Westen so lange die Vorherrschaft ermöglicht hat, Stück für Stück in Frage stellen. Die Nato mag noch das mächtigste Militärbündnis sein, aber vielleicht gibt es eines Tages dazu ein Gegenstück in Asien. Der Binnenmarkt hat die EU zum ersten Handelsblock der Welt gemacht, aber schon jetzt entstehen in Lateinamerika und Fernost regionale Zusammenschlüsse mit ähnlicher Zielsetzung. Jede Macht, die in der Geschichte der Menschheit groß geworden ist, hat versucht, die internationalen Spielregeln neu zu schreiben. Das wird immer wieder so sein.

Tatsächlich hat ein aufstiegswilliges Land schon jetzt die Axt an einen der wichtigsten Grundpfeiler der derzeitigen Weltordnung gelegt. Indien war der erste nukleare Nachzügler, der als Atomwaffenstaat in die globale nukleare Ordnung aufgenommen wurde. Das ist eine bemerkenswerte Leistung, denn wie wir bereits im ersten Teil des Buches gesehen haben, hatten sich die ersten fünf Atommächte mit dem Nichtverbreitungsvertrag eigentlich das alleinige Recht auf den Besitz dieser Großwaffe gesichert.

Die Inder sind diesem Vertrag nie beigetreten. Das ersparte dem Land zwar völkerrechtlichen Ärger, als es sich 1998 nuklear bewaffnete, brachte ihm aber wirtschaftliche Nachteile. Vom internationalen Handel mit Nuklearanlagen und Kernbrennstoffen war Indien ausgeschlossen, was sich schmerzlich bemerkbar machte, als mit dem jüngsten Wachstum der Energiebedarf stieg. Um dieses Außenseiterdasein zu beenden, nutzten die geschickten Inder die Gunst der geopolitischen Stunde. In dem Maße, in dem China wuchs, stieg in den Vereinigten Staaten das Interesse, in Asien neue Verbündete gegen mögliche künftige Machtgelüste aus Peking zu gewinnen. Das riesige Indien, Demokratie und Atommacht zugleich, war da natürlich besonders begehrt. Als Morgengabe für den Beginn einer Freundschaft handelten die beiden Länder im Jahr 2006 ein bilaterales Nuklearabkommen aus. In diesem Vertrag verpflichtet sich die amerikanische Regierung, den Indern die begehrte Atomtechnologie zu liefern, sofern diese ihre zivil genutzten Atomanlagen der Kontrolle der Internationalen Atomenergiebehörde unterstellen und sich Zurückhaltung beim Export gefährlicher Technologien auferlegen.

Das klingt ein wenig technisch, ist aber nichts anderes als die stille Beerdigung der bisherigen globalen Atompolitik. Das Abkommen mit Amerika befördert Indien faktisch in den Stand einer anerkannten Atommacht, weil dem Land ähnliche Rechte und Pflichten zugestanden werden wie den fünf offiziellen Atommächten. Deshalb erhob sich einiges Geschrei, als die Sache bekannt wurde. In Indien sah die Opposition die Neutralität und Souveränität des Landes gefährdet, in Amerika und Europa fürchteten viele um den Bestand der nuklearen Rüstungskontrolle. Ernsthafte Hürden waren das aber nicht mehr. Im Herbst 2008 billigten die Internationale Atomenergiebehörde, die Gruppe der nuklearen Lieferländer und der amerikanische Kongress das Abkommen. Allen Beteiligten war am Ende klar, dass Indien kein irrlichternder Schurkenstaat ist, sondern eine riesige Demokratie, die nach oben strebt. Mit so einem Land wollte es sich niemand verscherzen. So nahm Amerika mit dem bilateralen Abkommen die potentielle künftige Stellung Indiens vorweg. In einer Welt, in der die erste Geige nicht mehr alleine vom Westen gespielt wird, gehört der Nichtverbreitungsvertrag zum Altpapier. Die alte nukleare Ordnung kann man höchstens Ländern wie Nordkorea aufzwingen, Großakteure wie Indien verlangen eine Neufassung der Regeln.

In den Vereinten Nationen bahnt sich Ähnliches an. Im Jahr 2005 kam es unter dem damaligen Generalsekretär Kofi Annan zum Versuch, die Vereinten Nationen von Grund auf zu reformieren. In Deutschland wurde das vor allem unter dem Aspekt wahrgenommen, dass die Bundesregierung sich einen ständigen Sitz im Sicherheitsrat erkämpfen wollte. Viel interessanter war aber, wer noch alles Bewerbungsmappen für das höchste Gremium der Weltorganisation abgab. Deutschland tat sich in einer Kandidatengruppe mit Indien, Brasilien und Japan zusammen. Das sind drei Länder, die mindestens so viel Anspruch auf die Gestaltung der künftigen Weltpolitik erheben können wie unser Land. Die Reform scheiterte am Ende an den großen und kleinen Eifersüchteleien, die in den UN Alltag sind. Andere Mittelmächte wie Italien und Mexiko wollten nicht akzeptieren, dass ausgerechnet Deutschland und Brasilien ihren jeweiligen Kontinent auf Dauer im Sicherheitsrat vertreten sollen. Unter den bisherigen Vetomächten hatte China Vorbehalte gegen Japan, die Bush-Regierung gegen das damals noch rotgrüne Deutschland.

Das ist aber eine Reform auf Wiedervorlage. Die Zusammensetzung des Sicherheitsrates spiegelt die globale Machtverteilung der sechziger und siebziger Jahre wider. Wenn es hier keine Anpassungen gibt, dann werden die ohnehin oft wenig einflussreichen UN in der völligen Bedeutungslosigkeit versinken. Deutschland hat da, das sei nur am Rande bemerkt, nicht die allerbesten Karten. Denn unter den Vetomächten gibt es schon zwei europäische Staaten, aber kein Land aus Lateinamerika und keines aus Afrika. Und Asien, der Kontinent, auf dem zwei Drittel der Menschheit leben, ist nur durch ein Land vertreten, sofern man Russland einmal zum Westen zählt. Es dürfte der Staatengemeinschaft leichter fallen, Schwellenländern wie Brasilien und Indien sowie den afrikanischen Staaten einen ständigen Sitz zu gewähren, als die europäische Bank um ein weiteres Land zu verlängern.

Diese Umbauarbeiten am Grundgerüst der Weltpolitik gehen weit über die Frage von Sitzordnungen hinaus. Das wird deutlich, wenn wir noch einmal Raja Mohan zuhören, dem publizistischen Wegbegleiter der neuen indischen Außenpolitik. In seinen Büchern weist Mohan immer wieder darauf hin, dass Indien eine »revisionistische Macht« sei: »Das System von Jalta, das auf der Asche des Zweiten Weltkriegs erbaut wurde, machte Indien zu einer zutiefst unzufriedenen Macht. Obwohl das Land einen bedeutenden Beitrag zum Sieg der Alliierten geleistet hatte, blieb es ohne Sitz am höchsten Tisch.« Das klingt zunächst so, als gehe es tatsächlich nur um den Sicherheitsrat. Mohan leitet aus dem indischen Revisionismus jedoch einen grundsätzlichen Gegensatz zu Europa ab. Die Europäer hingen einem »einfältigen Idealismus« an, sagt er, weil sie glaubten, dass sie eine Mission zur Überwindung der herkömmlichen Machtpolitik hätten. Das Lied des Multilateralismus und Postnationalismus, das die europäischen

Außenminister so wohlklingend anstimmen können, hält dieser scharfsinnige indische Professor für den Gesang von Schwächlingen. Europa sei eben eine statische Macht, schreibt er, weil der alte Kontinent an Einfluss verliere. »Es ist immer die schwächere Macht, die sich nach Regeln und Verfahren sehnt, während sich die stärkere darauf konzentriert, Bedrohungen zu begegnen und wünschenswerte Ergebnisse zu erreichen.«

Das ist eine Sichtweise, die Europa schon vor langer Zeit ins Museum der Weltanschauungen verbannt hat. Die positive Erfahrung mit der EU hat bei den Völkern und Eliten auf unserem Kontinent zu einem historisch einzigartigen Glauben an die Verrechtlichung der Außenpolitik geführt. Die Verordnungen und Richtlinien, unter denen Europa seit Jahrzehnten seine traditionellen Rivalitäten begräbt, sind nun schon für die zweite oder dritte Generation von europäischen Politikern die Schlüsselerfahrung im Umgang mit dem Ausland. Man mag das begrüßen, denn für die Generationen Adenauer, Brandt und Kohl war Krieg der Haupteindruck vom Verkehr mit Nachbarstaaten. Aber die lange und tiefe Introspektion, die mit der europäischen Einigung einhergegangen ist, lässt die Europäer oft vergessen, dass der Rest der Welt nicht an Kant glaubt, sondern an Hobbes.

Das klassische Denken über Außenpolitik hat sich seit der Antike eigentlich kaum verändert. In den einschlägigen Werken wird die Staatenwelt als anarchisch begriffen, als System der Selbsthilfe. Überleben kann man in dieser Gesellschaft von Wölfen nur, wenn man stark ist und sich Verbündete sucht. Es ist kein Zufall, dass dieses Gedankengut, das bei uns als Konfliktliteratur verschrien ist, gerade in einem Land wie Indien eine Renaissance erlebt. Große Mächte und solche, die es werden wollen, haben nie an die Völkerverständigung geglaubt, sondern immer an harte Interessenpolitik. »Indem die Atommacht Indien wirtschaftlich stärker wird und mehr darauf vertraut, ihr offenkundiges Schicksal auf der Weltbühne zu gestalten, hat die Moralpolitik, die den öffentlichen Diskurs im Lande jahrzehntelang beherrscht hat, Raum gegeben für Realpolitik«, hält Mohan fest.

Solche Sätze kündigen den weitaus größten Umsturz an, der uns erwarten dürfte. Der Aufstieg neuer Groß-Player würde nicht nur das materielle Gefüge, sondern vor allem auch die Kultur der Weltpolitik verändern. Im Augenblick gibt es nur ein Land, das stark genug ist, um rund um den Globus klassische Machtpolitik zu betreiben. Das sind die Vereinigten Staaten. Je mehr Machtzentren außerhalb Europas entstehen, desto einflussreicher werden andere Staaten werden, die kein Interesse an Zivilisierungsprojekten aus Brüssel haben. Das ist das Paradoxe an der Globalisierung. Sie schafft Wohlstand und Nähe zwischen den Völkern, zugleich aber auch die Voraussetzungen für die Wiedergeburt einer Staatenwelt, die Europa für überwunden hielt. »Der Staatsmann muss in der Kategorie des nationalen Interesses denken, verstanden als Macht unter Mächten. Das populäre Gemüt, dem die feinen Unterscheidungen des staatsmännischen Denkens unbekannt sind, denkt zu oft in den einfachen moralistischen und legalistischen Begriffen des absoluten Guten und des absoluten Bösen«, schrieb 1948 Hans Morgenthau, ein deutscher Jude, der vor den Nazis nach Amerika floh und dort die akademische Schule der Realpolitik begründete. Sein bekanntester Schüler wurde Henry Kissinger. Nicht nur Indern, die an der Überarbeitung der globalen Ordnung feilen, wird diese Lehre aus dem Herzen sprechen.

In Russland kehrt dieses Denken in Form gewalttätiger Nostalgie zurück. Putin bemerkte einmal, der Zusammenbruch der Sowjetunion sei die größte geopolitische Katastrophe des vergangenen Jahrhunderts gewesen. Auf den Verlust des Kommunismus bezog sich das nicht. Es ist der Phantomschmerz der verlorenen Gebiete in Osteuropa und Zentralasien, der die neuen Kremlherren plagt. Im Georgienkrieg ging es nur am Rande um das Schicksal von Abchasen und Südosseten. Putin und Medwedjew wollten vor allem ihre Einflusssphäre im Kaukasus wiederhergestellt sehen. Die Annäherung Georgiens an die Nato galt ihnen als Wildern im russischen Revier. Was für ein konzeptioneller Unterschied das zum Westen ist, sieht man an der Verteidigungsplanung der Allianz. Seit dem Ende des Kalten Krieges hat die Nato ihre Pläne zur Abwehr russischer Angriffe nicht mehr aktualisiert, Übungen fanden nicht mehr statt. Um den Russen zu signalisieren, dass es bei der Aufnahme neuer Mitglieder in erster Linie um die Einigung Europas ging, verzichtete das Bündnis sogar darauf, Stützpunkte in Osteuropa zu eröffnen. In Moskau sah man sich trotzdem von der Nato eingekreist, empfand deren Ausgreifen nach Osten als Verschiebung der Machtbalance. Deshalb versuchte Russland auch, sich im Gegenzug im amerikanischen Hinterhof stärker zu engagieren, vor allem in Venezuela und auf Kuba. Als Putin Präsident war, zitierte er auf gemeinsamen Sitzungen mit der Nato gerne Bismarck, den Ahnherrn der europäischen Gleichgewichtspolitik.

Aus China dagegen ist keine ausgereifte Debatte über die Zukunft der Weltpolitik bekannt, nur Ausarbeitungen der Parteilinie von der Schaffung einer »Harmonischen Welt«. Seit einiger Zeit wird in Meinungsbeiträgen allerdings ein deutliches Unbehagen am westlichen Ordnungsmodell artikuliert. Jüngster Anlass war die mit den Olympischen Spielen in Peking verbundene Großkritik des Westens an der Menschenrechtslage in China, be-

sonders in Tibet. Yu Keping, ein als einflussreich gelten-
der Berater der Regierung, bemerkte dazu, die Globalisierung stärke doch letztlich wieder nur die Hegemonie
der westlichen Staaten, weil sie nach deren Spielregeln ab-
laufe. Und der Historiker Wang Hui von der Tsinghua-
Universität in Peking wandte sich gegen das westliche
Monopol auf die Interpretation und Gestaltung der Weltgeschichte. Asien sei keine archaische Vormoderne, die
sich westlichen Standards anzunähern habe.
Solche Beschwerden sind in der Dritten Welt seit vielen
Jahren zu hören. In China fallen sie aber mit einer immer
noch äußerst lebendigen Erinnerung an die asiatische
Staatenwelt vor Ankunft der Europäer zusammen. Der
Philosoph Zhao Tingyang von der Chinesischen Akademie für Sozialwissenschaften hat kürzlich ein urchinesi-
sches Weltordnungsmodell als vorbildlich bezeichnet, das
heute noch jedem hohen Funktionär und General in der
Volksrepublik geläufig sein wird. Bis zum 19. Jahrhundert sahen sich die chinesischen Kaiser als Herrscher
»aller unter dem Himmel«, als Machthaber über Chinesen und über »Barbaren«, wie man Ausländer nannte.
China wurde als Zentrum des Erdkreises verstanden, um-
geben vor niederen Gemeinwesen, deren Bewohner fast
auf einer Stufe mit Tieren standen.
Dass chinesische Intellektuelle in dieser Vergangenheit
eine Blaupause für die Ordnung der Globalisierung
suchen, ist weniger wegen der moralischen Überheblichkeit interessant, die dem chinesischen Reichsgedanken
innewohnt. Auch der Westen hält sich bis heute für eine
globale sittliche Instanz. Bedeutender ist, dass sich der
chinesischen Geschichte ganz praktische Anleitungen
zum Umgang des Landes mit der Außenwelt entnehmen
lassen. Um das zu verstehen, müssen wir uns kurz mit der
Lehre des Konfuzius beschäftigen.

Konfuzius, der das chinesische Selbstverständnis stärker formte als jeder andere Philosoph seines Landes, betrachtete eine strenge Hierarchie als unumstößliche Grundlage für die soziale und politische Ordnung.»Der Herr sei ein Herr, der Untertan ein Untertan, der Vater ein Vater, der Sohn ein Sohn.« Jeder Mensch habe seinen natürlichen Platz im Leben zu akzeptieren, sei es als Höher- oder als Niedriggestellter. Die Idee der Gleichberechtigung, ein Fundament moderner Demokratien, war Konfuzius völlig fremd. Er war davon überzeugt, dass Sittenverfall und Chaos heraufbeschworen würden, sollte die chinesische Gesellschaft ihre hierarchische Ordnung aufgeben. Das Bemerkenswerte ist, dass diese Schriften in der späten Han-Dynastie (die ersten zwei Jahrhunderte unserer Zeitrechnung) zum Schlüssel für die chinesischen Außenbeziehungen wurden. Der Kaiser,»Sohn des Himmels«, wurde als Mittelpunkt eines streng hierarchischen Systems von konzentrischen Kreisen gesehen, das aus schwächeren chinesischen und auswärtigen Herrschern bestand. Diese hatten dem Kaiser Tribut zu zollen, indem sie dem Hof Geschenke und Dienste darbrachten. Je näher jemand dem Hof stand, desto häufiger musste er Beweise seiner Loyalität erbringen. Chinesische Feudalherren hatten einmal im Monat Tribut zu leisten, Barbaren aus ferneren Gefilden mussten sich einmal im Jahr bei Hofe blicken lassen.

Wie alle großen politischen Entwürfe hat das chinesische Tributsystem nicht immer seinen Anspruch erfüllen können. Der australische Historiker Martin Stuart-Fox hat aber kürzlich in einem lesenswerten Buch dargelegt, dass China zumindest die Beziehungen zu seinen Nachbarn in Südostasien fast zweitausend Jahre lang nach diesem Muster einrichtete. Immer wieder sind Gesandte aus Vietnam, Melaka (heute in Malaysia), Brunei oder Siam

(Thailand) zum Kotau nach China gereist. Als Tribut wurden Seide, Edelsteine, Speisen, Getränke, Prinzessinnen oder anderes überbracht, was als besonders wertvoll galt. Die Auftritte bei Hofe wurden von endlosen Banketten und pompösen Ritualen begleitet. Tauchte ein leibhaftiger König auf, dann war der Empfang noch herrlicher, denn das unterstrich Macht und Größe des gerade regierenden Kaisers.

Erstaunlich ist, dass China diese imperiale Methode zumindest in Teilen in die Moderne hinüberrettete. Der Einfall der Europäer im 19. Jahrhundert schwächte das Land so, dass es seine traditionellen Beziehungen zunächst nicht aufrechterhalten konnte. Aber im nachkolonialen Asien kamen die alten Gepflogenheiten überraschend schnell wieder zum Vorschein. Besonders deutlich sah man das im Verhältnis Chinas zu Vietnam. Die chinesischen Kommunisten unterstützten die Vietminh, erwarteten von ihnen aber Ehrerbietung und Anerkennung als höhere revolutionäre Kraft. Die Rede vom kommunistischen Brudervolk hatte nichts mit Gleichberechtigung zu tun, denn nach traditionellem chinesischem Verständnis gibt es unter Brüdern eine Hierarchie. Der Ältere steht über dem Jüngeren. Als Vietnam Ende 1978 Kambodscha überfiel, entschloss man sich in Peking zu einem kurzen Einmarsch in Vietnams Norden. Offiziell war von einer »Bestrafung« die Rede, um den vietnamesischen Genossen eine »Lehre zu erteilen«. Das war ein Rückgriff auf eines der ältesten Machtmittel der chinesischen Außenpolitik. Tributzahler, die sich dem Willen des Hofes widersetzten, wurden in »Strafkriegen« zur Ordnung gerufen. Dabei ging es nie um die Eroberung von Territorium, sondern stets nur um die Wiederherstellung der kaiserlichen Autorität. Dass solche Verhaltensweisen gerade im Kommunismus weiterlebten, der unfeudalsten aller Herrschaftsformen, zeigt die Kraft historisch gewachsener Weltbilder.

Es ist schwer einzuschätzen, ob und wie diese Traditionen in die globalisierte Welt überführt werden können. Für die chinesische Führung muss es aber verführerisch sein, dass sie über eine einheimische Theorie der Außenpolitik verfügt, die über Jahrtausende hinweg gut funktioniert hat. Wie wir schon an anderer Stelle gesehen haben, betrachtet die Elite des Landes die letzten hundertfünfzig Jahre als Anomalie in der chinesischen Geschichte, die es zu korrigieren gilt. Wie tief das alte Denken in den Köpfen steckt, kann man erfahren, wenn man in Asien eine Zeitlang ein Büro mit Wissenschaftlern aus China oder auch Korea und Japan teilt. Diese bestens ausgebildeten, höchst modernen Menschen sehen die Welt zumindest in einer Hinsicht noch heute wie Konfuzius: hierarchisch, nach Macht und Einfluss geordnet. Mancher Deutsche ist da schon verlegen geworden, wenn ihm anerkennend bescheinigt wurde, sein Land stehe auf Platz vier der Welt, hinter Amerika, Japan und China.

Eine Weltpolitik, die auf einer hierarchischen Ordnung beruht, wäre ein radikaler Gegenentwurf zur westlich geprägten Welt, wie sie uns vertraut ist. Der Westen war gegenüber anderen Völkern oft sehr ungerecht. Das aufklärerische Ideal von Freiheit und Gleichberechtigung geriet aber nie völlig in Vergessenheit, vor allem nicht in den letzten Jahrzehnten. In fast allen internationalen Verträgen, die heute gelten, hat der kleinste Stadtstaat das gleiche Recht wie die große Kontinentalmacht. Eine Welt, in der starke Staaten den Ton angeben und Schwache gehorchen müssen, sähe anders aus. Sollte China seinen alten Instinkten nachgeben, dann würde letztlich von allen, die nicht zu den ganz Großen in der internationalen Politik gehören, Unterordnung erwartet. Die Nachbarn, allen voran die Asean-Staaten, wären wohl die ersten Leidtragenden einer solchen Pax sinica. Aber auch fernere Völker könnten sich einem solchen System nicht völlig entziehen. Manche europäische Regierungen verhalten sich in Peking schon heute wie Tributpflichtige, wenn sie zu den roten Mandarinen Manager mit gut gefüllten Geldkoffern entsenden.

Die Verteidigung des Westens

Die Welt, in der wir leben werden, entsteht nicht über Nacht. Die Entmachtung des Westens ist ein schleichender, ein allmählicher Vorgang. Er wird zehn, zwanzig, vierzig Jahre in Anspruch nehmen, je nach Thema. Wenn es um die Weltwirtschaft geht, dann müssen wir schon heute Rücksicht nehmen auf die großen Ökonomien in Asien und Lateinamerika. Das zeigte sich nicht nur bei den Diskussionen über eine neue globale Finanzarchitektur in der jüngsten Finanzkrise. Indien und China brachten 2008 auch die aktuelle Liberalisierungsrunde in der Welthandelsorganisation zum Scheitern. Auf dem Feld der militärischen Macht dürfte es dagegen wesentlich länger dauern, bis der Westen seine Vorteile eingebüßt hat. Der Aufbau einer global schlagkräftigen Armee ist die größte Last, die sich ein Volk aufbürden kann. Das gilt selbst für Länder mit den höchsten Wachstumsraten.

Wir haben also noch einige Zeit, um uns auf die neue Ära vorzubereiten. Die Ablösung der westlichen Weltordnung bedeutet ja nicht, dass wir keinen Einfluss mehr hätten. Allerdings verliert der Westen das Monopol auf die Gestaltung der Menschheitsgeschichte. Die Vereinigten Staaten dürften weiter eine Großmacht sein, aber nur noch eine unter mehreren. Europa sollte eine Wohlstandsregion bleiben, aber wahrscheinlich nur noch eine der zweiten Reihe. Das ist genau das Gegenteil vom Ende der Geschichte, das Francis Fukuyama nach dem Kalten Krieg heraufziehen sah. Amerikaner und Europäer dachten nach dem Niedergang des Kommunismus, nun könnten sie die Welt so einrichten, dass alle so werden und leben wie sie. In Wirklichkeit werden wir in den nächsten Jahrzehnten immer härter dafür arbeiten müssen, dass wir nicht so leben müssen, wie andere es wollen. Gerade weil die globalen Regeln jetzt überarbeitet werden, muss der Westen aufpassen, dass seine Interessen und Werte nicht unter die Räder kommen.

Deutschlands Ort

Wir Deutschen haben eine klare Vorstellung davon, wie unser Land auf diese Umbrüche reagieren soll: mit Abkoppelung. Immer wieder haben Umfragen in den vergangenen Jahren ans Licht gebracht, dass eine Mehrheit der Bevölkerung wenig von einer aktiven deutschen Rolle in der Weltpolitik hält. Das Allensbach-Institut hat im Jahr 2007 bei der Frage, ob Deutschland »mehr Verantwortung in der Welt übernehmen« solle, eine Zustimmung von gerade einmal 30 Prozent gemessen. 52 Prozent der Befragten waren dagegen der Meinung, dass »wir uns da zurückhalten« sollten. Nur Anfang der neunziger Jahre, als unter deutscher Außenpolitik fast ausschließlich das Ausstellen von Schecks verstanden wurde, war die Ablehnung noch größer. 1991 waren etwa 56 Prozent der Deutschen der Ansicht, dass unser Land in der Weltpolitik nichts zu suchen habe.

Besonders unpopulär sind die Auslandseinsätze der Bundeswehr. Im Jahr 2007 waren in den Allensbach-Studien 50 Prozent der Befragten grundsätzlich gegen eine Entsendung deutscher Soldaten in auswärtige Krisengebiete, nur 34 Prozent sprachen sich dafür aus. Selbst unter den Anhängern der CDU, von denen vielleicht noch das größte Verständnis für den Gebrauch militärischer

Mittel erwartet werden kann, war eine relative Mehrheit gegen eine Beteiligung Deutschlands an internationalen Militäreinsätzen. Besonders negativ wird inzwischen der Afghanistaneinsatz gesehen. 2007 stimmten nur noch 29 Prozent der Bevölkerung der mit Abstand größten laufenden Operation der Bundeswehr zu. Im Jahr 2002, kurz nachdem der Einsatz begonnen hatte, waren immerhin noch 51 Prozent der Ansicht gewesen, es handle sich um eine gute Sache. Allensbach hat auch nach Gründen für diesen Meinungswandel gesucht. Dabei fällt auf, dass die Deutschen offenbar Angst haben, durch ihr Engagement Schaden zu erleiden. Nicht weniger als 56 Prozent der Befragten gaben an, dass durch Auslandseinsätze die Gefahr für Terroranschläge in Deutschland steige.

Die Bundeswehr beschäftigt sich schon länger mit dieser Stimmung, sozusagen als eine der Hauptbetroffenen. In Strausberg bei Berlin unterhält sie ein sozialwissenschaftliches Institut, das regelmäßig Studien über das sicherheitspolitische Meinungsbild im Lande erstellt. Dabei kommt immer wieder eines deutlich zum Vorschein. Die Deutschen fühlen sich nicht durch Sicherheitsprobleme im engeren Sinne bedroht, sondern durch völlig andere Gefahren. Im Jahr 2007 gaben 76 Prozent der Befragten an, sie hielten die »weltweite Zerstörung der natürlichen Umwelt« für die größte Bedrohung. Danach kamen der Klimawandel (71 Prozent), die Kürzung von Sozialleistungen (66), Altersarmut (60) und eine zu geringe Absicherung bei Arbeitslosigkeit (58). Erst auf dem sechsten Platz findet sich ein Sicherheitsthema im herkömmlichen Sinn, nämlich »Massenvernichtungswaffen in den Händen von Terroristen«. »Terroranschläge in Deutschland«, die größte Sorge der deutschen Behörden, landete dagegen auf Platz elf, weit hinter Bedrohungen wie Armut durch Krankheit, Zuwanderung von Ausländern und Verlust des Arbeitsplatzes. Und noch etwas haben die Studien der Bundeswehr ergeben. Vom Einsatz militärischer Gewalt halten die Deutschen überhaupt nichts. Im Jahr 2005 widersprachen 62 Prozent der Befragten der Aussage »Unter bestimmten Umständen ist Krieg notwendig, um Gerechtigkeit zu erlangen« (Zustimmung: 34 Prozent). 68 Prozent gaben an, nach ihrer Einschätzung ließen sich Konflikte, egal ob in oder zwischen Staaten, immer friedlich lösen (anderer Meinung: 27 Prozent). Nicht weniger als 81 Prozent waren sogar der Meinung, dass wirtschaftliche Macht zur Beeinflussung des Weltgeschehens wichtiger sei als militärische Macht.

Alles in allem ist das eine klassische isolationistische Weltsicht. Am leichtesten erscheint das Leben, wenn man den eigenen Hof bestellt und sich aus dem Gezänk anderer heraushält. Endlich in Frieden vereint, ist Deutschland heute das, was man früher eine saturierte Macht nannte: ein Land, das mit dem Status quo zufrieden ist und keine Veränderungen wünscht. In den Umfragen kommt eine tiefe Sehnsucht nach Neutralität zum Ausdruck, nach Rückzug in die eigenen vier Wände. Verwundet von Globalisierung und Demographie, erwacht in den Deutschen offenbar die Lust auf ein neues Biedermeier. Am liebsten wären sie Schweizer. Die überlassen das blutige Kriegshandwerk auch anderen und greifen zur Geldbörse, wenn sie etwas wirklich dringend brauchen.

Es wäre allerdings unredlich, dem Volk diese Haltung zum Vorwurf zu machen. Sie spiegelt nämlich ziemlich genau die öffentliche Diskussion wider. Die Rettung des Planeten ist heute jedem deutschen Politiker heiligste Pflicht, Angela Merkel möchte als Klimakanzlerin in die Geschichtsbücher eingehen. Und es gab Zeiten, da waren im deutschen Fernsehen fast so viele Talkshows über

Hartz IV zu sehen wie Volksmusiksendungen. Wer vor der Finanzkrise die politische Debatte in Deutschland verfolgte, der konnte leicht zu dem Schluss gelangen, das Schicksal der Nation hänge von der Höhe der Sozialversicherungsleistungen ab. Das hat sich sogar in den Staatsausgaben niedergeschlagen. Im Jahr 1990, am Ende des Kalten Krieges, entfielen 21,5 Prozent des Bundeshaushaltes auf die Ressorts Verteidigung, Entwicklungshilfe und Äußeres. 2003 kamen diese drei Ministerien, die Deutschland in der Welt vertreten, aber nur noch auf knapp über 12 Prozent, also nur noch etwa die Hälfte. Im selben Zeitraum stieg der Anteil des Arbeits- und Sozialministeriums von 23 auf 36 Prozent. Klarer als beim Geldausgeben kann eine Gesellschaft ihre Prioritäten nicht zum Ausdruck bringen. Die Deutschen haben sich nach der Wiedervereinigung eine kräftige Friedensdividende gegönnt.

Dem unangenehmen Thema Verteidigung nähern sie sich seither nur noch auf Umwegen. Dazu gehört die Umdeutung der Bundeswehr in ein Technisches Hilfswerk mit gepanzerten Fahrzeugen, eine der großen öffentlichen Erzählungen der vergangenen Jahre. Wer deutschen Politikern zuhörte, der konnte immer wieder den Eindruck gewinnen, dass es zwei Afghanistans gibt: eine blühende Landschaft im Norden, wo deutsche Soldaten hingebungsvoll Brunnen bohren und Kinder zur Schule bringen – und ein großes Schlachthaus im Süden, in dem schießwütige Amerikaner Taliban und Zivilisten gleichermaßen umbringen, statt Straßen zu bauen.

Jeder, der in jüngster Zeit in Afghanistan war, weiß, dass die Wirklichkeit anders aussah. Erstens taten die Amerikaner mehr für den zivilen Aufbau des Landes als ganz Europa zusammen. Zweitens war es im Süden deswegen so unruhig, weil hier das traditionelle Stammland der Paschtunen liegt, jenes Volksstammes, der die Taliban stellt. Im Norden leben andere Ethnien, deswegen war der Widerstand da geringer. Und drittens kam auch die Bundeswehr nicht darum herum, in ihrem Verantwortungsbereich offensive Operationen zu führen. Im Herbst 2007 ordnete der deutsche Befehlshaber im Norden einen Angriff auf eingesickerte Aufständische an, an dem auch etwa zweihundert deutsche Soldaten beteiligt waren. Aber all das wollte bei uns niemand so genau wissen, weil es nicht zum Bild des deutschen Soldaten passt, der ein Entwicklungshelfer in Uniform zu sein hat. Als die Anschläge auf die Bundeswehr dann zunahmen, geriet der Verteidigungsminister in Erklärungsnot, weil er sich weigerte, das Geschehen einen Krieg zu nennen.

Dahinter verbergen sich nicht nur die Gewissensnöte des Volkes, das für das Dritte Reich verantwortlich ist. Gerade in der großen Koalition wurde die Außenpolitik Teil der taktischen Berliner Machtspiele. Tief steckte der Union der Schreck darüber in den Knochen, dass Gerhard Schröder mit seiner Kampagne gegen den Irakkrieg die Bundestagswahl 2002 gewonnen hatte. Aus Angst davor, dass die SPD wieder die Friedenskarte spielen könnte, achteten Kanzleramt und Verteidigungsministerium offenbar genau darauf, dass sie nicht als Kriegstreiber hingestellt werden konnten. In der Nato kann man ein Lied davon singen, zu welchen Taschenspielertricks das führte. Da gab es Anrufe aus Berlin, man möge doch dafür sorgen, dass eine Bitte des Bündnisses um mehr Soldaten zwei Wochen später rausgeschickt werde, weil zuvor noch eine Landtagswahl zu überstehen sei. Überhaupt wurde gerne der Anschein erweckt, die Nato entscheide über die Entsendung deutscher Soldaten und nicht etwa die Bundesregierung. Vor jeder Ausweitung des Afghanistan-Mandats berichteten atemlose Reporter im deutschen Fernsehen, stündlich werde in Berlin die offizielle Anforderung aus Brüssel erwartet. In Wirklichkeit ist Deutschland als Vollmitglied der Nato natürlich an der Truppenplanung beteiligt und bietet seine Kräfte freiwillig an. Der Deutsche dränge sich eben nicht ins Feld, er wolle gerufen werden, sagen erfahrene Diplomaten mit einem Unterton von Resignation.

Das mag sich mit anderen Regierungen wieder ändern. Dass über militärische Fragen aber überhaupt nach den Bedürfnissen der Innenpolitik entschieden wurde, zeigt, wie verkümmert die sicherheitspolitische Kultur in unserem Land ist. Die letzte ausführliche strategische Debatte, die in der Bundesrepublik geführt wurde, war der Streit über den Nato-Doppelbeschluss zu Anfang der achtziger Jahre. Seitdem wird außenpolitisches Handeln nur noch an gesinnungsethischen Maßstäben gemessen. Michael Rühle, ein Deutscher, der in der politischen Abteilung der Nato arbeitet, hat kürzlich einmal beschrieben, was auf einer internationalen Konferenz geschah, als ein Redner über Kampfeinsätze in Afghanistan sprach. Ein ebenfalls anwesender »ranghoher deutscher Verteidigungspolitiker« habe sofort den Kopfhörer abgenommen, über den die Übersetzung lief. »Alle Anwesenden wussten, dass ihr deutscher Kollege des Englischen nicht mächtig war und dem Vortrag nun nicht mehr würde folgen können. Doch der Betreffende hatte gar nicht die Absicht zuzuhören. Sanftmütig lächelte er in die Runde. Deutschland hatte sich – im wahrsten Sinn des Wortes – ausgeklinkt.«

Das ist sicher nicht das intellektuelle Rüstzeug für die Zeiten, die uns ins Haus stehen. Die großen Staaten Asiens oder das wiedererwachte Russland sind keine Schüler Albert Schweitzers. Eine scharfe geopolitische Rivalität der wichtigsten Spieler erfordert von einer europäischen Mittelmacht eine spürbare globale Präsenz. Eine Nation, die vom Export lebt und Energie importieren muss, kann sich nicht aus der Weltpolitik heraushalten. Wie wir gesehen haben, werden die westlichen Interessen und Werte schon heute rund um den Erdball herausgefordert – von den Rohstofflagern Afrikas bis zur Universalität der Menschenrechte. Diese Konkurrenz dürfte im Laufe der nächsten Jahrzehnte noch viel schärfer werden. Der Westen kann da nur bestehen, wenn seine großen Repräsentanten, und dazu gehört Deutschland nun einmal, für die gemeinsamen Belange eintreten.

Das bedeutet beileibe nicht, dass man nur militärisch vorgehen muss. Die erste Front im Kampf zur Verteidigung des Westens wird die diplomatische sein, egal ob es um Einflussnahme in strategisch bedeutsamen Gegenden oder die Beilegung gefährlicher Konflikte geht. Auch Deutschland hat sich da in den vergangenen Jahren immer wieder versucht, unter anderem im Kaukasus und im Nahen Osten. Zu den wenigen aktenkundigen Ergebnissen gehört die Vermittlung eines Leichen- und Gefangenenaustausches zwischen Israel und dem Libanon durch den Bundesnachrichtendienst. Im großen Mosaik, das eines Tages vielleicht einen regionalen Friedensschluss ergibt, wäre das sicher nur ein ganz winziges Steinchen. Und der Krieg zwischen Georgien und Russland, der im August 2008 das Verhältnis Moskaus zum Westen in Frage stellte, brach drei Wochen nach einer Vermittlungsreise des deutschen Außenministers in die Region aus.

So etwas passiert auch Großmächten. Aber es zeigt, dass sich auf dem Verhandlungsweg oft viel weniger bewegen lässt, als der deutsche Salonpazifismus glaubt. Deshalb werden militärische Mittel weiterhin eine wichtige Option des Westens sein. Große humanitäre Tragödien wie im Kongo oder in Darfur schafft man nicht durch gutes Zureden aus der Welt. Selbstbewusste Regionalmächte wie Iran lassen sich nicht mit Entwicklungshilfe zähmen, Halbgroßmächte wie Russland kann man nicht mit Investitionen kaufen.

Im Grunde ahnt die politische Klasse das, lässt man einmal die Populisten von der Linkspartei außer Acht. Immerhin bestritt Deutschland im Jahr 2008 gut ein Dutzend Auslandseinsätze seiner Streitkräfte. Die Bundeswehr beteiligte sich unter anderem an Missionen im Kosovo, in Bosnien, im Libanon, in Georgien, in Äthiopien/ Eritrea, im Mittelmeer, am Horn von Afrika, in Afghanistan und in Sudan. Zu manchen Operationen war gerade einmal ein Soldat abgestellt, andere gingen in die Tausende. Zeitweise befanden sich mehr als 7000 Soldaten im Einsatz, was im internationalen Vergleich nicht wenig ist. Als Zeugnis außenpolitischer Reife lässt sich das aber nur bedingt lesen. Viele deutsche Politiker dürften letztlich nur von den Einsätzen auf dem Balkan überzeugt sein, weil es da um Verantwortung für den eigenen Kontinent geht. Auf alles andere hätte mancher, der im Bundestag zustimmte, wohl gut verzichten können. Etliche Missionen waren Zufallsprodukte, unternommen aus Bündnissolidarität oder einem Gefühl der Verpflichtung gegenüber den Vereinten Nationen. Als die Bundeswehr 2006 in Kongo war, um dort Wahlen zu sichern, da hatten in Berlin viele das Gefühl, sie seien von Frankreich in eine Mission hineingezogen worden, die sie nie wollten. Selbst die Entsendung der Bundeswehr nach Afghanistan, die sich zu ihrem bisher anspruchsvollsten Auftrag entwickelte, war ursprünglich eine Geste der Brüderschaft mit Amerika nach den Anschlägen des 11. September. Offiziere reagieren inzwischen auf jede neue Diskussion über Truppenentsendungen mit der mürrischen Frage, warum denn immer die Bundeswehr alles machen müsse, andere Länder hätten doch auch Armeen. Nicht ohne Grund ist der Satz, man habe sich »nicht verweigern können«, der Standardseufzer geworden, mit dem deutsche Minister in Auslandseinsätze einwilligen.

Eine Hauptaufgabe der deutschen Außen- und Sicherheitspolitik ist deshalb in den nächsten Jahren die strategische Selbstfindung. Regierung und Volk müssen den Ort des Landes in der heraufziehenden Weltordnung von Grund auf bestimmen. Ein erster Schritt dazu wäre eine ehrliche und breite Diskussion über unsere nationalen Interessen. Seit keine sowjetischen Panzer mehr am »Fulda gap« lauern, wandert die deutsche Politik hier zwischen zwei Extremen hin und her. Auf der einen Seite neigt sie immer wieder zu einer Vulgärdefinition deutscher Interessen, die nur ganz unmittelbare Gefahren für das Wohl des Bürgers berücksichtigt. Wenn nicht gerade Hunderttausende Flüchtlinge vor der Tür stehen, fühlt man sich nicht zum Handeln veranlasst. Außenpolitik reduziert sich dann auf die Aufbesserung der Außenhandelsbilanz. Gerhard Schröders Linkswilhelminismus entsprang diesem Verständnis.

Das Gegenteil ist die moralische Überhöhung, mit der außenpolitische Fragen bis tief ins bürgerliche Lager hinein behandelt werden. In keinem Land wird auf Krisen so reflexhaft mit dem Wunsch nach Vermittlung und Gesprächen reagiert wie in Deutschland. Außenpolitik erscheint da primär als pädagogische Aufgabe, als das selbstlose Heranführen anderer Völker an die friedlichen Normen Europas. Das Militär kann man dann nur einsetzen, wenn es um die Verhinderung eines neuen Holocaust geht, wie deutsche Minister vor dem Kosovokrieg behaupteten. Das war nicht nur völlig übertrieben. Es verstellte vor allem den Blick dafür, dass ein Vertreibungskonflikt in Europa eine Intervention der Bundeswehr schon allein deswegen rechtfertigen kann, weil er die Ordnung des Kontinents untergräbt.

Beides ist keine ausreichende Orientierung für den Weg Deutschlands ins 21. Jahrhundert. Man wird nicht nur auf massive Bedrohungen oder Völkermord reagieren können. Es gilt zu definieren, was nötig ist, um in einer Welt mit konkurrierenden Machtzentren den »Nutzen des deutschen Volkes zu mehren und Schaden von ihm zu wenden«, wie es im Amtseid des Grundgesetzes heißt. Das wird immer wieder erforderlich machen, dass Deutschland sich auch in Arenen engagiert, die erst auf den zweiten oder dritten Blick etwas mit uns zu tun haben – als Beitrag zur Aufrechterhaltung einer Weltordnung, von der wir profitieren wie wenige andere Länder. Das gilt übrigens nicht nur fürs Materielle. Es ist großer Unfug, dass in unserer Öffentlichkeit immer wieder so getan wird, als bestehe in der Außenpolitik ein Gegensatz zwischen niederen Wirtschaftsinteressen und hehren humanitären Zielen. Als Demokratie ist Deutschland auf die Herrschaft des freien Wortes angewiesen. Deshalb gehört die Wahrung der Menschenrechte genauso selbstverständlich zu unseren Interessen wie offene Märkte oder ein erträglicher Ölpreis.

Ein anderer Quell für außenpolitische Irrungen ist in Deutschland ausgerechnet das Völkerrecht. Ein Staatssekretär, der in der Regierung Schröder im Verteidigungsministerium diente, sagte einmal, er verlasse das Haus nicht ohne eine Miniaturausgabe der UN-Charta in seiner Jackentasche. Besser hätte er nicht ausdrücken können, worauf heute in Berlin so viele Politiker, Diplomaten und Offiziere ihr Denken stützen. Intuitiv klammern sich die Deutschen seit der Wiedererlangung der vollen nationalen Souveränität an das Völkerrecht. Für jede mittlere oder größere außenpolitische Entscheidung wird eine

Genehmigung durch den UN-Sicherheitsrat erwartet. Der ständige Ruf »Nur mit UN-Mandat« wird dem Publikum als Beruhigungspille gereicht und dient der politischen Klasse als Halteseil beim Aufstieg aus dem Abgrund der deutschen Geschichte. Eine Wochenzeitung hat das einmal schön zum Ausdruck gebracht. Sie bildete auf der Titelseite einen deutschen Stahlhelm ab, dessen Grau Stück für Stück mit dem Blau der UN-Friedenseinsätze übermalt wird.

Diese Idealisierung hat etwas Weltfremdes. Die Existenz eines internationalen Rechtstextes mag einem Volk, das im Inneren über Verfassungstreue die Selbstachtung wiedergefunden hat, höchst willkommen sein. Als Betriebsanleitung für die nationale Außenpolitik taugt das Völkerrecht aber nicht, es trägt sogar höchst fragwürdige Züge. Mit der Kraft des Grundgesetzes sind seine Dokumente nicht zu vergleichen, weil sie zwischen völlig souveränen Staaten geschlossen werden, die keiner höheren Gewalt unterliegen – eine Weltpolizei gibt es nicht, eine Weltjustiz nur in Ansätzen. Deshalb sind internationale Verträge nicht einmal das Papier wert, auf dem sie geschrieben stehen, sobald einer der beteiligten Staaten beschließt, sich nicht an sie zu halten. Das ist so, als könne sich jeder Bürger aussuchen, ob das Bürgerliche Gesetzbuch für ihn gilt oder nicht.

In seiner aktuellen Gestalt ist das Völkerrecht auch noch zutiefst undemokratisch. Das zeigt sich gerade, wenn es um Krieg und Frieden geht, die existentiellste aller Fragen in der Weltpolitik. Nach der UN-Charta kann nur der Sicherheitsrat eine formale Erlaubnis zum Krieg gegen einen Staat erteilen. Diese wiederum kommt nur zustande, wenn keine der fünf Vetomächte (Vereinigte Staaten, Russland, China, Großbritannien und Frankreich) Einspruch erhebt. Das bedeutet, dass es fünf von

192 Mitgliedstaaten der UN vorbehalten ist, festzustellen, ob ein Krieg legitim ist oder nicht. Zwei dieser Staaten, Russland und China, verfügen in keiner Weise über die rechtsstaatliche Grundausstattung, die für Deutschland selbstverständlich ist. Ein Land wie China, in dem es weder Wahlen noch Bürgerrechte gibt, hat also darüber zu entscheiden, ob ein Militäreinsatz oder andere außenpolitische Handlungen, an denen sich Deutschland beteiligen will, rechtmäßig sind. Bürgern eines demokratischen Landes ist das nicht zuzumuten.

Hinzu kommt, dass die Selbstbindung an die UN oft handfeste praktische Probleme nach sich zieht. Die Europäer haben das kürzlich wieder im Kosovo am eigenen Leib erfahren, in einer eigentlich rein innereuropäischen Angelegenheit. Als es Anfang 2008 um die Frage ging, ob die abtrünnige Provinz die Unabhängigkeit von Serbien erhalten solle, torpedierte die russische Regierung das Vorhaben über den Sicherheitsrat. Sie verhinderte die völkerrechtliche Billigung der kosovarischen Unabhängigkeitserklärung durch eine UN-Resolution, was viele europäische Regierungen in Schwierigkeiten brachte, die selbst Minderheitenkonflikte haben. Außerdem blockierte sie bewusst die Ablösung der UN-Verwaltung in dem neuen Staat, so dass die EU ihre Polizei- und Rechtsstaatsmission zur Überwachung der Unabhängigkeit nur mit Mühe durchführen konnte. Das zeigt, wohin Völkerrechtstreue führen kann. Russland hat auf dem Balkan wenig materielle Macht. Einfluss auf die europäische Politik bekam es nur, weil die Europäer ihm diesen über den Sicherheitsrat gewährten.

Neun Jahre zuvor war der Westen klüger gewesen. Den Luftkrieg zur Befriedung des Kosovo führte die Nato einfach ohne UN-Mandat, weil Russland im Sicherheitsrat nicht zustimmte. Selbst die rot-grüne Bundesregierung beteiligte sich an der Operation »Allied Force«. Eine Selbstlegitimierung demokratischer Völker nannte man das damals, und das ist auch völlig ausreichend. Wenn eine Gemeinschaft von Demokratien, in dem Fall die Nato, zu dem Schluss gelangt, dass eine außenpolitische Handlung angemessen ist, und sei es ein Militärschlag, dann ist das eine gute und feste Legitimation. Einen Freibrief von Leuten wie Putin oder Medwedjew haben wir nun wirklich nicht nötig.

Zwiespältig ist außerdem der Umgang mit den außenpolitischen Befugnissen des Bundestages. Grundsätzlich spricht nichts dagegen, dass sich ein Volk eine »Parlamentsarmee« hält, auch wenn das im parlamentarischen Regierungssystem Deutschlands eigentlich nicht extra betont werden muss. Die Bundesregierung ist bei der Entsendung der Bundeswehr genauso auf eine Mehrheit im Bundestag angewiesen wie bei allen anderen Fragen, sonst stürzt sie. Die Praxis, die sich in den vergangenen Jahren bei der Bewilligung von Auslandseinsätzen herausgebildet hat, trägt allerdings manchmal surreale Züge. Ein Teil der zuständigen Fachpolitiker versteht sich als Tugendwächter über das Tun des deutschen Soldaten und hat viel zur Legende vom bewaffneten Schülerlotsen beigetragen.

Gerade das Afghanistan-Mandat der Bundeswehr wurde im Verteidigungsausschuss immer wieder daraufhin abgeklopft, ob die Truppe womöglich vom »guten« Isaf-Einsatz in die »böse« Teilnahme an der »Operation Enduring Freedom« (OEF) schlittert. In der von der Nato geführten Schutztruppe »International Security Assistance Force« sahen viele Abgeordnete eine Art Nachbarschaftspolizei, während der direkt vom Pentagon geführte OEF-Kampfeinsatz als Teufelswerk galt. In Wirklichkeit näherten sich die beiden Einsätze immer mehr an. Im Jahr 2008 bestanden bei der OEF achtzig Prozent der Arbeit darin, die afghanischen Sicherheitskräfte auszubilden. Die Isaf musste zur gleichen Zeit sehr viel mehr kämpfen als früher, weil ihr die Taliban vor allem im Süden zu schaffen machten. Für eine Schutztruppe ist das eigentlich selbstverständlich, denn sie soll ja primär für Sicherheit sorgen.

Wie wenig manche Abgeordnete davon wissen wollten, zeigte sich im Sommer 2008, als es um die Frage ging, ob die Awacs-Aufklärer der Nato nach Afghanistan verlegt werden sollen. Diese riesigen Radarflugzeuge, deren Besatzungen zum Großteil deutsch sind, wurden im Kalten Krieg gebaut, um tieffliegende Feinde aus der Luft zu entdecken. Im bergigen Afghanistan, wo es keine flächendeckende Flugsicherung gibt, sollten sie eingesetzt werden, um den immer dichteren militärischen Flugverkehr zu regeln, für Isaf wie für OEF. Politiker von FDP, Grünen und der Linkspartei äußerten aber schnell den Verdacht, hier sollten deutsche Soldaten in »fliegenden Kommandozentralen für Luftbombardements« eingesetzt werden, die »Bilder von Bodenzielen in Echtzeit« liefern. In der SPD gab es ähnliche Bedenken. Wahrscheinlich hatten diese Abgeordneten zu viele Hollywoodfilme gesehen, sonst hätten sie gewusst, dass die Awacs-Flugzeuge gar nicht für die Zielerfassung am Boden ausgelegt sind. Offensiv hätte man sie in Afghanistan höchstens einsetzen können, wenn die Taliban eine Luftwaffe gehabt hätten. Die Zielauswahl erfolgt im modernen Militär in der Regel durch Spezialkräfte im Felde, schon um Unfälle zu vermeiden.

Dass Fachpolitiker selbst nach Jahren im Bundestag noch zu solchen Fehleinschätzungen fähig sind, zeigt die Grenzen eines Parlaments, wenn es um militärische Belange geht. Über die Befugnis zum Kriege, die »war powers«, wird auch in Amerika und vielen anderen Gesellschaften heiß gestritten. Natürlich muss hier jedes

Mal eine breite Debatte geführt werden. Aber der Bundestag sollte kein Mikromanagement von Auslandseinsätzen betreiben. Ob in einem Operationsgebiet eine zusätzliche Luftaufklärung nötig ist, ist eine militärische und keine politische Frage. Dass der Bundestag Einsatzzonen oder die Art der zu verwendenden Ausrüstung festlegt, ist ein großes Missverständnis seiner Rolle. Er hat die Anwendung militärischer Mittel im Grundsatz zu billigen oder abzulehnen. Das alleine ist schon eine große Verantwortung. Die Details eines Einsatzes sind aber der Bundesregierung zu überlassen, in erster Linie dem Verteidigungsministerium. Das gehört zum außenpolitischen Handlungsspielraum, den die Exekutive braucht, um die Interessen des Landes in der Welt zu wahren.

Europas Stimme

In Deutschland ist gelegentlich ein Minister oder gar die Königin von Dänemark zu Besuch. Die deutsche Öffentlichkeit erfährt davon meist wenig. Solche Visiten sind den Zeitungen nur eine Randnotiz wert. Ein kleines Nachbarland im kalten Norden, das nicht einmal deutschen Steuerflüchtlingen viel zu bieten hat, wen interessiert das schon?

Nach einer Statistik der Weltbank hatte Dänemark im Jahr 2007 ein Bruttoinlandsprodukt von knapp 308 Milliarden Dollar. Das ist für fünfeinhalb Millionen Einwohner eine ordentliche Wirtschaftskraft und macht Dänemark zu einem wohlhabenden Land. Aber verglichen mit Deutschland ist es natürlich wenig. Die Bundesrepublik kam 2007 auf ein Bruttoinlandsprodukt von knapp 3,3 Billionen Dollar, also gut das Zehnfache. So reich Dänemark sein mag, in der internationalen

Politik ist es ein Leichtgewicht – in Europa und global erst recht.

Niemand weiß genau, wie stark die Wirtschaftsleistung Chinas in ein paar Jahrzehnten sein wird. Aber es gibt Langzeitprognosen, die es für möglich halten, dass die chinesische Volkswirtschaft im Jahr 2050 zehnmal so groß ist wie die deutsche, je nach Berechnungsart. Mit anderen Worten: Deutschland könnte neben China so wirken wie heute Dänemark neben Deutschland – gutgestellt aber unbedeutend. Aus chinesischer Sicht wäre ein anderer Vergleich sogar noch treffender. Deutschland hat die Bevölkerung einer größeren chinesischen Provinz. Wenn in vierzig Jahren also ein deutscher Bundeskanzler nach China reist, dann wird er vielleicht noch so viel Gewicht haben wie ein chinesischer Gouverneur. Auch ein französischer Präsident oder ein britischer Premierminister dürften in Peking empfangen werden wie Provinzvorsteher. Ob die örtlichen Medien über solche Besucher wohl berichten werden?

Diese kleinen Rechenspiele beschreiben das große Problem Europas in der heraufziehenden Weltordnung. Kommt es zu einem Konzert der asiatischen und amerikanischen Großmächte, dann werden die europäischen Filialen des Westens oft zu klein und zu schwach sein, um wirklich zu zählen. Selbst die größten Volkswirtschaften unseres Kontinents dürften geopolitisch in die zweite Klasse absteigen. Wir werden nicht arm sein, wenn wir uns anstrengen, aber ohne prägenden Einfluss auf die Weltpolitik. Für Gesellschaften, die sich immer noch für ein Vorbild der Menschheit halten, wird das eine ernüchternde Erfahrung sein.

Wie man dem entgehen könnte, ist kein Staatsgeheimnis. Die meisten, die sich heute in Europa Gedanken über die Zukunft der Welt machen, sind davon überzeugt, dass nur die EU den alten Kontinent vor dem Bedeutungsverlust bewahren kann. Wenn die derzeit 27 Mitgliedstaaten gemeinsam auftreten, dann werde die Stimme Europas in Washington, Peking, Delhi, Moskau, Brasilia oder Tokio nicht ungehört verhallen, lautet seit ein paar Jahren das neue Leitmotiv der europäischen Integration. Die Europäische Kommission weist gerne darauf hin, dass die EU heute der größte Wirtschaftsraum der Welt ist. Im Jahr 2007 lag ihr Bruttoinlandsprodukt bei 16,7 Billionen Dollar, das waren gut drei Billionen mehr als die Wirtschaftsleistung der Vereinigten Staaten. »Die EU ist die größte Handelsmacht der Welt, und ihre Währung, der Euro, ist die zweitwichtigste auf den internationalen Finanzmärkten. Sie ist in ein Netz bilateraler und multilateraler Abkommen eingebunden, das die meisten Länder und Regionen der Welt umspannt. Jeden Monat wendet die EU eine Milliarde Euro für Hilfsprojekte in allen fünf Kontinenten auf, und ihre Bedeutung als Akteur auf der globalen Bühne ist unumstritten«, heißt es in einer Selbstpreisung der Kommission.

Die Wirklichkeit ist nicht ganz so glanzvoll. Das ist schon bei einem Besuch am Sitz der EU in Brüssel zu spüren. Europa ist der Kontinent der imperialen Hauptstädte, nirgends auf der Welt gibt es so viele herrschaftliche Regierungssitze. Wien, Prag, Paris, London, Berlin, Rom, Madrid, Lissabon – in fast jedem europäischen Land finden sich alte Prachtalleen, Schlösser und Palastkanzleien, die noch heute genutzt werden. Selbst wer neu bauen muss, klotzt gerne, wie man am deutschen Kanzleramt sehen kann. Der Brüsseler Schuman-Platz, um den herum die Institutionen der EU gruppiert sind, hat dagegen den Charme eines Gewerbegebietes. Die Touristen, die da jeden Mittag aus den Reisebussen klettern, werden Mühe haben, die Gebäude der Europäischen Kommission und des Europäischen Rates als Machtzentralen eines Kontinents zu identifizieren, denn sie sehen aus wie die Verwaltung einer Versicherung. Umklammert von Schaerbeek und Etterbeek, zwei sozial auffälligen Wohngegenden, ist hier ein steinernes Zeugnis von Europas größter Schwäche entstanden: Die Mitgliedstaaten, die sich »Herren der Verträge« nennen, achten argwöhnisch darauf, dass die EU ihnen nicht die Schau stiehlt. Deshalb wirkt das Brüsseler Europaviertel wie Europas Lieferanteneingang.

In der Außenpolitik machte sich das in den vergangenen Jahren stärker bemerkbar als in jedem anderen Politikfeld, für das die EU zuständig ist. Nach dem Nizza-Vertrag, der von 2003 an die Geschäfte der EU regelte, durfte der Außenminister der Union nicht so heißen, sondern »Außenbeauftragter«. Einen Verteidigungsminister gab es schon gar nicht, weil die Mitgliedstaaten der EU keine Streitkräfte zugestanden haben. Stattdessen musste sich die Union mit der Arbeitsteilung herumplagen, dass Europa nach außen mit zwei Stimmen sprach: jenem Außenbeauftragten, einer Art Chefdiplomat der Mitgliedstaaten, und dem Außenkommissar, der vor allem für die Verteilung des vielen Geldes zuständig war, mit dem sich Europa Einfluss in der Welt zu erkaufen sucht. Kamen noch das aktuelle Vorsitzland und der Präsident der Europäischen Kommission hinzu, dann waren es vier Stimmen. Und wenn die Regierungen der anderen Mitgliedstaaten nicht stillhielten, was die Regel war, dann sprach Europa mit Dutzenden Stimmen. In den internen Sitzungen, in denen die EU ihre Position abstimmt, bevor sie sich an den Rest der Welt wendet, können gar nicht immer alle 27 Regierungen aufgerufen werden, weil sie sonst zu lange dauern würden. Der neue Lissabon-Vertrag, von dem man sich in Brüssel so viel verspricht, dürfte an diesen Zuständen nicht viel ändern, obwohl er die Ämter des Außenbeauftragten und des Außenkommissars zusammenlegt. Hinzu kommt aber der neue Posten eines ständigen Ratspräsidenten, der Europa ebenfalls nach außen vertreten soll. So wird die EU weiter als Chor in der Weltpolitik auftreten, nicht als Solist.

Man könnte das mit dem Hinweis relativieren, dass es auch anderswo interne Differenzen über die Außenpolitik gibt. Gerade in den Vereinigten Staaten kommt es zu lebhaften Debatten über die Außenpolitik, an der das Weiße Haus, die zuständigen Ministerien und der Kongress beteiligt sind. Der große Unterschied ist allerdings, dass dort in den allermeisten Fällen am Ende nur einer, nämlich der Präsident, über den Auftritt des Landes auf der Weltbühne bestimmt. In Europa dagegen kann jede Regierung eine Nebenaußenpolitik zur EU betreiben, was immer wieder zu Verwicklungen führt.

Anfang 2008 kam es zum Beispiel zu einem erbitterten Streit zwischen der Kommission und einer Handvoll osteuropäischer Mitgliedstaaten, weil die nicht wollten, dass Brüssel für die gesamte EU Verhandlungen über Visafreiheit bei der Einreise nach Amerika führt. Nach einigem Hin und Her wurde beschlossen, dass jeder in Washington Gespräche führen dürfe: die Beamten der Kommission genauso wie die Diplomaten aus der Tschechischen Republik, Polen oder den baltischen Ländern. Hintergrund war, dass die Bürger aus fast allen östlichen Mitgliedstaaten im Gegensatz zu denen aus alten EU-Ländern im Westen immer noch ein Visum beantragen mussten, wenn sie nach Amerika fliegen wollten. Das sorgte für viel Unmut, weil sie sich als EU-Bürger zweiter Klasse fühlten; ihre Regierungen hatten den Verdacht, die Kommission mache ihren Job nicht richtig. Eine der Hauptsorgen der Brüsseler Beamten bestand am Ende darin, ob sie überhaupt erfahren würden, worüber Tschechen oder Polen in Washington verhandeln. Der russische Botschafter bei der EU klagte einmal öffentlich darüber, wie umständlich es für andere Länder sei, mit Europa Beziehungen zu unterhalten. Sein japanischer oder amerikanischer Kollege sehe das vermutlich genauso.

Nun gehört es sicher nicht zu den Hauptaufgaben der europäischen Politik, dem russischen EU-Botschafter das Leben leicht zu machen. Aber dass selbst über so zweitrangige Themen wie die Visumsfreiheit eine mittlere Krise in der EU ausbrechen kann, ist Ausdruck eines tiefgehenden und ernsten Defizits. Wenn es um die Beziehungen zu anderen Staaten geht, dann ist sich in der EU oft jeder selbst der Nächste, trotz fünfzig Jahren Integration.

Besonders heftig prallen die Weltsichten bei strategischen Großfragen aufeinander. Nichts hat Europa in den vergangenen Jahren mehr gespalten als das Verhältnis zu Amerika und Russland. Nach der Ost-Erweiterung bildeten sich zwei Lager in der EU. Sie sind mit Donald Rumsfelds »altem« und »neuem« Europa treffender beschrieben, als viele Europäer wahrhaben wollen. Das eine besteht aus Großbritannien und fast allen neuen Mitgliedstaaten, die den Warschauer Pakt erlebt haben. Neben Polen und Tschechen sind das vor allem die drei kleinen baltischen Republiken, die den Alptraum der langen sowjetischen Besatzung nicht vergessen haben. Diese Länder verstehen unter Außenpolitik im Wesentlichen eine Anlehnung an die Vereinigten Staaten. Bei den Briten entspringt das kultureller Nähe und Tradition, bei den anderen der Sorge vor russischer Gängelung und Bedrohung. Gerade in Polen, das historisch so oft das Opfer deutsch-russischer Händel war, wird eine enge Partnerschaft mit Amerika als Überlebensgarantie gesehen. Die Integration in den Westen begreifen diese Osteuropäer als Schutzmechanismus gegen imperiale Gelüste Moskaus, weshalb ihnen die Nato meist wichtiger ist als die EU. Denn das westliche Bündnis stützt sich auf amerikanische Panzer, nicht auf Schriftrollen aus Brüssel.

Der andere Meinungspol, um den das außenpolitische Gespräch in Europa immer wieder kreist, ist deutsch-französischen Ursprungs. Seit dem Mauerfall bestehen Berlin und Paris zunehmend auf einer unabhängigen und flexiblen Haltung gegenüber den beiden früheren Supermächten. Das kommt einer Politik der Äquidistanz, des gleichen Abstands, oft sehr nahe. Die Motive mögen unterschiedlich sein. In Deutschland ist zuletzt ein Gefühl der Abhängigkeit von russischer Energie mit der Ablehnung von Bushs Demokratieerzwingungspolitik zusammengefallen. In Frankreich regen sich dagegen oft gaullistische Instinkte. Im Ergebnis lief das aber meist auf dasselbe hinaus: Distanzierung von Amerika und Verständnis für russische Einkreisungsängste oder Machtansprüche. Exemplarisch zeigte sich das wieder im Sommer 2008, als Deutsche und Franzosen trotz aller Kritik am harten militärischen Vorgehen Russlands gegen Georgien dagegen waren, Moskau zu isolieren oder zu bestrafen. Der französische Premierminister Fillon bemerkte dazu: »Russland ist ein großes Land, das zählt, eine Großmacht, die in den vergangenen zwanzig Jahren auf gewisse Weise gedemütigt wurde. Es hat vielleicht etwas brutal reagiert. Aber nun ist es an Europa, mit Russland einen Weg des Dialogs zu finden.« Dem westeuropäisch-kontinentalen Lager gehören meist Belgien und Luxemburg an, und – je nach aktueller Regierung – auch Italien, Spanien und Portugal. Der Rest in der EU ordnet sich mal dieser, mal jener Schule zu.

Über die Weisheit des jeweiligen Ansatzes lässt sich streiten. Hier ist zunächst die Beobachtung wichtig, dass diese strategischen Differenzen oft zur Lähmung Europas und zu einer Politik des Minimalkonsenses führen. Die innereuropäische Auseinandersetzung über den Irakkrieg endete nicht nur damit, dass ein Teil der Mitgliedstaaten mit Bush ins Feld zog, während andere versuchten, ihm Knüppel zwischen die Beine zu werfen. Sie hatte auch zur Folge, dass sich die EU in diesem für die weltweite Energieversorgung so überaus wichtigen Land lange nur mit der Ausbildung von Polizisten und Richtern engagierte. Und in der Georgienkrise bemühten sich die Europäer zwar erfolgreich um einen Waffenstillstand. Über die Ausgestaltung des weiteren Verhältnisses zu Russland waren sie aber über Monate offen zerstritten. Die Balten, aber auch die Schweden sprachen von Sanktionen, während die Deutschen und andere so schnell wie möglich zur Tagesordnung zurückkehren wollten. Vor dem Krieg hatte sich die Union sogar einhalb Jahre lang darüber entzweit, ob mit Moskau Verhandlungen über ein neues Partnerschaftsabkommen begonnen werden sollten. Das war ein besonders grotesker Fall von Selbstblockade, da Europa nach Auffassung der meisten Beteiligten ein wesentlich größeres Interesse an einem neuen Vertrag hatte als Russland. Der alte enthielt nämlich keine Vorschriften über Öl- und Gaslieferungen.

Auch die Beziehungen zu fernen Mächten in Asien leiden gelegentlich unter der europäischen Lagerpolitik. Im Jahr 2005 wollte der französische Präsident Chirac, unterstützt vom damaligen Bundeskanzler Schröder, das EU-Waffenembargo gegen China aufheben, das nach der Niederschlagung der Studentenproteste im Jahr 1989 verhängt worden war. Das sollte die inzwischen deutlich verbesserte Qualität der (Wirtschafts-)Beziehungen zum Ausdruck bringen, ohne direkt zu mehr Waffenverkäufen zu führen. Das Vorhaben scheiterte unter anderem an

Großbritannien, das sich amerikanische Vorbehalte zu eigen machte. Jenseits von Handelsfragen ist seither keine gemeinsame europäische Chinapolitik zu erkennen, weil hier sofort wieder interne Debatten über die Menschenrechte hochkommen würden. Dass es in Brüssel noch kein größeres Zerwürfnis über Indien gab, dürfte nur dem Umstand zu verdanken sein, dass viele in Europa das Potential dieses Landes bisher übersehen haben. All das bedeutet nicht, dass die EU in der internationalen Politik untätig wäre. Im Gegenteil, die Aufzählung vergangener und laufender EU-Missionen enthält fast jedes Krisengebiet der vergangenen Jahre: Afghanistan, Bosnien, das Kosovo, die Palästinensergebiete, Kongo, Tschad, Georgien. Da kommen Soldaten, Polizisten, Grenzschutzbeamte oder anderes Personal zum Einsatz. Aber zu oft sind das randständige oder nachgelagerte Missionen. Sie betreffen nicht den Kern eines Konfliktes oder werden durchgeführt, nachdem andere Akteure Tatsachen geschaffen haben. Vielen internationalen Organisationen ergeht es nicht besser, was im Fall der EU aber nicht der Maßstab ist. Diese Union soll ja nicht das Wiederaufbauwerk Europas sein, sondern sein starker Arm in der Weltpolitik. Deshalb ist es ein besonders schweres Versagen, dass die EU immer wieder daran scheitert, gemeinsame Haltungen gegenüber Ländern wie Amerika, Russland oder China zu finden. Wenn Europa amtierenden und künftigen Großmächten als zerstrittener Haufen von zwei, drei Dutzend Mittel- und Kleinstaaten entgegentritt, dann wird sein Einfluss auf Theorie und Praxis der neuen Weltordnung höchst überschaubar sein.

Die europäische Debatte über diese Missstände verläuft seit langem ziemlich einfallslos. Die Lordsiegelbewahrer der Integration, eine selbst in Brüssel aussterbende Spezies, bieten ihre Standardlösung feil: die Vergemeinschaftung der Außenpolitik. Das mag ein bestechender Gedanke sein, weil die Übertragung der außenpolitischen Kompetenz von den Mitgliedstaaten auf die Kommission in der Tat eine Weltmacht schaffen würde. In Deutschland wird dazu gelegentlich vorgeschlagen, eine europäische Armee aufzustellen. All das sind aber, gelinde gesagt, undurchdachte Ideen. Die Außen- und Sicherheitspolitik ist die Kernkompetenz des modernen Staates, weil sie mit dem Gewaltmonopol nach außen verbunden ist. Keine Regierung in Europa wird in absehbarer Zeit bereit sein, das Recht zum Führen von Kriegen an Brüssel abzugeben. Auch in Deutschland dürfte keiner für die Aussicht zu begeistern sein, dass unser Land womöglich eines Tages Zielscheibe fremder Mächte wird, weil in der Kommission eine militärische Intervention beschlossen wurde. Das ist der große Unterschied zwischen Binnenmarkt und gemeinsamer Verteidigung. Den Abbau von Zollschranken bezahlt ein Staat höchstens mit dem Verlust von Arbeitsplätzen, die Aufgabe seiner Armee womöglich mit dem Leben seiner Bürger. Nicht ohne Grund nennt man die Sicherheitspolitik in der Politologie hohe Politik (»high politics«), die Außenwirtschaftsbeziehungen dagegen niedere Politik (»low politics«). Außerdem scheint es verwegen, den EU-Staaten eine solche Entkernung ihrer Staatlichkeit abzuverlangen, wenn schon bescheidene Vertragsreformen wie die europäische Verfassung vor ihren Völkern nicht bestehen.

Ein anderes altes Patentrezept lautet »Kerneuropa«. Darunter verstehen verschiedene Leute zu verschiedenen Zeiten verschiedene Dinge. Meist verbirgt sich dahinter ein Zurück in die Zukunft auf europäische Art. Als Kerneuropa wird normalerweise ein Sonderclub der sechs Gründerstaaten der EU bezeichnet oder zumindest eine kleine Gruppe um Deutschland und Frankreich. Die soll dann »voranschreiten«, unter anderem durch eine engere Zusammenarbeit in der Außen- und Sicherheitspolitik, andere könnten später vielleicht dazustoßen. Auf den ersten Blick wirkt das wie eine elegante Lösung für das Mengen- und Kulturproblem, das sich die EU mit ihren ständigen Erweiterungen eingehandelt hat. Osteuropäer und Briten wäre man wieder los, der Laden würde wieder übersichtlich wie zu Schumans und Monnets Tagen. In manchem Brüsseler Büro hängt eine Karikatur, auf der dieses vermeintliche Idyll sehr anschaulich dargestellt wird. Sie besteht aus zwei Zeichnungen. Auf der ersten sitzen sechs Diplomaten an einem Tisch, und jeder antwortet auf die Frage einer Serviererin, ob sie eine Tasse Kaffee wollten, mit dem gleichen »Oui merci«. Auf der zweiten Zeichnung sieht man 27 Diplomaten an einem großen Konferenztisch sitzen, und jeder bestellt bei der armen Frau etwas anderes – Milchkaffee, Cappuccino, Zitronentee, Espresso, Wodka.

Die Idee eines Kerneuropa hat allerdings etwas höchst Unpolitisches an sich. Die strategischen Trennlinien, die Europa durchziehen, würden sich ja nicht in Luft auflösen, wenn sich die EU in zwei oder mehr Teile zerlegte. Die Ausgeschlossenen würden nicht vor Schreck ihre Außenpolitik einstellen, sondern nach neuen Bündnissen suchen. Auf der Bühne der Weltpolitik würden dann Europa I und Europa II auftreten – ein deutsch-französischer Verein und ein britisch-osteuropäischer Verband. Jedes Europa hätte also maximal das halbe Gewicht gegenüber Amerika, Russland, China oder Indien. Noch dazu wäre wohl eine ständige Rivalität der beiden Blöcke zu erwarten, unter anderem auf dem Kontinent selbst. Das wäre nun wirklich das Letzte, was Europa braucht. Und der allergrößte Konstruktionsfehler Kerneuropas wäre natürlich der Ausschluss Großbritanniens. Sosehr sich viele in Brüssel über wiederkehrende Sondertouren aus London ärgern mögen – ohne das Vereinigte Königreich bliebe die EU militärisch eine Rumpfmacht. Die Franzosen allein sind nicht stark genug, um die Sicherheitsinteressen eines halben Kontinents zu wahren; Deutschland fehlt zur vollwertigen Militärmacht grundlegende Ausrüstung wie Flugzeugträger oder Atomwaffen.

Auf dem europäischen Jahrmarkt der Integrationskonzepte, der Dutzende von »Think Tanks« ernährt, wird gelegentlich auch das glatte Gegenteil propagiert. Je größer die EU, desto einflussreicher sei sie, heißt diese These, die meist im Zusammenhang mit dem angestrebten Beitritt der Türkei vorgetragen wird. Das ist Geopolitik mit der Bullenwaage. Fügt man der EU ein Volk von 70 Millionen hinzu, dann hat sie mehr Masse, lautet die Logik. Meist wird noch angeführt, die EU brauche die Türkei als »Brücke« in den Nahen Osten. Um im Bild zu bleiben: Im Zeitalter des Düsenflugverkehrs kommen die Europäer selbst ganz gut in diese strategisch so wichtige Region. Vielmehr täten sie sich überhaupt keinen Gefallen, ihre Außengrenze bis an Syrien, Iran und den Irak heran zu verschieben. Mit der Türkei als Vollmitglied würde Europa von einem Player zu einem Anrainer des Nahen Ostens. In all den großen regionalen Streitereien über Vormacht, Minderheiten, Grenzen oder Wasser wäre die EU auf einmal Partei. Schon eine vermittelnde Position im Palästinakonflikt wäre mit einem großen muslimischen Mitgliedstaat nicht mehr möglich. Außerdem wäre die EU mit einem weiteren großen Land endgültig nicht mehr zu einem strategischen Konsens fähig. Hätte ihre »Gemeinsame Außen- und Sicherheitspolitik« auch noch ein Balkanlager unter Ankaras Führung zu berücksichtigen, dann verkäme sie zu einer Fabrik für Allgemeinplätze. Nein, die Aufnahme von Beitrittsverhandlungen mit der Türkei war einer von Europas ganz großen Irrwegen. Die Stabilität dieses unbestritten bedeutenden Landes lässt sich auch mit einer Sonderpartnerschaft fördern. Dafür muss Europa sich nicht selbst schwächen.

Der einzige halbwegs aussichtsreiche Weg, die EU zu einem einflußreichen Global Player zu machen, ist ein unscheinbarer. Die europäische Außenpolitik war bisher am stärksten, wenn sie auf einer informellen Absprache zwischen den drei großen Mitgliedstaaten beruhte. Wenn Deutschland, Großbritannien und Frankreich einig sind, dann kann Europa auch auf schwierigem Terrain bestehen. Das beste Beispiel ist der Atomstreit mit Iran. Schon vor Jahren haben sich Berlin, Paris und London als sogenannte »EU-3« zusammengetan, um die iranische Regierung mit einem gemeinsamen europäischen Standpunkt zu konfrontieren. Da ist, alles in allem, eine vernünftige Politik herausgekommen. Sie beruht auf zwei Grundsätzen: Europa bietet Iran vertiefte Beziehungen an, nicht zuletzt Öl- und Gaskäufe, wenn Garantien dafür geschaffen werden, dass das Atomprogramm des Landes wirklich nur zivilen Zwecken dient. Solange diese fehlen, werden Sanktionen verhängt. Diese Politik hat die EU ohne größere interne Debatten über Jahre hinweg durchgehalten. Es gelang ihr sogar, die Amerikaner auf diesen Weg zu verpflichten, obwohl die den Iranern anfangs gar kein Atomprogramm zugestehen wollten. Auch Israel, das immer wieder über Militärschläge gegen die iranischen Atomanlagen nachdenkt, hielt lange still. Dass diese Politik zunächst nicht von Erfolg gekrönt war, lag sicher nicht an europäischer Uneinigkeit, sondern vor allem an der Hartleibigkeit des Teheraner Regimes.

Geschätzt wird diese Art von Trioführung in der EU nicht. In Brüssel ist sie als »Direktorium« verschrien, der polnische Präsident Lech Kaczynski sprach einmal von einer »aristokratischen Republik«. Aber die Praxis zeigt, dass die anderen Mitgliedstaaten oft folgen, wenn die drei Großen einmal den Kurs festgezurrt haben. In der Iranpolitik hat die gesamte EU stets gebilligt, was die »EU-3« zuvor verabredet hatten. Die einzigen Rangeleien, die es hinter den Kulissen gab, hatten etwas damit zu tun, dass Italien der Gruppe auch angehören wollte. So etwas ist in Europa unvermeidlich, spricht aber nicht grundsätzlich gegen das Modell. Es hat vor allem den Vorteil, dass der übliche institutionelle Hokuspokus entfällt, der Europa immer wieder aufhält. Die in der EU so weit verbreitete Vorstellung, es müssten zunächst weitere gemeinsame Gremien geschaffen werden, bevor Europa nach außen wirklich aktiv werden könne, ist naiv. Man kann die Weltpolitik nicht für zwanzig Jahre anhalten, bis die EU eine passende Mannschaftsaufstellung gefunden hat. Die neue Weltordnung entsteht jetzt, nicht übermorgen.

Die große Schwierigkeit der Direktoriumslösung ist natürlich die Anpassung der außenpolitischen Sichtweisen in den drei Hauptstädten. Historisch haben sie völlig unterschiedliche Vorstellungen von Sinn und Zweck der europäischen Zusammenarbeit. Dass die Briten sich meist als amerikanische Hilfskanoniere verstehen, hat zur Folge, dass sie die EU bis heute als Wirtschaftsraum begreifen, weniger als politisches Projekt. Die Franzosen dachten lange, sie könnten Europa über die EU führen. Die Deutschen wiederum lebten in der Illusion, es sei irgendwie möglich, das außenpolitische Geschäft an Brüssel abzugeben. Diese Selbst- und Weltbilder haben durch die Umbrüche nach dem Kalten Krieg Risse bekommen, aber das führt die drei Mächte nicht unbedingt zusammen. Erst vor kurzem versuchte Präsident Nicolas Sarkozy zum Beispiel, sich über die sogenannte Mittelmeerunion eine exklusive Einflusszone im Maghreb zu schaffen, weil die EU in Frankreich nach der jüngsten Erweiterung als zu sehr von Osteuropa und Deutschland dominiert galt. Sarkozys außenpolitische Berater sprachen allen Ernstes davon, dass Europas Zukunft im Mittelmeerraum liege. Angesichts des Aufstiegs von Giganten wie China und der Rückkehr Russlands ist das schon ein bemerkenswerter Provinzialismus.

Vieles wird also davon abhängen, was die Eliten in den drei Ländern denken. Die Deutschen sind schon lange nicht mehr so europabegeistert wie zu Kohls Zeiten, die Franzosen gefallen sich ein wenig zu oft in Alleingängen, und die Briten haben sich viel zu lange mit der Diskussion aufgehalten, ob Brüssel ihre nationale Herrlichkeit begraben könnte. In Wahrheit haben diese drei europäischen Mittelmächte nur die Wahl zwischen Zusammenarbeit und Einflussverlust. Scheitern sie daran, Europa in die neue Weltpolitik zu führen, dann wird es immer wieder als Zaungast auf der globalen Bühne auftreten, als Kontinent des Zuschauens und Wehklagens. Vorboten davon gibt es heute schon, vor allem im Verhältnis zu Russland. Die Hinnahme des aggressiven Moskauer Auftretens im postsowjetischen Raum, die gerade in Deutschland und Frankreich so verbreitet ist, läuft auf Beschwichtigungspolitik hinaus. Das wird das Leitmotiv ganz Europas sein, wenn es ohne Führung bleibt.

All das sind allerdings Sandkastenspiele, tun die europäischen Staaten nicht etwas gegen ihre militärische Schwäche. Die Nato hat eine Definition erarbeitet, wie hoch die Verteidigungsausgaben in einem modernen Staat sein sollten, damit er einsatz- und bündnisfähig ist. Zwei Prozent des Bruttosozialprodukts gelten als Mindestanforderung. In der EU lag der Durchschnitt 2006 bei 1,78 Prozent. Nur fünf der 27 Mitgliedstaaten (Großbritannien, Frankreich, Griechenland, Zypern und Bulga-

rien) gaben mehr als zwei Prozent ihres Bruttosozialprodukts für die Streitkräfte aus. Deutschland, das größte
EU-Land, lag mit 1,32 Prozent an 18. Stelle.

In Brüssel ist alle halbe Jahre zu beobachten, welche
Folgen das hat. Wenn die EU eine Militäroperation beschließt, beginnt ein langwieriges und mühsames Zu-
sammenkratzen von Truppen, das oft Monate in
Anspruch nimmt. Die Kommandeure müssen den Beginn
der Einsätze manchmal verschieben, weil sie von den Mitgliedstaaten nicht genug Soldaten und Ausrüstung
erhalten. Der Außenbeauftragte Solana verbringt dann
seine Tage damit, europäische Verteidigungsminister am
Telefon um ein Transportflugzeug oder einen Feldarzt
anzuflehen. Die Öffentlichkeit erfährt bei solchen Gele-
genheiten, dass die Bundeswehr zum Beispiel nur etwa
zwanzig Hubschrauber hat, die in heißen und hohen
Wüstengebieten wie Afghanistan einsatzfähig sind. Die
EU-Militärmission in Aceh wurde anfangs mit Kredit-
karten des entsandten Personals und aus der Unter-
haltungszulage des britischen Botschafters in Indonesien
bezahlt.

Wer so auf die Weltbühne stolpert, braucht sich nicht
zu wundern, wenn er nicht ernstgenommen wird. Ohne
eine spürbare Anhebung der Rüstungsausgaben wird es
keine Rolle spielen, ob Europa mit einer, drei oder einem
Dutzend Zungen spricht. Es wird überhört werden.

Gemeinschaft der Versehrten

Der Westen, der die Weltpolitik so lange dominiert hat,
gibt es den überhaupt noch? Der Keil, den der Irakkrieg
zwischen Amerika und Teile Europas getrieben hat, steckt
tief. Meinungsumfragen zu den transatlantischen Bezie-

hungen waren jahrelang Dokumentationen einer Ent-
fremdung. Immer wieder sagte eine große Mehrheit der
Europäer, dass die Vereinigten Staaten besser keine führende Rolle in der Welt spielen sollten. Die Deutschen
gaben 2007 sogar einmal zu Protokoll, Amerika sei eine
größere Bedrohung für den Weltfrieden als Iran. Vor allem
unter jungen Leuten war diese Haltung verbreitet. Kein
Zweifel, der Feldzug zum Sturz Saddam Husseins hat Spuren hinterlassen wie der Vietnamkrieg. Er wird in Europa
das Amerikabild auch nach dem Ausscheiden Bushs noch
lange prägen.

Auf unserer Seite des Atlantiks gibt es zwei populäre
Deutungen dieses Bruchs. Die simple Version lautet, dass
da acht Jahre lang ein einfältiger Cowboy aus Texas an
der Macht war, den ein archaisches Freund-Feind-Denken
und die Gier nach Öl trieben. Niemand wird bestreiten,
dass George W. Bush ein kantigerer Mensch ist als der
durchschnittliche Konsenspolitiker, den das deutsche
Parteienwesen nach oben schwemmt. Aber der frühere
Präsident ist kein Dummkopf; wer ihn persönlich erlebt
hat, weiß, dass er seine Dossiers stets im Griff hatte. Und
wenn es nur um Öl gegangen wäre, dann wäre es für Amerika wesentlich einfacher und billiger gewesen, die Sanktionen gegen den Irak aufzuheben. Der Sturz Saddam
Husseins war ein sehr teures Unterfangen, das den amerikanischen Haushalt noch auf Jahre hinaus belasten
wird.

Die feinere Lesart hebt die gewaltigen gesellschaftlichen
Unterschiede hervor: dort das individualistische, markt-
gläubige, religiöse, missionarische Amerika, hier das
gemeinschaftliche, sozialstaatliche, säkulare, tolerante
Europa. Solche Völker passen nicht zusammen, will das
sagen, also können sie auch in der Außenpolitik schlecht
zusammenarbeiten. Tatsächlich trägt der transatlantische

Streit manchmal Züge eines Kulturkampfes. Wenn sich Europa und Amerika wegen der Todesstrafe oder des Internationalen Strafgerichtshofs in die Haare kriegen, dann hat das kaum etwas noch mit herkömmlicher Interessenpolitik zu tun. Da prallen Weltanschauungen aufeinander, Vorstellungen davon, was Recht und Gerechtigkeit seien.

Natürlich ist es richtig, dass Amerikaner anders leben als Europäer. Jeder, der nicht nur zum Einkaufen nach New York fährt, kann sich in Amerika fremd fühlen – sei es bei den gottesfürchtigen Farmern im Mittleren Westen, den hochmögenden Intellektuellen an der Ostküste oder im oberflächlichen Hollywoodzirkus von Los Angeles. Aber das führt nicht automatisch zu einem Zerwürfnis unter Verbündeten. Zwischen dem Volksheim in Schweden und der Familienwirtschaft in Italien liegen Welten, ohne dass deshalb die EU zugrunde geht.

Was den Westen in den vergangenen Jahren wirklich auseinandergetrieben hat, waren die weltpolitischen Umstände. Dieser Faktor wird immer wieder unterschätzt, obwohl er der klassische Motor jeder Außenpolitik ist. Die Bush-Regierung selbst lieferte dazu ein Beispiel wie aus dem Lehrbuch. Die ersten Monate nach Amtsantritt des Präsidenten sind heute weitgehend vergessen, sie waren aber geprägt von der Sorge, dass die Vereinigten Staaten sich auf ihren Kontinent zurückziehen würden. Bush sprach davon, dass die Interessen des Landes eine Hinwendung nach Lateinamerika erforderlich machten, dem mexikanischen Präsidenten Fox galt seine größte Aufmerksamkeit. Alles Überseeische schien diesem frisch im Weißen Haus angekommenen Republikaner weit weg, die Truppen auf dem Balkan wollte er möglichst schnell abziehen. Das entsprach im Großen und Ganzen der geopolitischen Lage, wie sie sich zur Jahrhundertwende von

Washington aus darstellte. Die Sowjetunion war verschwunden, Europa befriedet, Chinas Aufstieg erst am fernen Horizont zu erkennen.

Mit dem 11. September 2001 änderte sich das von Grund auf. Amerika fühlte sich angegriffen, getroffen, bedroht. Dass die Terroristen am helllichten Tag ein nationales Wahrzeichen fällen konnten, wurde von der Regierung und erheblichen Teilen der amerikanischen Gesellschaft als Kriegserklärung aufgefasst. Wenn Al Qaida schon mit vier Flugzeugentführungen so viel Schaden anrichten konnte, was würde als Nächstes kommen? Und was würde geschehen, wenn der Terrorgruppe Atombomben oder andere Massenvernichtungswaffen in die Hände fielen? Das waren die bangen Fragen, die sich Amerika in den Wochen und Monaten nach den Anschlägen stellte. Die Antwort darauf, zwei Kriege in islamischen Kerngebieten in eineinhalb Jahren, hat den Rest der Welt wegen ihrer Heftigkeit überrascht. Nüchtern betrachtet hätten aber wohl die meisten amerikanischen Regierungen so oder ähnlich gehandelt. Schon Bushs Vorgänger Clinton hatte Bin Ladin nachgesetzt, auch militärisch. Kein Präsident, nicht einmal Jimmy Carter, hätte diesen Mann nach den Anschlägen davonkommen lassen. Der Afghanistankrieg sei der »richtige« Krieg gewesen, das sagen auch die Demokraten bis heute. Deshalb erhob Barack Obama schon im Wahlkampf die Forderung, mehr Soldaten an den Hindukusch zu schicken.

Etwas komplizierter ist die Sache mit dem Irak, aber sie ist von der Vorgeschichte her zu lesen. In den neunziger Jahren begann in Washington eine lebhafte Debatte über die Verbreitung von Massenvernichtungswaffen, die den Irak schon lange vor 9/11 ganz oben auf die Liste der sogenannten Schurkenstaaten brachte. Im außenpolitischen Establishment waren damals viele davon überzeugt, dass

Saddam Hussein eine der größten Bedrohungen darstellt; es wurde ihm zugetraut, dass er Terrorgruppen nach Amerika losschicken und ihnen Massenvernichtungswaffen überlassen könnte. In der Stimmung nach den Anschlägen war es da nur noch ein kleiner Schritt zur Doktrin des Präventivschlages und der Vorwärtsverteidigung. Den Krieg zu den Gegnern zu bringen, bevor die ihn nach Amerika tragen konnten, erschien damals auch den meisten Oppositionspolitikern klug. Der Kongress billigte den Einmarsch mit großer Mehrheit.

Man hat den Irakkrieg später als neokonservatives Projekt verstanden, weil Bush so viele Einflüsterer aus diesem Lager hatte. Tatsächlich hat er sich ihre Argumente aber erst in letzter Minute zu eigen gemacht. Dass vom Irak aus eine Demokratisierungswelle in der gesamten Region anzustoßen sei, tauchte in der öffentlichen Begründung des Krieges erst einen Monat vor seinem Beginn auf. Bis dahin hatte Bush vor allem die mutmaßlichen irakischen Massenvernichtungswaffen in den Vordergrund gestellt. Das entsprach seiner ursprünglichen Weltsicht. Nationenbildung sei nichts für amerikanische Soldaten, hatte Bush im Wahlkampf versichert, und tatsächlich wollte er anfangs wenig für den Aufbau des Irak tun. Francis Fukuyama hat zu Recht bemerkt, dass Bush die Rhetorik der »Neocons« erst in seiner zweiten Amtszeit vollends übernahm. Weil sich die eigentlichen Kriegsgründe als Fehleinschätzung erwiesen, blieb ihm nur noch die Auslegung des Feldzuges als Demokratisierungskampagne.

In Europa wurde am 11. September 2001 niemand angegriffen, ein ernsthaftes politisches Gespräch über Massenvernichtungswaffen gab es hier nie. Deshalb hat das große Zerwürfnis über den Irakkrieg mehr mit Unterschieden im Bedrohungsgefühl zu tun als mit der von

Robert Kagan aufgeworfenen Frage, ob Amerikaner und Europäer ein grundlegend anderes Verhältnis zu militärischer Macht haben. In Europa trafen die Anschläge auf das World Trade Center und das Pentagon auf Mitgefühl und Angst, wurden von breiten Teilen der Bevölkerung aber nicht anders gesehen als das Terrorismusproblem, das sie von zu Hause kannten. Gegen die RAF, die Roten Brigaden oder die Eta waren ihre Behörden immer polizeilich vorgegangen, nicht mit Soldaten. Genau aus diesem Grund musste der Afghanistaneinsatz in Deutschland zum Entwicklungshilfeprojekt deklariert werden, denn bis weit in die Eliten hinein überzeugte es viele nicht, dass nun auch unsere Sicherheit am Hindukusch zu verteidigen sei. Von einem »Krieg gegen den Terror« sprach in Europa vor allem Tony Blair, andere Politiker wollten sich allenfalls auf eine »Bekämpfung des Terrorismus« einlassen. Dass London und Madrid später ebenfalls Opfer des islamischen Terrorismus wurden, haben nicht wenige Europäer als Strafe für die Waffenbrüderschaft der beiden Länder mit Amerika betrachtet.

Wer da recht hat, ist selbst Jahre nach den Anschlägen schwer zu sagen. Die Bush-Regierung verwies darauf, dass es über lange Zeit gelungen sei, die Terroristen fern von den Grenzen Amerikas beschäftigt zu halten. Davon profitierten selbst die Deutschen, die so viel Zweifel am Einsatz in Afghanistan haben. Als 2006 ein Anschlag mit Kofferbomben auf Züge der Deutschen Bahn scheiterte, da fiel den deutschen Sicherheitsbehörden auf, wie dilettantisch der junge Täter seine Sprengsätze zusammengebaut hatte. Hätte er noch die früher übliche Ausbildung in einem von Bin Ladins Lagern in Afghanistan durchlaufen, so sagten zuständige Beamte, dann hätte er die Bomben sicher erfolgreich zur Explosion gebracht. Andererseits hat die missglückte Besatzung des Irak den

Terroristen über eine beträchtliche Zeit ein völlig neues Operationsgebiet eröffnet, so dass sie den Verlust Afghanistans zumindest zum Teil ausgleichen konnten. Dass es nach 2001 zu weniger Anschlägen im Westen gekommen ist, als viele befürchtet hatten, ist wahrscheinlich eine Folge von beidem: dem erhöhten polizeilichen Fahndungsdruck und dem militärischen Vorgehen gegen die Stützpunkte der Islamisten.

Die Kriege in Afghanistan und im Irak brachten allerdings etwas zum Vorschein, womit viele nicht gerechnet hatten. Amerika ist nicht die »hyperpuissance«, die alles überwältigende Supermacht, zu der man sie seltsamerweise gerade in Frankreich hochgeschrieben hat. Wie bereits erwähnt, sieht die Verteidigungsplanung des Pentagon vor, dass die amerikanischen Streitkräfte in der Lage sein müssen, zwei Regionalkonflikte zur gleichen Zeit zu bewältigen. Nun stellte sich heraus, dass Amerika damit an seine Grenzen stößt. Die erstaunliche militärische Leistung beim Einmarsch in den Irak wurde schnell durch die Versäumnisse bei der Besatzung entwertet. Washington konnte nicht verhindern, dass der Irak zeitweise in einen Bürgerkrieg abglitt, was eine Schwäche offenbarte, die weit über militärische Planungsfehler hinausging. Dass Amerika sich über Jahre hinweg schwertat, genug Soldaten für den Irak abzustellen, zeigt, dass der Machtwille des amerikanischen Wählers beileibe nicht so stark ausgeprägt war wie der von Bushs publizistischen Hoflieferanten. Je schlimmer die Anschläge im Irak wurden, desto lauter wurde die Rückzugsdebatte in Amerika. Immer wieder musste der amerikanische Verteidigungsminister bei den Verbündeten um Truppen für den Irak und zunehmend auch für Afghanistan betteln, was nun wirklich nicht zum Anspruch einer unilateral handlungsfähigen Weltmacht passt. Selbst der vielgerühmte Truppenaufwuchs (»surge«), mit dem General Petraeus den Irak 2007 einigermaßen in den Griff bekam, hatte nur Erfolg, weil zugleich sunnitische Milizen zum Kampf gegen Al Qaida aufgestellt wurden. Das ist schon ironisch. Das Pentagon musste die Anhänger des gestürzten Diktators um Hilfe bitten, um das Projekt des Regimewechsels zu retten.

Die tiefste Niederlage erlitt Amerika aber auf dem sensiblen Feld der öffentlichen Meinung. Nicht nur in Europa, viel mehr noch im arabisch-muslimischen Kulturkreis wird das Bild des Landes für lange Zeit stärker von Abu Ghraib und Guantánamo geprägt sein als von der Freiheitsstatue. Das beraubt Amerika der »soft power«, jener oft unterschätzten kulturellen und ideellen Anziehungskraft, ohne die militärische Kraft im Medien- und Diskurszeitalter manchmal wenig wert ist. In vielen muslimischen Gesellschaften werden Amerika und Europa nicht mehr als nachahmenswerte Modelle, sondern als dekadente und herrschsüchtige Völker begriffen. In Arabien ist die Klage über eine angebliche Doppelmoral des Westens im Umgang mit Israel und den Palästinensern zum politischen Allgemeingut geworden. Und selbst in der Türkei, einem langjährigen Musterverbündeten des Westens, regen sich Zweifel. Zum intellektuellen Umfeld der regierenden AK-Partei gehören gewandte Professoren, die halbautoritäre islamische Länder wie Malaysia für bessere Vorbilder halten als den Westen. Vor ein paar Jahren war in der Türkei ein Roman mit dem Titel »Metallsturm« ein Bestseller, in dem es um einen amerikanischen Einmarsch in das Land ging. So wurde der Irakkrieg, der eine Machtdemonstration hatte sein sollen, zu einer der größten Beschränkungen des amerikanischen Handlungsspielraums seit Jahrzehnten.

Die Bush-Regierung begriff das selbst am schnellsten. In Europa hielt man diesen Präsidenten bis zu seinem Ausscheiden für unbelehrbar. In Wirklichkeit trat Bush nach seiner Wiederwahl im Jahr 2004 auf wie ein bekehrter Multilateralist. So gut wie jede größere außenpolitische Initiative suchte er mit Amerikas Verbündeten abzustimmen. Vor allem um Deutschland bemühte er sich sehr, Videokonferenzen mit der Bundeskanzlerin wurden zum Alltag. Europäische Diplomaten nannten die zweite Amtszeit dieser Regierung »Bush II«, um herauszustellen, dass ihnen da ein Amerika begegnete, das den Irakstreit überwinden wollte. Treibende Kraft hinter dieser Wiederannäherung war die damalige Außenministerin Condoleezza Rice. Aus ihrem Haus hieß es immer wieder, Europa sei der »natürliche Partner« jeder amerikanischen Regierung: westlich, demokratisch, wirtschaftsliberal. Einen Höhepunkt fand dies auf einem Nato-Gipfel im April 2008 in Bukarest. In dessen Abschlussdokument findet sich der harmlos klingende Satz: »Wir erkennen den Wert an, den uns eine stärkere und fähigere europäische Verteidigung bringt.« Dass eine amerikanische Regierung ein solches Dokument unterschrieb, wurde vor allem von ihren eigenen Vertretern als epochaler Einschnitt empfunden. Noch vor einigen Jahren wurden die Versuche zum Aufbau einer EU-Verteidigungspolitik in Washington mit viel Argwohn verfolgt, weil Europa als möglicher Rivale galt. Am Ende der Bush-Zeit, die mit einer tiefen Spaltung des Westens begonnen hatte, spürte Amerika, dass es die Welt nicht alleine ordnen kann.

Es ist unwahrscheinlich, dass sich das unter Barack Obama grundsätzlich ändert. Schon bei seinem vielbeachteten Wahlkampfauftritt in Berlin hatte der neue Präsident betont, dass Amerika »keinen besseren Partner« habe als Europa. Obama hat zwar vor seinem Amtsantritt keine außenpolitische Erfahrung sammeln können, aber das ist bei den meisten europäischen Politikern nicht

anders. Die internationale Lage, diese strenge Zucht-
meisterin jeder Regierung, bringt auch diesem jungen Präsidenten bei, was er in der Weltpolitik zu tun hat.
Das Problem liegt eher auf der europäischen Seite. Gerade die Deutschen wollen im Grunde einen Mann im
Weißen Haus sehen, der ihnen Herzenswünsche wie den
Klimaschutz erfüllt, sie aber sonst in Ruhe lässt. Das ist
nicht das, was heute in Washington parteiübergreifend
unter einer Partnerschaft mit Europa verstanden wird.
Die Amerikaner sind es leid, die Lasten für die westliche
Politik alleine zu tragen. Sie wollen Hilfe, politisch wie
militärisch. Deshalb wird auch die Obama-Regierung immer wieder an die Tür des Kanzleramtes klopfen, wenn
sie diplomatische Rückendeckung oder Soldaten braucht.
Schon in seiner Berliner Rede machte Obama deutlich,
dass er den Kampf gegen den Terrorismus und das Eintreten für Sicherheit und Frieden zu seinen Hauptaufgaben zählt.»Keine einzige Nation, auch nicht die stärkste,
kann allein gegen diese Herausforderung bestehen«, hob
er hervor. Das war eine hübsch verpackte Aufforderung
an die Deutschen, sich international stärker zu engagieren. Im Übrigen ist Obama nicht der Erlöser der Welt, wie
gerade in Europa so viele glauben, sondern in erster Linie
amerikanischer Präsident. Er vertritt vor allem die Interessen seines Landes. Auch unter diesem Präsidenten genießen die Verbündeten kein Vetorecht gegen die amerikanische Außenpolitik.
Diese sehr unterschiedlichen Erwartungen dürften vor
allem die Nato weiter strapazieren, das große Bündnis des
Westens. Die Auseinandersetzungen, die hier in den vergangenen Jahren stattgefunden haben, drehten sich nicht
nur um die Frage, wer im Süden Afghanistans den Kopf
hinhalten muss. In der Nato offenbarte sich ein grund-
sätzliches Auseinanderfallen der strategischen Sichtwei-

sen, das auf beiden Seiten des Atlantiks noch manchen Regierungswechsel überdauern dürfte. Selbst kleinere Projekte scheiterten daran, dass Amerikaner und (West-) Europäer sich nicht darüber einig wurden, was nach dem Abtritt der Sowjetunion unter Sicherheitspolitik zu verstehen sei. So kam es jüngst tatsächlich zu einem Streit darüber, ob sich die Nato mit »Cybersicherheit« befassen solle, worunter die Abwehr von Angriffen auf das Computernetz eines Landes verstanden wird. Da Russland bei Konflikten mit Estland und Georgien zu diesem Mittel griff, wollten Amerikaner und Osteuropäer, dass sich die Nato Gedanken darüber macht, wie dieser neuen Art von Kriegführung zu begegnen ist. Im IT-Zeitalter scheint das nicht unvernünftig. Aber Deutschland, das vor allem unter der großen Koalition ein großer Neinsager in der Nato wurde, war lange der Ansicht, dass das keine Sache für ein Militärbündnis sei. Außerdem wollten die Amerikaner, wiederum unterstützt von den Osteuropäern, dass sich die Allianz mit der Energiesicherheit beschäftigt, worunter Schutz vor Lieferstopps aus Russland oder die Bewachung von Pipelines verstanden wurde. Auch das ist angesichts der hohen Importabhängigkeit der westlichen Öl- und Gasindustrie kein abwegiger Gedanke. Davon wollte man in Berlin aber auch nicht allzu viel wissen, denn das roch nach »Blut für Öl« und Ärger mit Moskau.

Dass Uneinigkeit im Bündnis potentiell gravierende Folgen haben kann, zeigte der Sommer 2008. Der russische Einmarsch in Georgien, der die westliche Öffentlichkeit völlig überraschte, hatte ein unrühmliches Vorspiel, an dem die Bundesregierung nicht unbeteiligt war. Präsident Bush wollte die jungen und halbgaren Demokratien in Georgien und der Ukraine an die Nato heranführen, sozusagen als sein Vermächtnis in der Allianz. Darin wurde er wie üblich von Balten, Polen und anderen

Osteuropäern unterstützt. Konkret sollte auf jenem Nato-Gipfel in Bukarest beschlossen werden, dass beide Länder in das offizielle Beitrittsvorbereitungsprogramm der Nato aufgenommen werden. In Berlin war man, wie in Paris und anderen westeuropäischen Hauptstädten, aus verschiedenen Gründen strikt dagegen. Einer der wichtigsten war Rücksichtnahme auf die Einkreisungsängste Russlands, das schon frühere Erweiterungen der Nato abgelehnt hatte. Das führte auf dem Gipfel zu einem merkwürdigen Kompromiss. Den beiden Ländern wurde feierlich versprochen, dass sie eines Tages Mitglieder der Nato würden, was ein in der Geschichte des Bündnisses einmaliger Vorgang war. In das Beitrittsprogramm, das die Aufnahme praktisch vorbereitet hätte, wurden sie aber nicht gelassen.

Im Nachhinein erscheint es nicht als die klügste Politik, dass sich die Nato mit einem draufgängerischen und nicht wirklich demokratischen Mann wie dem georgischen Präsidenten Saakaschwili einließ. Aber das ist nicht die eigentliche strategische Lehre, die in diesem Fünftagekrieg steckt. Der Beschluss der Nato führte vier Monate später, als die russischen Panzer in Südossetien und Abchasien standen, noch einmal zu bösem Blut im Bündnis. Die Amerikaner waren davon überzeugt, dass die Russen den Streit in Bukarest als Unentschlossenheit der Nato verstanden hatten und deshalb glaubten, sie könnten im Kaukasus als Herren auftreten, ohne eine ernste Reaktion des Westens fürchten zu müssen. Die Bundesregierung wies das natürlich weit von sich, weil sie nicht mitverantwortlich sein wollte an der russischen Besetzung eines künftigen Verbündeten.

Wahrscheinlich werden wir nie wissen, welche Rolle die Beschlusslage der Nato im russischen Kalkül gespielt hat. Man wird aber sicher sagen können, dass Putin und

Medwedjew nicht mit einer starken Antwort der Allianz rechneten, sonst hätten sie ihre Panzer nicht so kaltblütig losgeschickt. Das ist ein hoher Preis für einen westlichen Hauskrach. Amerika und Europa mussten am Ende ohnmächtig zusehen, wie Russland ein kleines Land filetierte, das gerade für die Energieversorgung der EU von höchster Priorität ist. Wie wir bereits gesehen haben, kann Russland als Transitland für Öl und Gas aus dem kaspischen Raum bisher nur umgangen werden, wenn die Pipelines durch Georgien verlaufen.

Deshalb hatte der Konflikt im Kaukasus mit dem Kalten Krieg wenig gemein, den damals so viele Kommentatoren und Politiker wiederaufleben sahen. Denn hier ging es nicht um einen globalen Wettstreit zweier Weltanschauungen, sondern um uralte Hinterhofpolitik. Russland begehrte dagegen auf, dass sich ein strategisch wichtiges Gebiet aus seiner Einflusssphäre fortstehlen wollte. Das ist ein Vorbote von genau der Weltpolitik, auf die wir zusteuern, wenn sich der Aufstieg neuer und die Rückkehr alter Mächte fortsetzt. China, Indien, Russland und andere dürften eifersüchtig darauf achten, dass sie wichtige Märkte, Versorgungswege, Rohstofflager und Stützpunkte unter Kontrolle halten, und sei es mit Gewalt.

Die Vorstellung, Europa könnte sich in so einer Welt allein behaupten, noch dazu als große Friedensbewegung, gehört zu unseren gewaltigen Selbsttäuschungen. Wenn die Europäer einen ehrlichen Blick auf sich werfen, dann müssen sie sich eingestehen, dass sie derzeit nicht einmal die Kraft dazu hätten, ernsten Herausforderungen auf dem eigenen Kontinent zu begegnen. Als in den neunziger Jahren die Jugoslawienkriege nur mit amerikanischer Feuerkraft beendet werden konnten, schwor sich die europäische Elite, dass so etwas nie wieder vorkommen dürfe. Zehn Jahre später hat sie vielleicht einen größeren politischen Willen zur Ordnung des Kontinents entwickelt, wie er zuletzt bei der am Ende geglückten Entlassung des Kosovo in die Unabhängigkeit zum Ausdruck kam. Die militärische Sicherung des neuen Staates musste aber wieder die Nato übernehmen, denn ohne die Amerikaner würden sich die Europäer schwertun, ernste Unruhestifter auf dem Balkan in Schach zu halten. Gegen russische Beutezüge an den Rändern ihres Kontinents sind sie völlig machtlos.

Noch hilfloser ist die EU außerhalb ihrer Heimatregion. Einen eigenständigen Schutz vor der zunehmenden Verbreitung von Atomwaffen genießen nur die Bürger Frankreichs und Großbritanniens. Alle anderen Mitgliedstaaten können potentiellen Aggressoren nicht mit nuklearer Vergeltung drohen. Auch über eine Raketenabwehr verfügt Europa nicht, sollte es eines Tages doch einmal mit einer Atomrakete aus Nahost oder Asien angegriffen werden, und sei es nur aus Versehen. Hier geht es im Ernstfall um Millionen Menschenleben, deshalb ist es schon verwunderlich, wie bereitwillig ein großer Teil der politischen Klasse in Deutschland bei diesem Thema russische Einwände übernahm. Dass 5200 russische Atomsprengköpfe (Stand 2007) durch die Aufstellung von zehn amerikanischen Abfangraketen in Polen entwertet würden, ist ein solcher Unfug, dass er der sowjetischen Propaganda nicht eingefallen wäre. Aber die politische Debatte über Kernwaffen hat in Deutschland einen Zungenschlag, der das internationale Geschehen meist völlig ausblendet. Selbst der FDP, die einmal als Inbegriff außenpolitischer Kompetenz galt, fiel dazu in jüngster Zeit nicht mehr ein, als den Abzug der letzten amerikanischen Atombomben aus Deutschland zu fordern. Sosehr man sich das Gegenteil wünschen mag – Kernwaffen werden nicht aus der Weltpolitik verschwinden, deswegen kann auch Deutschland nicht auf letzte Garantien gegen diese Bedrohung verzichten. In Nahost und Asien streben zweifelhafte Regime nach der Bombe, und fast alle neuen Big Player des anbrechenden Jahrhunderts sind Atommächte. Deshalb braucht Europa weiter die nukleare Abschreckung der Nato.

Die alte Interessenharmonie zwischen Amerika und Europa, diese einmalige Frucht des Kalten Krieges, kehrt trotzdem nicht wieder. Der 11. September 2001 wird nicht das letzte Ereignis bleiben, das in den westlichen Staaten unterschiedlich bewertet wird. Immer wieder werden sie auch Rivalen sein, gerade wenn es um Märkte und Rohstoffe geht. Aber je weiter wir in das neue Zeitalter reisen, desto häufiger wird sich der Westen als Gemeinschaft der Versehrten wiederbegegnen. Wenn Russland Landkarten mit Panzern überarbeitet, China Unterordnung erwartet, Indien den Nichtverbreitungsvertrag sprengt, dann sinkt die Weltordnung zusammen, die der Westen gemeinsam aufgebaut hat. Die Europäer suchen seit Jahren krampfhaft »strategische Partner«, um diese Ordnung zu erhalten und sogar auszubauen. Von Südafrika bis Russland haben sie jedem Staat, mit dem sie einmal ein längeres Gespräch geführt haben, dieses nichtssagende Etikett aufgeklebt, selbst wenn es sich um potentielle Widersacher handelt. In Wirklichkeit haben sie etwas viel Besseres: einen immer noch sehr mächtigen Verbündeten, der ihnen trotz aller Unterschiede kulturell näher ist als jedes mögliche Aufsteigerland. Amerika ist die letzte abendländische Großmacht, mehr Seelenverwandtschaft werden die Europäer woanders nicht finden.

In den transatlantischen Denkzirkeln ist jüngst immer wieder darüber geklagt worden, die neue Arbeitsteilung der Weltpolitik sehe so aus, dass Amerika fürs Kochen zuständig sei und Europa für den Abwasch. Dahinter steckt noch weitgehend die alte westliche Allmachtsphantasie, denn auch ein amerikanischer Koch kann in der geopolitischen Großküche des 21. Jahrhunderts nicht mehr in allen Töpfen rühren. Tatsächlich wird es in Zukunft um etwas anderes gehen. Wenn der Westen nicht gemeinsam serviert, dann legen andere die Speisefolge fest.

Nachwort

Die Deutschen sind intellektuell schlecht vorbereitet auf das neue Zeitalter. Mit der Weltpolitik haben sie sich lange nicht mehr ernsthaft befasst. Im Osten hat der Kommunismus jede kreative Beschäftigung mit der Außenwelt unterbunden. Und die großen Geister der Bundesrepublik betreiben seit Jahrzehnten fast nur Vergangenheitsbewältigung. Man kann das gut am Buchmarkt sehen. Deutsche schreiben viel über das Dritte Reich, vielleicht noch über das Jahrhundert zuvor; jetzt kommen Betrachtungen über die DDR hinzu und über Achtundsechzig. Es scheint, als ob wir Epochen nur noch retrospektiv erfassen können. Nach vorn zu schauen, die Zukunft des eigenen Landes oder gar der Menschheit vorauszudenken, fällt uns schwer. Wenige deutsche Schriftsteller schreiben über die große weite Welt, deshalb lesen die Deutschen seit Jahren amerikanische Autoren, wenn sie wissen wollen, was außerhalb unseres Gesichtskreises vor sich geht.

Das heißt nicht, dass es hier kein Fachwissen gäbe. Im Berliner Regierungsviertel laufen gut informierte Wissenschaftler oder Diplomaten herum, die alles wissen, was über die russische Chinapolitik oder den Nichtverbreitungsvertrag zu wissen ist. Es gibt auch ein paar kluge Leitartikler, die den Globus nicht nur aus der heimischen Redaktionsstube kennen. Aber die internationale Politik erreicht nicht die Tiefe anderer gesellschaftlicher Diskurse. In der Wirtschaftspolitik etwa bestand immer ein kreativer Streit zwischen Liberalen und Keynesianern. Ganz selbstverständlich gibt es hier eine rechte und eine linke Position, eine für Angebots- und eine für Nachfrageförderung. In der Außenpolitik muss man die Differenzen zwischen den Parteien meist mit der Lupe suchen, genauer gesagt: die Außenpolitiker. Die wenigen Berufspolitiker, die sich in Deutschland mit dem Weltgeschehen befassen, sind in der Öffentlichkeit so gut wie unbekannt. Der eine oder andere mag das verdient haben, aber es ist vor allem Ausdruck einer Geisteshaltung. Außenpolitik wird in Deutschland hauptsächlich als Geschäft anderer Staaten verstanden. Deshalb genießt jeder Außenminister, und sei er noch so bürokratisch, höchstes Ansehen. Er arbeitet in einer fremden Welt.

Mit dieser Einstellung werden wir im 21. Jahrhundert nicht weit kommen. Die deutschen Unternehmen haben in den vergangenen Jahren Wert darauf gelegt, dass ihre Mitarbeiter eine Ausbildung haben, mit der sie sich in der globalisierten Welt zurechtfinden. Kenntnisse ferner Märkte und fremder Sprachen werden heute von jedem aufstiegswilligen BWL-Studenten verlangt. Wen es in die Außenpolitik zieht, der wird vergleichbare Anforderungen schwer finden. Die zuständigen Fachbereiche der deutschen Hochschulen beschäftigen sich vornehmlich mit dem Schönerdenken der Welt. Die Freie Universität Berlin, neuerdings eine der offiziellen Elite-Universitäten des Landes, unterhält das Otto-Suhr-Institut, die größte deutsche Lehrstätte für Politikwissenschaft. Im Wintersemester 2008/2009 konnten die Bachelor-Kandidaten dort ein Proseminar zum Thema »Zwischen Sklaverei und Selbstverwirklichung – Globale Ansätze zur Regulierung von Arbeitsbedingungen« belegen, eine »Einführung in Global Environmental Governance« hören und die »Genderpolitik in der EU« wissenschaftlich untersuchen. Ebenfalls in Berlin befindet sich die private »Hertie School of Governance«, die einem bekannten Institut in Harvard nacheifert. Sie bot in einem Masters-Programm im Frühjahr 2008 immerhin einen Kurs über Energiesicherheit an, wenn auch nur in Verbindung mit dem Klimaschutz. Über China, Indien, Russland oder gar Rüstung stand aber kein Seminar zur Auswahl. Ein Frankfurter Politologieprofessor hat nach dem 11. September 2001 selbstkritisch angemerkt, dass die deutsche Wissenschaft das Gewaltphänomen in der Weltpolitik zu früh abgeschrieben habe. Das Auswärtige Amt und die Bundeswehr schulen ihr Personal natürlich selbst noch einmal.

Das reicht aber nicht, um ein Volk von 82 Millionen auf die großen und schwierigen außenpolitischen Entscheidungen vorzubereiten, die uns in den nächsten Jahrzehnten bevorstehen. Deutschland braucht eine Elite von Politikern, Journalisten, Lehrern, Professoren, Managern und Beamten, die in internationalen Fragestellungen bewandert sind. Bei zu vielen Verantwortlichen in Staat und Gesellschaft fällt die erste Begegnung mit Außenpolitik in ein sehr spätes Stadium ihrer Laufbahn. Zu viele deutsche Minister, die in Brüssel auftreten, sind blutige Anfänger im europäischen Gewerbe, von der Weltpolitik ganz zu schweigen. Wir wundern uns oft über die Geschmeidigkeit, mit der die amerikanische Elite im Ausland auftritt, übersehen dabei aber, dass diese Leute oft ihr ganzes Berufsleben der Außenpolitik gewidmet haben. Das ist eine geistige Ressource, die nicht nur eine Großmacht benötigt.

Im Kern geht es um die Fähigkeit zum strategischen Denken. Diese Disziplin ist im Land von Clausewitz fast vergessen. Strategie ist eine Lehre, genauso wie Volkswirtschaft oder Jura. In der angelsächsischen Welt gibt es dazu sogar eigene Studiengänge, die sogenannten »strategic studies«. Man kann lernen, was die Mächte bewegt und wie das eigene Land seine Ziele am besten erreicht.

Die moderne Literatur dazu stammt, wie heute in so vielen Wissensgebieten, großteils aus den Vereinigten Staaten. Sie ist theoretisch und wird deutschen Studenten, wenn überhaupt, erst spät im Studium angeboten. Das ist genau das falsche Verständnis von Praxisbezogenheit. Es kommt nicht darauf an, jungen Menschen beizubringen, wie die Vereinten Nationen funktionieren oder wie im Ministerrat der EU abgestimmt wird. Das kann jeder im Internet nachlesen. Man muss auch nicht Chinesisch oder Russisch lehren, obwohl das hilfreich sein mag. Vielmehr müssen die Universitäten Absolventen entlassen, die verstehen, nach welchen Spielregeln die Weltpolitik abläuft. In Deutschland scheitert die öffentliche Debatte oft schon an der Analyse des internationalen Geschehens. Dass es in Afghanistan in Wirklichkeit um Öl gehe, ist eine auch in gebildeten Kreisen überraschend weit verbreitete Ansicht.

Ein Land ohne Rohstoffe brauche Wissen, sagt man über Deutschland. Weil das Wohlergehen eines jeden Landes in hohem Maße von der Außenpolitik abhängt, muss eine Gesellschaft auch auf diesem Gebiet zu einem reifen Urteil fähig sein. Leopold von Ranke hat das in die Worte gefasst: »Das Maß der Unabhängigkeit gibt einem Staate seine Stellung in der Welt; es legt ihm zugleich die Notwendigkeit auf, alle inneren Verhältnisse zu dem Zweck einzurichten, sich zu behaupten. Dies ist sein oberstes Gesetz.« Unser großer Irrtum war zu glauben, das sei eine Einsicht aus einer untergegangenen Epoche. Sie ist zeitlos.

Danksagung

Dieses Buch ist entstanden, als in meinem Leben eigentlich kein Platz für so ein Projekt war. Deshalb bin ich meiner Frau und meiner Tochter zu tiefem Dank verpflichtet. Sie haben mir den Freiraum zugestanden, ohne den das Buch nie fertig geworden wäre. Jochen Buchsteiner, Werner Mussler, Josef Oehrlein, Majid Sattar, Peter Sturm und Reinhard Veser haben einzelne Kapitel gegengelesen, was mich vor einigen Trugschlüssen bewahrt hat. Alexander Simon hat die Niederschrift des Manuskripts von der ersten bis zur letzten Zeile begleitet und mir immer wieder Mut gemacht. Christian Seeger war für mein Thema offen und hatte Geduld, als es nicht so schnell voranging wie geplant. Knud von Harbou hat beim Lektorat noch manche Unebenheit aufgespürt. Danken möchte ich auch Günther Nonnenmacher, Berthold Kohler und Klaus-Dieter Frankenberger. Sie gewähren mir in der F.A.Z. seit Jahren das Privileg, mich mit der Außenpolitik zu beschäftigen.

Literatur

Anderson, Benedict: Die Erfindung der Nation. Zur Karriere eines folgenreichen Konzepts, Frankfurt 1993

Ansprenger, Franz: Geschichte Afrikas, München 2002

Bierling, Stephan: Geschichte der amerikanischen Außenpolitik. Von 1917 bis zur Gegenwart, München 2003

Borst, Arno: Lebensformen im Mittelalter, Berlin 1997

Buchsteiner, Jochen: Die Stunde der Asiaten. Wie Europa verdrängt wird, Reinbek 2005

Bulmahn, Thomas: Das sicherheits- und verteidigungspolitische Meinungsbild in Deutschland, in: Newsletter des Sozialwissenschaftlichen Instituts der Bundeswehr, Heft 1/2006, S. 1–11

Bulmahn, Thomas / Rüdiger Fiebig: Sicherheits- und verteidigungspolitisches Meinungsklima in Deutschland, in: Newsletter des Sozialwissenschaftlichen Instituts der Bundeswehr, Heft 4/2007, S. 1–11

Bundesministerium für Wirtschaft und Arbeit: EWI/Prognos-Studie. Die Entwicklung der Energiemärkte bis zum Jahr 2030. Energiewirtschaftliche Referenzprognose. Energiereport IV–Kurzfassung, Berlin 2005

Bundesverband der Deutschen Industrie: Rohstoffsicherheit – Anforderungen an Industrie und Politik, Berlin 2007

Chase, Michael S.: China's Assessment of the War in Iraq. America's »Deepest Quagmire« and the Implications for Chinese National Security, in: China Brief, September 2007, S. 8–11

Clausewitz, Carl von: Vom Kriege, Frankfurt 2005 (erstmals 1832/34)

Connah, Graham: African Civilizations. An Archaeological Perspective, Cambridge 2001

Ellis, Joseph J.: His Excellency George Washington, New York 2004

Freedom House: Freedom in the World 2008, Washington 2008

Fukuyama, Francis: Scheitert Amerika? Supermacht am Scheideweg, Berlin 2006

Geertz, Clifford: Negara. The Theatre State in Nineteenth-Century Bali, Princeton 1980

Hacke, Christian: Zur Weltmacht verdammt. Die amerikanische Außenpolitik von J. F. Kennedy bis G. W. Bush, Berlin 2005

Han Sung-joo: Changing Values in Asia. Their Impact on Governance and Development, Tokio 1999

Hawksworth, John: The World in 2050. How Big Will the Major Emerging Market Economies Get and How Can the OECD Compete?, PriceWaterhouseCoopers, März 2006

Heidelberg Institute for International Conflict Research: Conflict Barometer 2007, Heidelberg 2007

Hellmann, Gunter: Agenda 2020. Krise und Perspektive deutscher Außenpolitik, in: Internationale Politik, 9/2003, S. 39–50

Ihlau, Olaf: Weltmacht Indien. Die neue Herausforderung des Westens, München 2006

Kagan, Robert: Macht und Ohnmacht. Amerika und Europa in der Neuen Welt, Berlin 2003

Kaplan, Robert D.: Lost in the Pacific, in: International Herald Tribune, 22./23. September 2007, S. 8

Kassir, Samir: Das arabische Unglück, Berlin 2006

Kennedy, Paul: Aufstieg und Fall der großen Mächte. Ökonomischer Wandel und militärischer Konflikt von 1500 bis 2000, Frankfurt am Main 1991

Knapp, Manfred / Gerd Krell (Hrsg.): Einführung in die Internationale Politik, München 1991

Köcher, Renate: Der Preis der Freiheit und der Sicherheit, in: Frankfurter Allgemeine Zeitung, 17. Oktober 2007, S. 5

Kolonko, Petra: Auf der Weltbühne. Die chinesische Führung umhegt die Intellektuellen, in: Frankfurter Allgemeine Sonntagszeitung, 9. September 2007, S. 11

Krause, Joachim: Strukturwandel der Nichtverbreitungspolitik. Die Verbreitung von Massenvernichtungswaffen und die weltpolitische Transformation, München 1998

Lerch, Wolfgang Günther: Der Islam in der Moderne. Aspekte einer Weltreligion, München 2004

Lindner, Rainer: Wohin steuert Putins Russland: Staatskapitalismus und Großmachtanspruch. Ein Szenario bis 2015, Stiftung Wissenschaft und Politik, Berlin 2005

Mohan, C. Raja: Crossing the Rubicon. The Shaping of India's New Foreign Policy, Neu-Delhi 2003

Mohan, C. Raja: Impossible Allies. Nuclear India, United States and the Global Order, Neu-Delhi 2006

Moses, Carl: Länderbericht Brasilien: Verpasste Gelegenheit, in: Frankfurter Allgemeine Zeitung, 14. Mai 2007, S. 22

Müller, Friedemann: Energie-Außenpolitik. Anforderungen veränderter Weltmarktkonstellationen an die internationale Politik, Stiftung Wissenschaft und Politik, Berlin 2006

Münkler, Herfried: Imperien. Die Logik der Weltherrschaft – vom Alten Rom bis zu den Vereinigten Staaten, Berlin 2005

Musharraf, Pervez: In the Line of Fire. A Memoir, New York 2006

Noelle, Elisabeth / Thomas Petersen: Ein Hauch von Isolationismus, in: Frankfurter Allgemeine Zeitung, 24. Januar 2007, S. 5

Nonnenmacher, Günther: Prekäres Gleichgewicht. Der Irak und Iran: Die arabischen Golf-Staaten stehen vor neuen Risiken, in: Frankfurter Allgemeine Zeitung, 8. Dezember 2005, S. 10

Nuscheler, Franz und Klaus Ziemer in Zusammenarbeit mit Erfried Adam und Leonhard Harding: Politische Herrschaft in Schwarzafrika. Geschichte und Gegenwart, München 1980

Oehrlein, Josef: Das U-Boot-Geheimnis. Brasiliens Nuklearprogramm: Die Regierung wehrt sich gegen Vergleiche mit Iran oder Nordkorea, in: Frankfurter Allgemeine Zeitung, 12. Mai 2004, S. 12

Office of the Secretary of Defense: Annual Report to Congress, Military Power of the People's Republic of China 2008

Pye, Lucian W.: Asian Power and Politics. The Cultural Dimensions of Authority, Cambridge, Mass. 1985

Rüb, Matthias: Der atlantische Graben. Europa und Amerika auf getrennten Wegen, Wien 2004

Rühle, Michael: Am Rubikon der Kampfeinsätze, in: Frankfurter Allgemeine Zeitung, 4. Februar 2008, S. 8

Rühle, Michael: Nukleares Domino, in: Frankfurter Allgemeine Zeitung, 9. Februar 2007, S. 8

Saam, Wolfgang: Chinas Griff nach Afrikas Rohstoffen. Auswirkungen auf Afrikas Entwicklung und Europas Versorgungssicherheit, Konrad-Adenauer-Stiftung, Berlin 2008

Sagan, Scott / Kenneth N. Waltz: The Spread of Nuclear Weapons. A Debate Renewed, New York 2003

Salewski, Michael (Hrsg.): Das Zeitalter der Bombe. Die Geschichte der atomaren Bedrohung von Hiroshima bis heute, München 1995

Sandschneider, Eberhard: Globale Rivalen. Chinas unheimlicher Aufstieg und die Ohnmacht des Westens, München 2007

Scheen, Thomas: China rollt den afrikanischen Kontinent auf – und die Welt merkt es nicht, in: Frankfurter Allgemeine Zeitung, 11. Mai 2006, S. 15

Segal, Gerald: Does China Matter?, in: Foreign Affairs, September/Oktober 1999

Siemons, Mark: Alles Barbaren unter dem Himmel, in: Frankfurter Allgemeine Zeitung, 28. Dezember 2007, S. 31

Siemons, Mark: Der alte Preuße, das ist der Mann, in: Frankfurter Allgemeine Zeitung, 14. Dezember 2006, S. 35

Singh, Jasjit (Hrsg.): Nuclear India, Neu-Delhi 1998

SIPRI Yearbook 2008, Oxford 2008

Stuart-Fox, Martin: A Short History of China and Southeast Asia: Tribute, Trade and Influence, Crows Nest 2003

Tilly, Jan: Soziale Konstruktion von Wirklichkeit in Deutschland und den USA in der Klimadebatte, in: Gesellschaft, Wirtschaft, Politik, 3/2007, S. 355–367

Tocqueville, Alexis de: Über die Demokratie in Amerika, Stuttgart 1985 (erstmals 1835 bzw. 1840)

Tønnesson, Stein / Hans Antlöv (Hrsg.): Asian Forms of the Nation, London 1996

Wacker, Gudrun (Hrsg.): Chinas Aufstieg: Rückkehr der Geopolitik?, Stiftung Wissenschaft und Politik, Berlin 2006

Wilson, Dominic / Roopa Purushothaman: Dreaming With BRICs: The Path to 2050, Goldman Sachs Global Economic Paper No. 99, Oktober 2003

Witney, Nick: Re-energising Europe's Security and Defence Policy, Policy Paper, European Council on Foreign Relations, Juli 2008

World Bank: Global Economic Prospects 2007. Managing the Next Wave of Globalisation, Washington 2007

Der Westen	**Einwohner 2007**	in Millionen
EU		494
Vereinigte Staaten		301
Deutschland		82
Frankreich		64
Großbritannien		62
Kanada		33

Bruttoinlandsprodukt 2007	
EU	
Vereinigte Staaten	
Deutschland	3
Großbritannien	27
Frankreich	25
Kanada	1326

Kanada

Vereinigte Staaten

Brasilien

Deutschl

Groß-
britannien

Frankreich

1) Zu konstanten Preisen von 2005 und offiziellen
Wechselkursen. 2) Daten für Zypern von 2006.
3) Ohne Vietnam, Laos, Kambodscha und Burma.

Quellen: Asean Secretariat, SIPRI, Weltbank
Karte: Christine Sieber

Die neuen Mächte	**Einwohner 2007**	in Millionen
China		1320
Indien		1123
Asean		563
Indonesien		226
Brasilien		192
Russland		142
Japan		128

Bruttoinlandsprodukt 20	
Japan	
China	
Brasilien	131
Russland	1291
Asean	127
Indien	1171
Indonesien	433